하나님의
선택

하나님의 선택

서임중 지음

머리말

목회를 하다보면 종종 스스로 견디지 못해 마음이 녹아내리고 일어설 기력조차 없는 아픔을 경험 할 때가 있습니다.

언젠가 새벽이 가깝도록 잠 못 이루고 엎드려 억울하고 속상하고 아프고 화가나고 그래서 스스로를 추스르지 못하고 말할 기력조차 없이 넋두리를 하다가 그대로 책상에 엎드려 잠들었을 때, 참으로 신비로운 경험을 했습니다.

비몽사몽간에 느낌은 어머니의 손길인데 저를 어루만지시는 주님의 사랑을 경험했습니다.

안쓰런 모습으로 저를 어루만지시면서 주님은 조용히 위로의 말씀을 들려 주셨습니다.

"네가 나를 택한 것이 아니고 내가 너를 택하여 세웠음은 너를 통해 내가 하고 싶은 것을 열매 맺고 싶은 내 마음을 헤아려다오."

그리고 새벽기도회를 인도하기 위해 성경을 폈을 때 요한복음 15장 16~17절이 눈에 들어왔고 피곤에 저린 몸과 마음으로 그 본문으로 새벽기도회를 인도하고 난 후 그 날부터 목사로서의 사역에 대하여 불평 원망 한 번 하지 않고 오늘에 이르렀습니다.

사무엘상을 강해하면서 1권의 제목을 〈하나님이 섭리〉로 정할 때 기독교의 신앙은 '섭리신앙'이라고 말할 수 있기 때문이었습니다. '섭리(Providence)'란 기독교에서는 'the Providence of God', 즉 '세상의 모든 것을 다스리시는 하나님의 의지 또는 은혜'로 해석합니다. 섭리신앙이란, 창조(creation), 보존(preservation), 통치(government)라는 세 가지의 요소를 포함 합니다. 즉 하나님이 우주를 창조하시고, 지금도 보존하시며, 또한 인류 역사를 통치하시는 것을 믿는 것, 이것이 섭리신앙이라는 말입니다.

이 섭리신앙을 이해하면 하나님의 선택은 자연스럽게 이해가 됩니다.

섭리신앙을 이해하지 못할 때 그리스도인, 특히 소명의 거룩함을 받은 사역자들이 선택의 은총을 경험하지 못하고 낭패스러운 삶을 살아가게 됩니다. 그러기에 하나님의 선택은 소명받은 자의 입장에서는 결코 가부를 결정할 수 있는 것이 아님을 이해하게 됩니다. 그러기에 소명과 사명은 하나로 이어지는 것이고 그 중심에 하나님이 선택이 맥이 되어 흐르는 것입니다.

사무엘서를 강해하면서 하나님의 섭리를 볼 수 있는 눈을 열었습니다. 매 주일 강단에서 말씀을 강론하면서 하나님의 섭리에 대한 놀라운 체험을 하였습니다. 그리고 이 말씀을 한 권의 책으로 엮었습니다.

항상 기도하는 마음이지만 독자들의 서재에 꽂혀있는 또 한 권의 책이 아니라 이 책을 읽는 독자들이 하나님의 섭리를 깨닫고 순응하는 삶으로 나아갔으면 하는 마음으로 이 책을 썼습니다.

세심하게 교정을 봐 주신 이베라 교수님께 감사를 드리고 책이 출간되도록 배려해 주신 포항중앙교회 당회에 깊은 감사를 드립니다.

주후 2010년 가을에
포항중앙교회 목양실에서
서임중 목사

차   례

한 사람

‘조나단 에드워드’ 와 ‘사라 에드워드’ 라는 한 미국인 부부의 삶은, 미국 역사에 아름다운 이름을 남기며 현대인들에게 많은 생각을 하게 합니다. 그가 살았던 작은 통나무집에는 이런 팻말이 세워져있습니다.

‘이 집은 작습니다. 그러나 이 집은 위대한 집입니다.’

이 팻말이 가지는 의미는, 그 작은 통나무집의 후손들에 의하여 미국이 큰 빛을 발하게 되었다는 뜻입니다.

‘조나단 에드워드’ 와 ‘사라 에드워드’ 에게는 12명의 자녀가 있었습니다. 그들 중의 한 명은 일찍 세상을 떠나고, 남은 열 한 명의 자녀는 건강하게 자랐습니다. 그리고 그들의 후손은 미국의 사회 발전에 크게 공헌하며 지금도 좋은 이름을 남기고 있습니다.

5대에 걸쳐 이 가계를 조사한 결과를 살펴보면, 1명의 부통령, 3명의 주지사, 33명의 판사, 116명의 목사 및 선교사, 75명의 사업가, 25명의 발명가, 66명의 교수, 68명의 의사, 그리고 82명의 정부 고위 관리를 배출한 것으로 나타났습니다.

이 가문을 보다 구체적으로 살펴보았더니, 조나단은 목사였고, 그들 부부는 자녀들을 신앙으로 잘 양육한 사실을 확인할 수 있었습니다. 이들 부부의 사례는, 한 부부의 훌륭한 삶이 가문을 대대로 영광스럽게 할뿐만 아니라 그 사회를 아름답고 유익하게 한다는 사실입니다.

어느 시대건 훌륭한 한 사람이 배출된 배경에는 자의적이든, 환경적이든 반드시 올바른 교육이 있었다는 것을 알 수 있습니다. 그래서 ‘교육’을 ‘100년 지 대계’라고들 합니다.

알렉산더 대왕 한 사람으로 인하여 온 세계가 헬레니즘의 사고(思考)를 하게 되었습니다. 뿐만 아니라, 전 세계가 헬라식 건축양식을 따르는 영향력 아래 있게 되었습니다. 그 한 사람이 서구문명과 현대문명에 끼친 영향력은 참으로 지대했습니다. 그 영향이 오늘의 현대문명을 이루는 초석이 되었으니 더 말할 나위도 없습니다.

1917년에는 한 사람 ‘칼 막스 레닌’에 의하여 면면히 이어온 제정 러시아가 막을 내립니다. 그리고 다음 해 ‘볼셰비키’에 의한 러시아 공산당이 선포되면서, 온 세계로 공산주의 사상이 강력한 바이러스처럼 퍼져나가 이루지 못할 지상 유토피아의 이데올로기가 온 세계 곳곳을 고통하게 했습니다.

여호수아 7장에는 아이성 공략에 실패하게 된 원인이 소개되고 있습니다. 하나님의 말씀을 무시하고 개인주의에 빠진 한 사람 때문이라는 하나님의 말씀에, 여호수아는 온 백성들을 모아 제비를 뽑습니다. 그 상황이 18절에 이렇게 기록되고 있습니다.

"삽디의 가족 각 남자를 가까이 나아오게 하였더니 유다 지파 세라의 증손이요 삽디의 손자요 갈미의 아들인 아간이 뽑혔더라."

아간 한 사람을 말하면서 아버지, 할아버지, 증조할아버지까지 4대의 이름이 거명되고 있습니다. 왜 그럴까요? 여기 우리가 주목할 교훈이 있습니다. 한 사람 때문에 가문이 수치를 당하기도 하고, 한 사람 때문에 그 가문이 영광을 받기도 한다는 교훈이 있기 때문입니다.

열왕기상 15장은 여로보암 한 사람 때문에 자손 대대로 범죄자의 족보가 기록되는 서막이 오르고 있습니다. 예레미야 5장 1절에 하나님은 이렇게 말씀 하셨습니다.

"너희는 예루살렘 거리로 빨리 다니며 그 넓은 거리에서 찾아보고 알라 너희가 만일 정의를 행하며 진리를 구하는 자를 한 사람이라도 찾으면 내가 이 성읍을 용서하리라."

한 사람 때문에 성읍이 용서를 받을 수도 있고 멸망을 당할 수도 있다는 말씀입니다.

마가복음 14장 18절에는 예수님께서 마지막 유월절 절기를 지키는 만찬석상의 장면이 기록되어 있습니다. 성경은 그 자리에서 하신 예수님의 충격적인 말씀을 이렇게 기록하고 있습니다.

"예수께서 이르시되 내가 진실로 너희에게 이르노니 너희 중의 한 사람 곧 나와 함께 먹는 자가 나를 팔리라."

예수님을 사랑한다고 열렬히 애정을 표하던 제자 중의 한 사람이 예수님을 팔게 될 것이라는 실로 충격적인 말씀입니다. 결국 말씀대로 가룟 유다 한 사람이 예수님을 팔고 말았습니다.

'너희 중의 한 사람' 이라는 말은, '선택받은 자 중의 한 사람' 이라는 말입니다. 또한 '나와 함께 먹는 자' 란 말은 '한 가족' 이라는 깊은 의미가 있는 말입니다. 그런데 그와 같은 위치에 있던 가룟 유다가 예수님을 배반하고 천추에 씻을 수 없는 저주의 대명사가 되었습니다.

로마서 5장 19절입니다.

"한 사람(아담)이 순종하지 아니함으로 많은 사람이 죄인 된 것 같이 한 사람(예수님)이 순종하심으로 많은 사람이 의인이 되리라."

우리의 역사도 거슬러 올라가 보면 한 사람에 의하여 국가가 무너지기도 하고 세워지기도 했던 것을 볼 수 있습니다. 이와 같이 한 사람의 영향력은 온 세계와 국가, 교회, 그리고 한 가정에 실로 엄청난 영향을 주고 있습니다.

사무엘상 1장부터 10장까지를 1부로 마치고, 2부로 엮어지는 11장에서 18장까지 이어지는 내용을 크게 둘로 나누면, 15장까지는 사울 왕의 실패의 내용이요, 16장부터는 하나님의 마음에 합한 다윗 왕이 세움을 받는 내용입니다.

한 사람 사울로 인하여 이스라엘 전체가 홍역을 치르고, 한 사람 다윗을 통하여 하나님의 거룩한 뜻이 이스라엘 역사에 훌륭하게 이루어져 가는 대 서사시가 파노라마처럼 펼쳐지고 있습니다.

1부를 통해 세세히 살펴보았지만 사울은 등용 당시부터 그렇게 실패한 왕으로 등극한 것이 아니었습니다. 그는 참으로 시대에 보기 드문 준수한 사람이었습니다. 외모뿐만 아니라 그의 내면 또한 견줄 이가 없는 사람이었습니다. 그러나 그의 삶이 승승장구하여 가면서 어느 새 무서운 교만과 이기주의가 사울이라는 훌륭한 한 사람을 역사의 실패자로 만들어 갔습니다. 이런 일련의 과정들을 기록하고 있는 것을 우리는 사무엘상 1부를 공부하면서 뼈저리게 느낄 수 있었습니다.

하나님께서 이런 모습을 우리에게 보여주시는 이유는 분명합니다. 누구든지 그렇게 될 수 있다는 것입니다. 그러므로 조심하여 항상 교만하지 않도록 하라고 깨우쳐주시고 계시는 것입니다. 교만은 패망의 선봉입니다(잠16:18). 하나님께서 싫어하시는 육 칠 가지 중에 있는 것이(잠6:16-17; 8:13; 16:5) 바로 교만입니다.

오늘 본문은 좋은 측면의 사울왕의 모습입니다.

암몬 족속이 이스라엘을 공격해 왔습니다. 왕정제도가 미처 정착되지 못한 이스라엘은 이 공격 앞에 속수무책이었습니다. 공격받은 지역은 르우벤과 갓과 므낫세 지파가 거주하는 곳입니다. 그래서 전쟁을 피하고 화해의 언약을 체결하자는 제안을 하지만, 암몬 족속은 이를 거절하고 길르앗 야베스에 속한 이스라엘 백성을 공격했습니다.

사해 사본은 기록하기를, 이 당시 르우벤과 갓 지파 사람들의 오른쪽 눈은 암몬족속에 의하여 다 빼어졌는데, 그 가운데 7천명이 탈출하여 길르앗 야베스로 들어갔으나 한 달 후에 다시 이렇게 공격을 해와 이스라엘을 모욕하였다고 기록하고 있습니다.

야베스 장로들이 적군 암몬의 침공을 알리는 전령을 온 이스라엘 지역으로 보냅니다. 이 소식은 사울이 살고 있는 기브아에도 전해져 왔습니다. 적의 침공소식을 들은 백성들은 소리 높여 웁니다. 때 마침 사울이 밭에서 소를 몰고 오다가 이 소식을 듣게 되었습니다. 그러자 이때에 하나님의 놀라운 손길이 사울에게 임하면서 사울은 암몬을 쳐서 멸망시키게 됩니다.

이 내용에서 우리가 생각할 주안점은 바로 '한 사람' 사울 왕으로 인하여 백성들이 태평성대를 누리게 되는 것입니다. 이 '한 사람' 사울은 아주 훌륭하게 왕으로서의 사역을 시작하였습니다.

끝까지 훌륭한 왕으로 선정을 베풀며 살았다면 얼마나 좋았겠습니까. 그랬다면 그의 이름이 참으로 하나님 앞에 영광스럽게, 그리고 역사에 아름다운 교훈이 되었을 것입니다. 그런데 사울은 그렇지 못하였습니다. 출발은 심히 훌륭한 '한 사람' 으로의 시작이었지만 그 끝은 실패하고 타락한 '한 사람' 으로 역사에 이름이 남겨졌습니다. 참으로 애석한 일입니다. 이 사실은 오늘을 살아가고 있는 우리에게 시사하는 바 그 교훈이 아주 큽니다.

오늘 본문에 기록된 '한 사람' 사울 때문에 이스라엘이 위기에서 벗어나게 되는 장면을 분석해 보면 위대한 지도자의 면면을 살펴볼 수 있습니다. 또한 위기를 만난 백성들을 통솔해서 그 위기를 극복하는 지도자로서의 사울의 모습을 통해 진정한 승리가 어떻게 이루어지는 것인가를 보며 깨닫는 것이 있습니다.

1. 한 사람, 훌륭한 지도자는 하나님의 신에 감동되어야 합니다.

"사울이 이 말을 들을 때에 하나님의 영에게 크게 감동되매"

그렇습니다. 하나님의 일을 하는 사람은 하나님의 영, 곧 성령에 감동이 되어야 합니다. 성령에 감동되지 않은 사람이 하나님의 일을 할 수는 없습니다. 성령에 감동되지 않은 사람은 하나님의 일을 한다고 야단법석을 떨어도 그것은 어디까지나 자신의 소욕을 위해 하나님의 이름을 빙자하여 수선을 떠는 파렴치한 일입니다.

하나님의 영에 감동되었다는 말은 하나님의 마음을 가지게 되었다는 것입니다. 하나님의 마음을 가져야 온전한 하나님의 일을 할 수 있습니다. 그러나 마귀의 마음을 가지면 마귀의 일을 하게 됩니다. 그러므로 하나님의 영에 감동되어야 만이 하나님의 일을 할 수 있는 것입니다.

우리는 이 말씀이 얼마나 귀한 것인가를 확인할 수 있습니다. 사무엘상 16장 13-14절을 보면 사울에게 함께 하시던 하나님의 영이 사울을 떠나 다윗에게 함께 하시게 되고, 하나님의 영이 떠난 사울에게는 악한 영이 임하여 사울을 괴롭혔다고 기록하고 있습니다.

이것이 무슨 말씀이겠습니까? 그 뜻은 우리 마음에 하나님의 영이 계시면 하나님의 일을 하고, 하나님의 영이 계시지 않으면 어쩔 수 없이 악한 영이 함께 하게 된다는 것입니다. 그리고 악한 영이 우리에게 임하면 결국은 악한 일만 하게 되는 것은 필연적이라는 것입니다.

사울이 하나님의 일을 시작하게 되었을 때 하나님은 사울로 하여금 그냥 일을 하도록 허락 하시지 않으셨습니다. 하나님의 영을 그에게 부어 주셨습니다. 이것은 하나님께서 사울에게 하나님의 마음을 가지고 이스라엘을 위하여 일하게 하셨다는 것입니다. 그랬기 때문에 사울은 무서울 것이 없었습니다. 걱정도 하지 않았습니다. 왜냐고요? 하나님이 함께 하시기 때문입니다. 그래서 사울은 제 아무리 강성한 암몬족속이라도 능히 멸할 수 있었습니다. 한 사람 때문에 악한 주변국이 평정되고 온 이스라엘 나라에 태평성대가 도래한 것입니다.

하나님의 마음을 가지면 하나님의 일을 하게 됩니다. 하나님의 일을 하게 되면 앞뒤를 따지지 않습니다. 이유를 붙이지 않습니다. 이해득실을 계산하지 않습니다. 뿐만 아니라 자신의 안위와 일익을 생각하지 않습니다. 오직 하나님의 뜻을 생각하고 분별합니다. 그리고 행동하는 신앙으로 나아갑니다. 그것이 하나님의 마음을 가진 사람들의 표요 특징입니다.

이 아름다운 삶의 본이 바로 선한 사마리아인입니다. 그 선한 사마리아인이 바로 예수님을 상징한다는 것을 우리는 잘 알고 있습니다.

제사장과 레위인은 요모조모 따져보았습니다. 이해득실을 계산하였습니다. 그래서 강도를 만나 거반 죽게 된 쓰러진 사람을 보고도 그냥 지나갔습니다. 그러나 사마리아 사람은 그들과는 달랐습니다. 그는 하나님의 마음을 가진 사람이었기 때문에 쓰러져 누운 그가 누구인지를 따지지 않았습니다. 이해득실을 계산하지 않았습니다. 오직 상대방의 아픔과 고통을 위하여 나의 모든 것을 다하여 봉사하고 섬겼습니다. 이것이 하나님의 영이 임한 하나님의 마음을 가진 사람의 모습입니다. 삶입니다.

2. 한 사람, 훌륭한 지도자는 의분(義憤)이 있어야 합니다.

6절 하반 절입니다.
"그의 노가 크게 일어나"

원문은 이렇습니다. יִּחַר[khaw-rar] אַף[af] מְאֹד[meh-ode](와이하르 아포 메오드)', 직역하면 "그리고 그의 분노가 크게 타올랐다"입니다. 이런 분노를 의분(義憤)이라고 합니다.

출애굽기 32장 19절에서 모세가, 민수기 25장 11절에서 비느하스가, 사사기 14장 19절에서 삼손이, 그리고 요한복음 2장 15절의 성전에서 비둘기 팔고 돈을 바꾸는 사람들을 향해 쏟아낸 예수님의 분노가 바로 이런 의분이었습니다.

지도자는 불의를 보면 의분이 일어나야 합니다. 나라가 근본부터 흔들리고 있는데, 교회가 무질서로 혼란해 지는데, 회사가 망해가고 있는데, 사회가 시궁창이 되어 가는데, 교육계가 황폐해져 가는데, 그런데도 감각을 상실한 사람처럼 외면을 하고 앉아 있다면 그가 어찌 지도자가 될 수 있겠습니까.

하나님의 영에 감동된 사람은 그렇지 않습니다. 죄를 미워합니다. 불의를 보면 참지 못합니다. 거짓을 싫어합니다. 이기적인 욕망을 채우려고 하지 않습니다. 자신의 뜻대로 되지 않는다고 분풀이를 하지 않습니다.

하나님의 영에 감동된 사람은 거룩한 분노를 발하여 불의를 배격하며, 진리를 위해서라면 순교적 각오로 행동하게 되어 있습니다. 역사는 바로 이런 사람들로 인하여 오늘까지 발전되어 온 것입니다.

하나님의 영을 모신 사람이라면, 자신의 마음이 더러워진 것을 보고 화를 내야합니다. 자신의 행위가 옳지 못함을 인하여 슬퍼해야 합니다. 타락한 믿음을 느끼고 울어야 합니다. 그리고 하나님의 마음을 회복하여 의롭게 행해야 합니다.

하나님의 영이 떠나 죄를 범했던 다윗이 나단 선지자의 책망을 듣고 하나님의 영에 감동되어 통곡한 고백이 우리의 고백이 되어야 합니다. 그것이 시편 51장 10-11절입니다.

"하나님이여 내 속에 정한 마음을 창조하시고 내 안에 정직한 영을 새롭게 하소서. 나를 주 앞에서 쫓아내지 마시며 주의 성령을 내게서 거두지 마소서."

그렇습니다. 마음이 세상으로 채워지면 마귀가 춤을 춥니다. 그러나 우리 마음이 성령으로 채워지면 하나님이 기뻐하십니다. 이 시간 우리 모두의 심령이 성령에 감동되기를 원합니다. 그리하여 우리 자신의 부패한 심령을 바라보고 분노하며, 애통하기를 원합니다. 옷을 찢는 것이 아니라 가슴을 찢는 통회를 통하여 하나님의 마음이 회복되기를 원합니다.

그리할 때 우리도 사울처럼 의분으로 충만할 수 있습니다. 그리고 모든 불의와 거짓과 악함과 싸울 수 있는 용기 있는 신앙인들이 될 수 있습니다.

3. 한 사람, 훌륭한 지도자는 행동하는 지도력이 있어야 합니다.

7절 이하 11절까지는 하나님의 영에 감동된 사울이 의분이 일어나 암몬을 치러나가는 대목입니다. 요약하면 이렇습니다.

첫째, 한 겨리의 소를 잡아 각을 떠 전령들의 손에 들려 그것을 이스라엘 전역에 보냅니다. 둘째, 전령의 내용은 사울의 말을 듣는 백성들은 누구를 무론하고 다 나와 사울과 함께 하라는 것입니다. 셋째, 그렇게 모여진 백성의 수가 330,000명이 되었습니다. 넷째, 모인 무리들이 길르앗 야베스 사람들에게 전령들을 보내어 구원을 미리 약속합니다. 그리고 다음 날 암몬을 치게 됩니다. 그 결과 강대했던 암몬 사람들이 다 흩어져 버렸고, 둘도 함께 한 자가 없었다는 것으로 본문이 마감됩니다. 완승을 한 것입니다.

이것이 무엇을 시사합니까?

하나님의 백성들이 암몬에게 도륙 당하게 되는 소식을 들은 사울이 하나님의 영에 감동되고, 의분이 일어났으며, 동시에 행동하는 지도력을 통해 이스라엘이 다시 평안해진 것입니다. 하나님의 영에 감동된 사울 '한 사람' 때문에 한 나라의 역사의 그 판도가 완전히 달라진 것입니다.

한 사람 때문에 나라가 무너지기도 하고 세워 지기도 합니다.

한 사람 때문에 가문이 세워지기도 하고 몰락하기도 합니다.

한 사람 때문에 교회가 부흥하기도 하고 산산조각이 나기도 합니다.

여러분은 어떤 한 사람입니까?

고린도전서 15장 21절에도 한 사람의 소중함을 말씀하고 있습니다.

"사망이 한 사람(아담)으로 말미암았으니 죽은 자의 부활도 한 사람(예수님)으로 말미암는도다."

예수님 한 분으로 인하여 여러분이 살고 제가 살았습니다. 예수를 구주로 고백하는 모든 인류가 다 살았습니다. 여러분은 예수님처럼 사람을 살리는 한 사람입니까? 하나님께서 찾으시는 한 사람이 되시기를 주님의 이름으로 축복합니다. 하나님의 영에 감동하심을 입은 한 사람이 당신이 되시기를 주님의 이름으로 축복합니다. 아멘!

27.
훌륭한 지도자

"사울이 이르되
이 날에는 사람을 죽이지 못하리니
여호와께서 오늘 이스라엘 중에 구원을 베푸셨음이니라
〈삼상11: 12- 15 중〉."

저의 Ph. D. 학위 논문의 제목은 '예수 그리스도의 복음적 지도력' 입니다. 예수님의 리더십을 통해 저 자신의 목회 리더십을 확립하고, 그것을 목회 현장에 적용함으로써 주님께서 기뻐하시는 목회자로서의 삶을 살고자 하는 바람으로 그 분야를 전공했습니다.

지도력이란 타고나는 것만은 아닙니다. 물론 유전되는 것만도 아닙니다. 훌륭한 지도자의 지도력은, 첫째로는 위로부터 타고난 것이어야 합니다. 그러나 자신의 의지와 태도, 그리고 결단에 따라 후천적으로 만들어지는 것이기도 합니다.

지도력에는 반드시 수반되어야 하는 몇 가지 요건이 있습니다. 그 첫째가 책임감입니다. 책임감이란 철저한 자기 통제를 통해서 길러지는 것입니다. 둘째는 자기 통제입니다. 이것은 하나님을 의지하는 믿음의 결단으로부터 오는 것입니다. 셋째는 그 믿음의 결단은 지속적인 훈련을 통해서 자기정체성을 이루게 됩니다. 넷째는 그와 같은 지도자로서의 자기 정체성은 끊임없는 기도와 간구로 얻을 수 있습니다. 또한 역경에 대한 감사를 통해서 얻을 수 있으며, 비전에 대한 일관된 마음과 성령의 다스림을 통해서 얻을 수 있는 것입니다. 다섯째 그 지도력은 계속 신장되고 또 지속적이어야 합니다.

제 논문의 결론은 간단하고도 명료합니다. 지도자에게는 리더십이 요구된다는 것입니다. 진정한 리더십은 권위에서 나옵니다. 그 권위는 3가지의 내용을 갖추어야 한다는 것으로써 다음과 같습니다.

첫째는 지식적, 학문적 권위가 있어야 합니다. 이것은 실력에서 나오는 것입니다. 둘째는 인격적, 정신적 권위가 있어야 합니다. 이것은 신의에서 나오는 것입니다. 셋째는 영적 권위가 있어야 합니다. 이것은 믿음에서 나오는 것입니다. 이 믿음은 하나님의 선물인데, 기도와 찬양과 말씀이라는 구체적인 통로를 통해서 베푸시는 하나님의 은혜의 선물입니다.

성경에는 위대한 지도자들의 모습이 한 폭의 주제 있는 그림처럼 잘 묘사되어 있습니다. 그 가운데서도 특히 예수님의 지도력은 성경 66권을 집약한 핵심입니다. 사복음서의 많은 곳에서 예수님의 지도자로서의 지도력을 볼 수 있습니다. 그 중에서 대표적인 것이 마가복음 10장 43-45절입니다.

"너희 중에 누구든지 크고자 하는 자는 너희를 섬기는 자가 되고, 너희 중에 누구든지 으뜸이 되고자 하는 자는 모든 사람의 종이 되어야 하리라. 인자가 온 것은 섬김을 받으려 함이 아니라 도리어 섬기려 하고 자기 목숨을 많은 사람의 대속물로 주려 함이니라."

이 한 구절 안에서도 예수님의 지도자로서의 모습을 볼 수 있습니다. 여기에 묘사된 예수님의 지도력은 겸손과 섬김의 지도력입니다.

예수님은 많은 사람들 가운데서 단지 12명의 제자를 선택하셔서 훈련시키시고, 그 12명의 제자들을 통해 세상을 변화시켰습니다. 예수님의 탁월한 지도력은 지금도 세상을 변화시키는 원동력이 되고 있습니다.

예수님의 지도력의 내용이 어떤 것이기에 온 세상을 변화시키는 능력을 발휘할 수 있었을까요? 이에 대한 해답은 당시의 지도자였던 바리새인들과 예수님의 지도력을 비교해 보면 금방 알 수 있습니다.

첫째, 바리새인들의 지도력– 과거와 현재를 보는 것/ 예수님의 지도력– 미래지향적.

진정한 지도자는 과거를 들추지 않습니다. 항상 미래를 바라보는 눈을 열고 나아갑니다. 바리새인들이 정죄하고 심판했던 사람들을 예수님은 전혀 다른 관점으로 보셨습니다. 정죄 당하고 좌절할 수밖에 없었던 그들은 예수님의 관점 속에서 새롭게 태어났습니다. 그리고 결국 세상을 변화시키는 주역들이 되었습니다.

둘째, 바리새인들의 지도력– 이기주의적/ 예수님의 지도력– 공동체 중심.

요즈음 유행하는 '코드(cord)' 라는 단어를 도입해 표현하자면, 바리새인들은 자기 코드에 맞는 사람들은 의인(義人)시 했습니다. 자기들 생각에 맞기만 하면 불의를 행하는 것도 의롭다고 결론을 내렸습니다. 곧 자기들 생각에 맞지 않으면 모든 것을 정죄하는 방향으로 나아간 것이지요.

그렇지만 예수님의 코드는 'free cord' 였습니다. 그래서 창녀와 세리와 나병환자도 차별 없이 함께 할 수 있었습니다. 예수님은 그들과 함께 먹고 마실 수 있는 공동체의 행복을 추구하셨습니다.

나만의 기쁨, 나만의 행복을 위하여 공동체 전체를 불행하게 하는 지도자는 역사의 엄중한 평가 속에 어둠의 대명사로 남게 되어있습니다. 그러나 공동체의 행복을 위해 사역하는 지도자는 역사가 평가하는 '위대하고 훌륭한 지도자' 가 되어 길이 그 이름을 후세에 남깁니다.

셋째, 바리새인들- 정죄의 지도력/ 예수님의 지도력- 용서의 지도력.

바리새인들은 하나님의 율법 외에 수많은 생활 법들을 만들었습니다. 그리고 자기들은 그에 대하여 손끝하나 까딱하지 않으면서 그 법의 잣대로 사람들을 정죄하고 심판했습니다. 그러나 예수님은 '죄'는 미워하셨지만 '죄인' 은 궁휼히 여기셨습니다. 끊임없는 용서를 통해 회개할 수 있는 기회를 주시고, 다시 사람답게 살아갈 수 있도록 이끌어 가시는 지도력을 보이셨습니다. 그래서 현장에서 간음하다 잡혀온 여인을 유대법에 따르면 돌로 쳐 죽이는 것이 마땅하지만 그 위경에서 살려 내셨고, 하나님의 아들인 당신을 배반한 베드로를 용서하심으로 위대한 사도의 반열에 서게 하셨습니다.

넷째, 바리새인들의 지도력- 말뿐인 지도력/ 예수님의 지도력- 행함의 지도력.

예수님의 지도력은 모든 일상에서 말과 함께 행동하는 지도력이었습니다. 그런 지도력을 통해 강력한 능력을 나타내셨습니다.

바리새인들은 말을 잘했습니다. 그러나 그들에게는 행함이 없었습니다. 그들의 말은 소리 나는 구리와 울리는 꽹과리에 불과했습니다. 그런 지도력이었기에 그들에게서는 능력이 나타나지 않았습니다.

이것은 오늘날도 마찬가지입니다. 말은 그럴듯하게 잘 하지만, 실상은 자기를 위한 독선과 타락한 이기주의로 일관하는 것이 바리새인의 지도력입니다.

모세의 겸손한 리더십, 베드로의 허물을 덮어갈 정도의 열심 있는 지도력, 탁월한 조직력을 바탕으로 한 느헤미야의 지도력, 약한 자들을 위해 포효하는 정의의 사자 아모스의 지도력, 눈물을 통해 백성들을 감동시킨 예레미야의 지도력, 절대 믿음의 다윗의 지도력, 확신에 찬 바울의 지도력, 행동하는 지도자 야고보의 지도력 등은 모두가 위대한 지도자들의 리더십입니다.

역사를 공부해 보면 하나님께서는 그 시대에 맞게 지도자를 세우셔서 나라를 통치하시고 백성들을 인도하신 것을 볼 수 있습니다.

이와 같이 위대한 지도자들의 모든 지도력을 두루 갖춘 지도자가 오늘날 우리에게 있다면, 이 난세를 훌륭하게 이끌어 갈 것입니다. 그러나 정치계에서도, 교육계에서도, 교계에서마저도 이런 지도자가 그리운 것이 현실이기에 그 안타까움을 금할 길이 없습니다.

그럼에도 불구하고 간절히 소망하는 것은 오늘도 우리에게 말씀하시는 하나님의 말씀을 통하여 우리가 그런 위대한 지도자가 되기를 바라는 것입니다. 그래서 작게는 가정에서부터 지역사회와 교회를 위하여 탁월한 능력을 발휘할 수 있기를 소망합니다.

　성경은 실패한 지도자로서의 사울의 모습을 기록하고 있습니다. 그러나 오늘 본문에서는 실패하기 이전의 훌륭한 지도자 사울의 모습을 보여주고 있습니다. 사울의 순차적인 삶의 기록을 통하여 하나님께서 우리에게 깨닫게 하시는 것이 있습니다. 그것은 인간은 누구나 좋은 바탕으로 출발을 해도, 시간이 지나면서 그 훌륭한 모습을 계속 유지하는 것이 결코 쉽지만은 않다는 것입니다.

　왕으로 등장할 때의 사울은 탁월한 지도자의 면모를 갖추고 있었습니다. 그렇지만 왕좌에서 하나님과의 관계와 자기관리에 하나 둘 실패하면서 점점 이기적인 모습의 지도자로 타락해 가는 것을 볼 수 있습니다. 참으로 추하게 무너져 가는 모습입니다.

　오늘을 살아가는 우리들의 삶도 정신을 차리고 있지 않으면 아차하는 순간에 예외 없이 모두가 그렇게 될 수 있습니다. 그래서 베드로전서4장 7절에서는 경계하여 다음과 같이 말씀하고 계십니다.

　"그러므로 너희는 정신을 차리고 근신하여 기도하라."

　이 본문에 나타난 사울의 위대한 지도력은 어떤 것인지 살펴보겠습니다.

1. 편견 없는 사랑과 관용의 지도자

　사울은 왕으로 기름부음을 받고도 별다른 업적 없이 일상을 지냈습니다. 그러다가 첫 전쟁에서 백성을 소집하고 앞장서 암몬을 쳐 승전하고 돌아왔습니다. 그 때의 상황입니다.

"백성이 사무엘에게 이르되 사울이 어찌 우리를 다스리겠느냐 한 자가 누구니이까 그들을 끌어내소서 우리가 죽이겠나이다(12). 사울이 이르되 이 날에는 사람을 죽이지 못하리니 여호와께서 오늘 이스라엘 중에 구원을 베푸셨음이니라(13)."

처음 사울이 왕으로 세우심을 입었을 때 어떻게 그가 지도자가 되겠느냐고 멸시했던 사람들을 보란 듯이 끌어내어 죽이자는 측근들의 선동의 말입니다.

이런 일은 어느 시대든 세속 정치사에 보편적으로 있는 정치보복입니다. 그러나 사울은 완강하게 반대했습니다. 그 이유는 간단합니다. 13절을 보면 하나님이 이스라엘을 구원해 주신 이 좋은 날에 사람을 죽인다는 것은 하나님의 뜻이 아니라는 것입니다.

아무리 좋은 날이라 할지라도 만약에 사울이라는 한 인간의 인격이 편견과 옹졸함으로 채워져 있었다면 상황은 달라졌을 것입니다. 사울은 측근들의 말을 은근히 즐거워하면서 그의 정적들을 죽였을지도 모릅니다. 그러나 사울은 그러지 않았습니다. 그것은 편견 없는 사랑과 관용을 지닌 지도자로서의 덕성이 사울에게 있었다는 증거입니다.

이 땅의 모든 지도자들이 갖추어야 할 내용의 첫째가 편견 없는 사랑과 관용의 지도력입니다. 그럼에도 불구하고 우리가 늘상 보고 있는 것은 그렇지 못하다는 것입니다. 정권이 바뀔 때마다 시행되는 가차 없는 보복정치의 양태가 바로 그것입니다. 이것이 사랑과 관용이 없는 정치판의 현실입니다. 참으로 통탄할 일입니다.

이런 것이 세속적인 정치의 일상이 된다 해도 교회정치는 결코 그래서는 안 될 것입니다.

목회를 하면서 경험하는 가장 고통스러운 것 중의 하나가 바로 교회 지도자들에게 이와 같은 편견 없는 사랑과 관용이 없음을 보는 것입니다. 그와 같은 지도자들로 인해 성도들이 고통하고 교회가 평안하지 못함을 보는 것이 참으로 큰 아픔입니다.

만약 어떤 목사가 나를 힘들게 한 사람이기 때문에 미워하고, 나를 대적한 사람이기 때문에 죽인다면, 그 목사는 날마다 살인자가 될 것입니다. 그러나 목회자는 배반과 치욕스런 일들을 당하면서도 자신의 가슴에 묘지를 두고 또 한 번 자신을 죽여 장사 지내야합니다. 그러므로 또 하나의 아픈 흔적들을 묻으면서 어제와 동일하게 오늘도 하나님의 백성들을 사랑하고 돌아보아야합니다. 예수님의 심장으로 목회를 하자면 이런 아픔도 인내하고, 저런 고통도 감수해야합니다. 이런 억울함도 참고, 저런 치욕스러운 일을 당해도 견뎌내면서 하루하루를 엮어가야 합니다.

이렇게 지낼 때 한 세대가 지난 후에는 그 목회자의 지도력이 마침내 정확히 평가되는 것입니다. 목회자만 그런 것이 아닙니다. 이 땅의 모든 지도자가, 모든 사람들이 다 마찬가지입니다.

사울은 이렇게 위대한 지도자로서의 덕목을 갖추고 있었던 사람입니다. 그렇기 때문에 이때만 해도 위대한 지도자로서의 리더십을 발휘하며 초대 이스라엘 왕으로서의 역할을 훌륭하게 수행해 갈 수 있었습니다.

2. 미래 지향적인 비전의 지도자

14절입니다.

"사무엘이 백성에게 이르되 오라 우리가 길갈로 가서 나라를 새롭게 하자."

사울의 탁월한 지도력이 나타난 구절로써 아주 놀라운 선언입니다. 지금은 지난 일들로 왈가왈부할 상황이 아니라는 것입니다. 무질서로 뒤죽박죽인 나라를 새롭게 하기 위하여 백성들에게 비전을 제시한 것입니다.

사무엘은 백성들을 길갈로 모이라고 했습니다. 왜 길갈일까요?

길갈은 이스라엘이 가나안에 들어와 첫 발을 디딘 곳입니다. 그리고 요단강에서 메고 올라온 12개의 돌로 만든 기념비가 세워진 곳입니다. 거기서 할례를 행하여 하나님의 백성이 된 곳입니다.

길갈로 가서 나라를 새롭게 하자는 말은 새로운 제도를 세워 새로운 나라를 세우자는 말이 아닙니다. 하나님과의 관계를 다시 바르게 정립하자는 뜻입니다.

참으로 놀라운 사울의 마음이요 하나님을 향한 아름다운 신앙입니다. 백성들을 지도할 탁월한 능력입니다. 이것이 바로 사울의 지도력이었습니다. 자기가 왕이 되었을 때 자기를 비판하고 조롱했던 사람들을 찾아내어 과거사나 들추는 용렬한 지도자가 아닙니다. 암몬 족속을 물리치고 승리했다고 자만하며 자기를 과시하는 현실 만족주의적인 지도력도 아닙니다. 모든 지난날을 이 날을 분기점으로 하여 깨끗이 청산하고, 내일을 향해 온 백성이 하나 되어 나아가자는 미래지향적인 지도자로서의 탁월한 지도력입니다.

예나 지금이나 과거지향적인 지도자를 통해 나타나는 것은 갈등과 파괴와 어두움뿐입니다. 그로 인하여 공동체 전체가 고통하고 힘들게 됩니다.

그러나 우리가 알아야 할 것은 공동체는 언제나 변함없이 그 자리에 있다는 것입니다. 종국에 이르러 파멸하는 것은 하나님의 공동체가 아니라 무능한 지도자 그 한사람만이 처참한 삶의 막을 내리게 된다는 것입니다.

우리는 우리 정치사에서도 그런 경우를 수도 없이 많이 보아왔습니다. 정치사뿐 아니라 교회사도 예외가 아닙니다.

위대한 지도력은 미래지향적인 비전의 지도자에게서 나옵니다. 그래서 잠언 29장 18절에서는 이렇게 증거 합니다.

"묵시가 없으면 백성이 방자히 행하거니와 율법을 지키는 자는 복이 있느니라."

여기 '방자히 행하거니와'는 히브리어 원문에서는 '파라(פרע[paw-rah'])'를 사용하고 있습니다. 이 단어의 문자적인 뜻은 '벌거숭이가 되다', '멸망하다', '사라지다'라는 뜻입니다. 한 마디로 참혹한 파멸이라는 것입니다.

이스라엘이 이렇게 앗수르와 바벨론을 통해 참혹한 파멸에 이르게 된 원인이 바로 꿈이 없는 지도자들 때문이라는 것입니다. 그래서 백성들이 벌거숭이가 되고, 멸망을 받아 역사에서 사라지게 된다는 것입니다. 그 이유를 호세아 4장 6절에서는 이렇게 깨우쳤습니다.

"내 백성이 지식이 없어서 망하는 도다."

하나님에 대하여 관심도 없고, 하나님에 대한 지식도 없는 지도자들로 인하여 백성이 망하게 된다면.......? 생각만 해도 그 결과는 온 몸이 떨릴 두려움을 느끼게 하는 것입니다.

지난 일을 끄집어내어 정죄하고, 심판하고 죽이는 일을 즐거워하는 자는 그 자신이 그렇게 당하게 되는 것이 성경의 교훈이요 역사의 가르침입니다.

이것을 알았던 사울은 과거를 들추려는 측근들의 말을 일축하여 잠재웁니다. 그리고 미래를 향하여 온 이스라엘을 인도해 갔습니다. 이것이 사울의 위대한 지도력이었습니다.

3. 항상 하나님 앞에서 행하는 지도자

15절입니다.

"모든 백성이 길갈로 가서 거기서 여호와 앞에서 사울을 왕으로 삼고 길갈에서 여호와 앞에 화목제를 드리고 사울과 이스라엘 모든 사람이 거기서 크게 기뻐하니라."

15절에서는 주목할 단어가 두 개 있습니다. '거기서' 라는 단어와 '여호와 앞에서' 라는 단어입니다. '거기서' 라는 단어는 개역 한글판에서는 세 번이나 기록되었고, '여호와 앞에서' 라는 단어가 두 번 등장합니다. 이 '거기서' 와 '여호와 앞에서' 는 여호와의 단을 의미하는 것(7:16절)으로써 '항상 하나님 앞에서' 라는 뜻입니다.

사울은 온 백성들을 길갈로 모았습니다. 거기서 백성들은 사울을 다시 왕으로 확인하여 즉위식을 가집니다. 거기서 백성들은 하나님 앞에 화목제를 드렸습니다. 그리고 거기서 사울과 백성들이 연합하여 크게 기뻐하였습니다.

사울은 알고 있었습니다. 암몬을 이긴 것은 사울 자신의 능력이 아니라는 것을, 그리고 백성들이 잘 싸웠기 때문에 이긴 것이 아님도 알았습니다. 이 전쟁은 전적으로 하나님이 하신 것을 알았습니다. 그랬기에 사울은 항상 하나님 앞에서의 자신을 생각하는 지도자였습니다. 얼마나 아름답고, 얼마나 귀감이 되는 지도자의 모습인지 모릅니다.

그러나 안타깝게도 사울의 이 아름다운 지도력이 그리 오래 지속되지 못하였습니다. 얼마 가지 않아 하나님 앞에서 교만하여졌습니다. 하나님의 경고를 무시하고 임의로 행했습니다. 그렇게 그는 실패의 길로 들어서서 그 종국이 파멸로 귀결되는 안타까움을 만들고 말았습니다.

그렇게 되기 전까지의 이 본문에 나타난 사울의 지도력은 그야말로 위대한 지도자의 탁월한 리더십이었습니다.

오늘 우리가 배워야 할 것이 바로 이 지도력입니다. 동시에 처음의 겸손과 능력을 끝까지 잃지 않고 나아가야 하는 교훈도 잊어서는 안 됩니다.

세계를 복음으로 정복한 사도 바울은 이것을 알았습니다. 그래서 그의 삶은 먹든지 마시든지 무엇을 하든지 다 하나님의 영광을 위하여 행하였습니다. 살든지 죽든지 주를 위하여 행했습니다. 오직 하나님께 영광을 돌리기 위한 한결 같은 사역이었기에 그토록 위대한 지도자로서의 지도력을 발휘할 수 있었던 것입니다.

위대한 지도자에게는 반드시 훌륭한 지도력이 있습니다. 편견 없는 사랑과 관용의 지도력입니다. 미래 지향적인 비전의 지도력입니다. 항상 하나님 앞에서 행하는 지도력입니다.

이 지도력은 온전히 우리 주 예수 그리스도께로부터 나왔습니다. 눈 먼 자도, 병든 자도, 창녀도, 세리도, 가난한 자도, 부한 자도, 남녀노소 그 누구에게도 예수께서는 편견 없이 대하셨습니다. 모든 사람을 위하여 당신의 생명을 내어 주셨습니다. 예수님은 생명을 내어주신 사랑으로 온 인류를 지금도 이끌고 계십니다. 그 분은 오직 하나님 앞에서 행하셨습니다. 하나님과 본체시나 동등 됨을 취할 것으로 여기지 아니하셨습니다. 죽기까지 자신을 쳐 하나님 앞에 복종시키셨습니다. 참으로 죽기까지.

그러므로 우리는 이 마음을 품고 살아야합니다. 바로 예수 그리스도의 마음을. 이것이 오늘 우리의 모습이기를 예수님의 이름으로 축복합니다. 아멘!

28.
아름다운 은퇴

'박수 칠 때 떠나라' 는 영화가 상영된 후 '박수칠 때 떠나라' 는 말이 우리 사회에 유행어로 회자하던 때가 있었습니다. 그것은 비록 영화 제목이었지만 일상에서의 삶을 보다 가치 있고 아름답게 마무리하라는 뜻으로 상용된 것입니다. 즉 잘 나갈 때 내려올 줄 아는 '절제와 포기의 미학' 을 발휘하라는 것입니다. 그렇게 할 수만 있다면 남은 자들은 떠난 이를 그리워하고 그의 업적을 기리게 될 것이라는 것이지요.

그러나 이것이 대부분의 사람들에게는 그리 쉬운 일만은 아닙니다. 그 증거를 우리는 역사를 통해서도 얼마든지 보아왔습니다. 하물며 보통사람들에게 이렇게 하라고 한다는 것은 한 마디로 무리한 요구일 것입니다. "내가 어떻게 여기까지 왔는데 이 황금기에 멈추란 말인가?" 라고 항변하는 것이 보통 사람의 삶이기 때문에 그렇습니다.

　박수는커녕 비난과 야유가 쏟아질지라도 자신의 현재에 대한 미련을 깨끗이 버리고 그 자리를 떠난다는 것은 거의 있을 수가 없는 일입니다. 뿐만 아니라 그렇게 비난하고 야유하는 사람들이 오히려 정신이상자로 느껴집니다. 그래서 급기야는 더욱 그 자리에 연연하는 몸부림을 치다가 마침내 쌓아온 업적마저 물거품이 되고 마는 모습을 남기기도 합니다.

　이승만 대통령이 그랬고, 박정희 대통령이 그랬습니다. 대한민국 건국과 경제발전에 견줄 이 없도록 기여하신 훌륭한 업적을 쌓았습니다. 온 나라와 세계가 박수를 쳤습니다. 그런데 그 때 깨끗하게 떠나지 못해서 대한민국의 역사를 거꾸로 돌려놓는 오류를 범했습니다. 그뿐입니까? 자신의 업적마저도 올바로 평가받지 못한 아픔이 바로 우리의 역사입니다.

　이 나라 정치역사를 종합해 보면, 장차관을 비롯해 여러 고위 관리들이 떠날 때를 아름답게 퇴임을 한 경우를 거의 보지 못했습니다.

　그리 멀지 않은 몇 년 전 여의도 1번지에서 뜨거운 감자로 떠올랐던 한 사건도 그랬습니다. 헌법재판소 소장으로 내정된 전효숙씨 건이 그렇습니다. 일이 그 지경까지 가기 전에 사퇴를 결단했다면 얼마나 좋았겠습니까. 그러나 그것은 결코 범인(凡人)에게 쉬운 일이 아니었습니다.

　그래서 적어도 자신의 명예를 소중히 여길 줄 아는 사람 내지는 자신의 미래를 보다 아름답게 꿈꾸는 사람이어야 '박수칠 때 떠나라'는 이 말이 통용되지 않을까 싶습니다.

인간은 누구나 떠난 자리가 맑고 아름다워야 합니다. 그런데 만약 떠난 그 자리에 쓰레기만 남게 된다면 그 자리야말로 비극이요 오욕의 자리가 될 것입니다. 사람 살아가는 여정에 어찌 억울하고 원통한 일이 없겠습니까. 그런 일은 아무리 최선을 다해 살아도 누구에게나 있게 마련입니다. 그런데 나만은 절대 그것이 없어야 한다 해서 정당치도 못한 일들을 만들어 추악하게 일생을 마무리해서는 안 됩니다.

지난 번 시애틀 연합집회 강사로 갔을 때 세계 제1의 부호이며 마이크로소프트(Microsoft)사 회장인 빌 게이츠 재단을 방문할 기회가 있었습니다. 그는 2008년도에 자신이 조기 은퇴할 것을 선언했습니다. 그리고 그는 2009년 12월 06일 그의 선언대로 아름답게 은퇴를 했습니다. 이를 두고 모든 언론들이 아름다운 은퇴라고 대서특필했습니다.

그는 1955년생입니다. 1975년 스무 살 나이에 마이크로소프트사를 설립한 빌 게이츠는 30년 만에 연간 매출액 420억 달러, 전 세계 102개 국가에 6만 3천여 명의 직원을 둔 최대 소프트웨어 기업으로 이 회사를 키웠습니다. 동시에 그는 세계 최대의 자선재단을 가지고 있는 인물이 되었습니다.

그가 지난 2000년 자신과 부인의 이름을 따서 설립한 〈빌 앤 멀린다 게이츠 재단〉이 있습니다. 이 재단은 전 세계의 보건과 교육 향상에 기금을 대고 있는데, 우리 돈으로 30조원에 달하는 자금력을 바탕으로 소외된 이들과 가난한 나라의 삶의 질을 높이는 데 이바지해 왔습니다. 이것은 정직하게 번 돈을 가장 아름답게 사용하고 있는 한 예입니다. 놀라운 것은 더욱 아름다운 삶을 살기 위하여 아직은 젊은 나이임에도 은퇴를 하여 소외된 자들을 위해 남은 생애를 바치겠다는 빌 게이츠의 은퇴의 변입니다.

쉬기 위해 은퇴하는 것이 아닙니다. 돈이 많아서 은퇴하는 것도 아닙니다. 자선사업을 본격적으로 하기 위하여, 더욱 새로운 삶의 지평을 열기 위하여 조기은퇴를 한다는 것입니다. 아직 충분히 힘이 있고 열정이 있을 때에 직접 그 일을 하기 위하여 그리한다는 것입니다. 바로 이런 그의 내면세계가 온 세상을 감동케 하는 이유입니다.

오늘 성경 본문에도 아름다운 은퇴의 한 모델이 소개되고 있습니다. 바로 사무엘의 은퇴입니다.

사무엘은 온 백성들이 자기 소견에 옳은 대로 행하던 어두운 시대에 탄생했습니다. 어머니 한나의 서원 기도로 세상에 태어났습니다. 모유를 떼는 그 시로부터 성전에 바쳐진 사람이었습니다. 그렇게 어릴 때부터 성전에서 자라며 하나님의 부르심을 입고 이스라엘의 마지막 사사요, 제사장이며, 선지자로 세움을 받았습니다. 그리고 사무엘은 하나님의 뜻을 따라 사울을 왕으로 세우고 공식적인 은퇴를 선언하게 되었습니다.

왜 사무엘의 은퇴를 아름다운 은퇴라고 할까요?

1. 자신의 직위와 직무에 최선을 다했습니다.

1절입니다.

"사무엘이 온 이스라엘에게 이르되 보라 너희가 내게 한 말을 내가 다 듣고 너희 위에 왕을 세웠더니"

사무엘은 하나님의 부르심에 부응하는 삶을 살았습니다. 그리고 하나님의 말씀대로 순종하며 그 사명을 성실하게 수행했습니다.

'내가 왜 하나님의 부르심을 받았는지를 잊어버릴 때' 모든 부름 받은 자들은 실패의 길로 들어섭니다.

사무엘은 왕의 직임과 선지자의 직임, 그리고 제사장의 직임을 병행하면서 성실하게 사명을 수행했습니다. 그 가운데 가장 큰 사역은 사울을 왕으로 세우는 일이었습니다. 그는 그 일을 마친 이후에 은퇴를 선언합니다. 즉 자신의 소명과 사명을 다 하게 되었을 때 주저함 없이 일선에서 물러났다는 것입니다. 사무엘은 자신에게 주어진 직위와 자신이 행해야하는 직무에 최선을 다했습니다.

직위는 신분이며 위치입니다. 직무는 신분에 맞는 일의 내용입니다. 자신의 직분이 무엇인지, 그 직분을 통해 무엇을 해야 하는지를 모를 때 사람은 추해집니다.

아무리 사울이 왕이라 할지라도 당시 상황으로 보아서는 사무엘에게 있어서 사울은 비교할 수 없는 위치의 사람이었습니다. 그럼에도 불구하고 사무엘은 이스라엘의 모든 것은 이제부터 자신이 아니라 사울을 통해서 이루어져야 한다는 것을 만천하에 공포하고 그 스스로 이 일에 앞서 모범을 보였습니다. 이것이 바로 소명을 받은 사명자의 참 모습입니다.

순복할 줄 모르는 사람들의 말로가 얼마나 비참한가 하는 것은 성경 역사에서나 일반 역사에서 우리는 수도 없이 많이 보아왔습니다. 시작 못지않게 그 끝이 아름다워야 그 삶이 진정으로 아름다운 것입니다.

2. 어제나 오늘이 한결같은 마음이었습니다.

2절입니다.

"이제 왕이 너희 앞에 출입하느니라. 보라 나는 늙어 머리가 희어졌고 내 아들들도 너희와 함께 있느니라. 내가 어려서부터 오늘까지 너희 앞에 출입하였거니와"

"내가 어려서부터 오늘까지 너희 앞에 출입하였거니와......."
참으로 감동스러운 고백이 아닐 수 없는 말입니다. 젖 뗀 어린아이 때 성전에 바쳐진 사무엘은 그 날로부터 머리가 희어진 오늘까지 한결같이 하나님 앞에서 충성과 성실함으로 사명을 수행했습니다.

아브라함의 신앙이 절대 믿음, 절대 순종, 절대 감사, 절대 헌신이었던 것처럼, 사무엘의 신앙과 삶도 하나님 앞에서 변함없는 충성이었습니다. 오직 한 길을 온전히 순종한 자만이 할 수 있는 최상의 회고와 고백이 바로 위의 말입니다. 이와 같은 삶을 살고 은퇴를 할 때, 비로소 자타가 인정하는 '아름다운 은퇴'가 될 수 있는 것입니다.

삶의 모든 기준을 자신에게 맞추고 하나님 앞과 사람들 앞에서 어제와 오늘이 다른 생활을 한다면, 그의 일생이 마무리 될 때 남는 것은 결코 아름다운 유산이 되지 못할 것입니다. 오히려 남기는 것은 싹 쓸어버려야 할 쓰레기뿐일 것입니다.

우리가 일생을 주를 위해 살면서 드려야 할 기도는 다음과 같은 고백이어야 할 것입니다. 시편 71장 17-18절입니다.

"하나님이여 나를 어려서부터 교훈하셨으므로 내가 지금까지 주의 기이한 일들을 전하였나이다. 하나님이여 내가 늙어 백발이 될 때에도 나

를 버리지 마시며 내가 주의 힘을 후대에 전하고 주의 능력을 장래의 모
든 사람에게 전하기까지 나를 버리지 마소서."

참으로 가슴이 저미고 코끝이 찡해 오는 간구입니다. 어려서부터
늙어 죽기까지 하나님 앞에서 봉사하고 충성하겠으니 나와 함께 해
달라는 눈물의 기도입니다.

오늘날 우리는 이와는 반대로 감히 하나님을 향하여 조건적인 기
도를 하고 있습니다. "도와주시면, 돈을 벌게 하시면, 건강이 회복되
면 봉사하고 충성하겠습니다."라고 말입니다. 이것이 얼마나 부끄러
운 것인지 생각도 해보지 않고요. 그뿐만이 아닙니다. 그렇게 기도했
다가 내 뜻대로 안 되면, 내 생각대로 안 되면 하나님을 떠납니다. 원
망합니다.
그러나 우리는 마음에 새겨야 할 것입니다. 어제의 눈물의 서원을
헌신짝처럼 팽개쳐버리고 오늘은 배반의 시간을 가지는 것은 짐승보
다 나을 것이 없다는 것을요.
기도생활도, 봉사생활도, 사랑하는 것도, 인간관계도 어제나 오늘
이나 한결같이 변함이 없어야 합니다.

우리는 〈하나님 한 번도 나를〉 복음성가를 애창합니다.
하나님 한 번도 나를 실망시킨 적 없으시고
언제나 공평과 은혜로 나를 지키셨네
지나온 모든 세월들 돌아보아도
그 어느 것 하나 주의 손길 안 미친 것 전혀 없네.
오 신실하신 주 오 신실하신 주

내 너를 떠나지도 않으리라
내 너를 버리지도 않으리라
약속하셨던 주님 그 약속을 지키사
이후로도 영원토록 나를 지키시리라 확신하네.

우리의 주님께서 우리를 향해 언제나 변함이 없으신 것처럼, 우리의 주님을 향한 사랑도, 충성도 이와 같이 변함없기를 예수님의 이름으로 축복합니다.

3. 공평무사(公平無私)의 성실한 삶이었습니다.

3절입니다.

"내가 여기 있나니 여호와 앞과 그의 기름 부음을 받은 자 앞에서 내게 대하여 증언하라. 내가 누구의 소를 빼앗았느냐 누구의 나귀를 빼앗았느냐 누구를 속였느냐 누구를 압제하였느냐 내 눈을 흐리게 하는 뇌물을 누구의 손에서 받았느냐 그리하였으면 내가 그것을 너희에게 갚으리라 하니"

일생을 참으로 아름답게 마무리하며 은퇴를 선언하는 사람의 당당한 모습입니다.

세상의 속된 말 가운데 '털어서 먼지 안 나는 사람 어디 있겠는가?' 라는 것이 있습니다. 그만큼 모든 사람이 무엇엔가 걸리는 것이 있다는 것을 반증하는 말입니다. 그러나 사무엘은 그렇지 않았습니다. 가장 1차적으로 그 스스로가 당당하게 자신의 살아온 삶을 백성들 앞에서 판단 받기를 두려워하지 않았습니다. 그의 삶이 진실로 하나님 앞에서 온전했기 때문에 가능한 선언입니다.

그는 정직했습니다. 공평무사(公平無私)했습니다. 편견하지 않았습니다. 불의하게 뇌물을 취하지 않았습니다. 토색하지도 않았습니다. 남에게 아픔을 주지도 않았습니다. 정의를 위해 일할 때 사람들의 비판 받기를 두려워하지 않았습니다.

이는 사무엘의 '항상 하나님 앞에서' 라는 일상의 신앙자세에서 나타난 그의 아름다운 삶의 결실입니다.

그의 위치에서라면 마음만 먹으면 우리가 상상 할 수 있는 온갖 나쁜 짓을 다할 수 있었을 것입니다. 그러나 사무엘은 '항상 하나님 앞' 이라는 일념으로 살았습니다. 그랬으므로 그가 선언하는 은퇴의 결어가 자타에 부끄럼이 없고, 거리낌이 없이 이토록 아름다울 수 있는 것입니다.

많은 목회자들의 은퇴를 수 없이 보아오며 저도 오늘 목회를 하고 있습니다. 그분들 가운데는 내려놓아야 할 때 내려놓지 못하고 미련을 갖는 목회자들도 있었습니다. 평생을 아름답게 사역하고도 마지막에 돈 문제로 수십 년의 아름다운 목회사역이 추하게 되는 경우도 보았습니다.

디모데후서 4장 7-8절의 바울 사도의 고백처럼 일생을 아름답게 마무리하고 은퇴를 선언할 수 있어야 합니다. 그 때, 진정으로 한 점 부끄럼 없는 삶을 산 일생을 마무리 할 수 있습니다. 이런 은퇴야말로 얼마나 아름다운 은퇴이겠습니까.

내가 어떤 직분을 갖고 있든지, 어떤 일을 하든지, 공평무사의 삶을 살아야합니다. 그것이 마지막 아름다운 은퇴를 위한 준비입니다.

4. 하나님과 사람 앞에 칭찬을 받았습니다.

4-5절입니다.

"그들이 이르되 당신이 우리를 속이지 아니하였고 압제하지 아니하였고 누구의 손에서든지 아무것도 빼앗은 것이 없나이다 하니라. 사무엘이 백성에게 이르되 너희가 내 손에서 아무것도 찾아낸 것이 없음을 여호와께서 너희에게 대하여 증언하시며 그의 기름 부음을 받은 자도 오늘 증언하느니라 하니 그들이 이르되 그가 증언하시나이다 하니라."

사무엘은 이미 하나님께로부터 인정을 받는 사람이었습니다. 동시에 이 본문에서 증거 되듯 사람들에게도 인정받는 지도자였습니다.

그렇습니다. 바로 그것입니다. 하나님께로부터 인정받는 사람은 사람에게서도 인정을 받습니다. 바꾸어 말하면 사람들에게서 인정을 받으면 하나님께도 인정을 받는다는 것입니다.

디모데전서 3장에는 교회에서 지도자를 세울 때 반드시 지켜야 할 원칙을 제시하고 있습니다. 그 가운데 7절을 보면 이렇게 기록하고 있습니다.

"외인에게서도 선한 증거를 얻은 자라야 할지니 비방과 마귀의 올무에 빠질까 염려하라."

그래서 사도행전 6장에서는 초대교회 집사를 세울 때의 자격 요건을 3절에서 이렇게 기록했습니다.

"형제들아 너희 가운데서 성령과 지혜가 충만하여 칭찬 받는 사람 일곱을 택하라."

말씀 그대로 집사로 세울 자는 성령으로 충만하고, 지혜가 있으며,

또 사람들에게 칭찬을 받는 사람이어야 한다는 것입니다.

아름다운 은퇴를 위한 삶의 요건이 어찌 이 뿐이겠습니까만 본문에 기록된 사무엘의 은퇴 선언을 통해 살펴본 것만 가지고도 우리는 얼마든지 아름다운 은퇴를 준비할 수 있습니다.

살아가면서 눈앞의 현실에 너무 집착해서는 안 됩니다. 세상은 내가 엮어가는 것 같지만 실상은 하나님이 주관하시고 인도해 가십니다. 이것을 알고 믿을 때 우리는 오늘에 집착하지 않을 수 있습니다. 믿음이 있는 사람이라면 자신의 삶을 부분적으로 보지 말고 통으로 보는 통관(通觀)의 혜안을 가져야 합니다.

미래를 보는 비전이 없으면 딱따구리처럼 살게 됩니다. 딱따구리는 눈앞의 나무를 쪼는 것에만 집착합니다. 그러다 결국 나뭇가지가 끊어지면서 자신이 거기에 치어 죽습니다. 이것이 바로 눈앞의 현실에만 급급하여 사는 사람의 비참한 결과입니다.

여기 현실에 집착하다 치욕의 은퇴를 한 사람들이 있습니다. 엘리 제사장의 은퇴는 가문의 몰락을 부른 은퇴였습니다. 삼손의 은퇴는 수치스러운 통한의 은퇴였습니다. 웃시야의 은퇴는 교만이 가져온 비극적인 은퇴였습니다. 사울왕의 은퇴는 하나님께 버림받은 저주받은 은퇴였습니다. 가룟 유다의 은퇴는 자살로 끝이 났습니다. 아합의 은퇴는 시체까지 이 땅에서 찾아볼 수 없는 산산조각 나 흩어져 없어진 부끄러운 은퇴였습니다.

이런 부끄러운 은퇴와는 정 반대의 은퇴가 있습니다. 영광의 은퇴, 박수를 칠 은퇴가 있습니다. 모세의 은퇴는 사명을 다한 은퇴였습니다. 엘리야의 은퇴는 죽음을 보지 않고 하늘로 올리운, 하나님께서 데려가신 승천의 영광을 입은 은퇴였습니다. 다윗의 은퇴는 이스라엘의 영광이었습니다. 사도 바울의 은퇴는 후회 없는 은퇴였습니다. 스데반의 은퇴는 천사가 함께 한 은퇴였습니다.

정계와 교계에서, 모든 기관과 단체에서도 무수한 사람들이 은퇴를 합니다. 부끄럽고 수치스러운 은퇴도 있습니다. 그러나 참으로 기쁜 맘으로 축하와 아쉬움의 박수를 칠 때 떠나는 아름다운 은퇴도 있습니다.

이 세상에서 가장 아름다운 은퇴가 또 하나있습니다. 바로 우리 주 예수 그리스도의 은퇴입니다. 예수님은 잠시 잠깐 이 땅을 떠나시는 임시 은퇴를 하셨습니다. 이 땅을 떠나신 예수님의 그 은퇴는 우리가 알거니와 또 다른 준비를 위한 은퇴입니다. 하나님 나라의 완성을 위한 은퇴입니다. 제자들에게 할 일을 맡겨주신, 기회를 주신 은퇴입니다. 미래를 이어가게 하시는 은총의 은퇴입니다. 기쁨과 상주시기를 원하시는 은퇴입니다. 참으로 우리가 걸음마다 본받고 따라갈 아름다운 은퇴입니다.

저도 아름다운 은퇴를 준비하고 있습니다. 모든 장로님, 권사님, 집사님, 그리고 성도님들도 한 세대가 지난 후에도 후손들에게 존경과 신망을 받는 은퇴의 아름다운 삶을 준비하시기 바랍니다. 우리 모두 사무엘처럼 아름다운 은퇴를 준비하는 삶을 살아가기를 소망합니다. 그 누구보다 예수님과 같은 은퇴를 준비할 수 있기를 예수님의 이름으로 축복합니다. 아멘.

29.

통감(通鑑)의 지혜

"그런즉 가만히 서 있으라
여호와께서 너희와 너희 조상들에게 행하신
모든 공의로운 일에 대하여
내가 여호와 앞에서 담론하리라
〈사무엘상 12:6-18절 중〉."

　'통감(通鑑)'이란 말은 '역사(歷史)'라는 말과 같은 뜻으로 해석되는 용어입니다. 그러나 그 뜻에 있어서는 역사와는 다소 차이가 있는 심오한 뜻이 담겨있습니다. 그 두 단어의 정확한 의미는 다음과 같습니다.

　역사(歷史)는 지나온 인류 사회의 흥망과 변천과정의 사실(史實)에 대한 기록입니다. 그리고 통감(通鑑)은, 지나온 사실(史實)을 오늘이라는 거울(鑑)을 통(通)하여 내일을 조명(照明)해 보는 것입니다. 즉 역사를 거울로 삼아 현실을 바로 직시하여 개선해야 할 것은 고치고 바르게 해야 한다는 것을 일깨우는 고의(高意)의 용어입니다.

　식사 초대를 받아 가서 식사를 마치고 나면 함께 한 여 성도님들이 하시는 공통점을 하나 볼 수 있습니다. 그것은 거의 모두가 15도 각도로 돌아앉아 핸드백을 열고 작은 손거울 하나와 립스틱을 꺼내 입술 화장을 고치는 것입니다.

그 모습을 보면 어찌 그리도 각양각색인지, 참 재미있습니다. 그냥 칠을 하는 사람이 있는가 하면, 거울 속으로 옆 눈질을 하면서 입술을 아래위로, 옆으로, 올리고 내리고 하면서 덧칠을 하는 사람도 있습니다. 재미있는 모습이지만 한편 생각으로는 '여자들은 참 불편하겠다.'는 생각도 듭니다.

어쨌거나 여성들의 핸드백 속에 들어있는 필수품 중의 하나가 작은 손거울입니다. 여성들은 수시로 그 거울을 꺼내들고 습관적으로 화장을 고칩니다. 거울을 통해 자신의 모습을 바르게 하고 혹시 잘못된 것이 있으면 고치는 것이지요.

이와 같이 우리 모두는 거울을 보고 얼굴을 살피며 옷맵시를 고칩니다. 거울을 들여다보면서 잘못된 것을 바로 잡는 것이지요. 거울은 장식품도 아니고 액세서리도 아닙니다. 거울의 기능은 그것을 보면서 자신의 모습을 바르게 하라고 만든 것입니다.

마음의 거울은 얼굴입니다. 얼굴을 보면 마음을 볼 수 있습니다. 예수 그리스도의 거울은 그리스도인입니다. 그리스도인을 통해 예수님을 볼 수 있습니다. 그런데 그리스도인을 보면서 예수님을 보지 못한다면 그는 그리스도인이 아니라는 뜻입니다.

거울이란 '본보기가 된다.', '예표가 된다.'라는 뜻이 있습니다. 즉 해야 할 일과 하지 말아야 할 일, 본받아야 할 일과 본받아서는 안 될 일을 보게 하는 것입니다.

그래서 성경은 "이런 일이 거울이 되어"라고 고린도전서 10:6절을 통해 올바른 생활에 대하여 교훈합니다. 그러므로 우리에게는 전체를 보는 통감(通鑑)의 지혜가 반드시 필요한 것입니다.

이 장 본문은 사무엘 선지자가 이스라엘 백성들에게 역사의 거울을 세워놓고 들여다보게 하는 내용입니다.

6-11절까지는 출애굽부터 사무엘시대까지 이스라엘을 구원하시고 인도하신 하나님의 은혜에 대한 회고입니다.

12-13절까지는 이스라엘의 참된 왕이신 하나님이 계신 데도 불구하고 백성들이 인간 왕을 요구하게 된 내용을 다시 지적합니다.

14-18절까지는 하나님을 불신하고 인간 왕을 구한 백성들을 향해 책망과 경고를 하면서 역사를 바로 보아야 하는 지혜를 교훈하고 있습니다. 다시 말하면, 사무엘은 이스라엘 백성들에게 역사의 거울을 비추어 이스라엘의 오늘을 정확하게 보고, 또 내일을 바르게 행보하라고 깨우치고 있습니다. 바로 통감(通鑑)의 지혜를 일깨우고 있는 것이지요.

그렇다면 오늘을 살아가는 우리들은 무엇을 통감하며 어떤 지혜로 살아야 할까요?

1. 역사를 거울로 볼 줄 아는 혜안(慧眼)을 가져야 합니다.

역사에 대한 인식이 없으면 미래를 바로 볼 수 없습니다. 미래를 바로 보지 못하면 역사의 교훈을 깨닫지 못합니다. 그러므로 그리스도인에게 역사를 거울로 보는 눈이 있다면 하나님이 우리의 영원한 구원자이심을 바르게 인식할 수 있습니다.

6-11절까지의 내용은 하나님께서 이스라엘 백성들을 어떻게 인도하시고 어떻게 보호하시며, 어떻게 은혜를 베푸셨는가를 역설하는 사무엘의 역사인식이 나타나고 있습니다. 그 속에서 자연스럽게 이스라엘 백성들에게 통감의 지혜를 깨우치고 있는 모습입니다.

우리나라는 이승만 정권에 대한 역사인식의 부족으로 박정희 대통령도 이승만 대통령처럼 아픈 역사의 기록을 남겼습니다. 공화당 정권의 역사 인식의 부족으로 전두환의 민정당, 노태우의 민자당, 김영삼의 신한국당, 김대중의 새천년민주당, 그리고 노무현의 열린 우리당이 막판 장터같이 된 것을 지금까지 우리가 보아왔습니다.

정치만 그런 것이겠습니까? 아닙니다. 교회도 마찬가지입니다. 그래서 더더욱 우리에게 통감의 지혜가 요구되는 것입니다.

성경에서 통감의 원리를 교훈하는 곳은 고린도전서 10:6절의 말씀입니다.

"이러한 일은 우리의 본보기가 되어 우리로 하여금 그들이 악을 즐겨한 것 같이 즐겨하는 자가 되지 않게 하려 함이니"

성경의 개역한글판 번역에서는 '본보기'가 '거울'로 되어 있습니다. 이어지는 7절부터 10절까지는 그 내용을 설명합니다.

'우상 숭배' 하여 멸망한 사람들처럼 그렇게 하지 말라는 것입니다. 어떤 사람들이 **'음행하다가'** 하루에 이만 삼천 명이 죽었나니 우리는 그들과 같이 음행하지 말자라고 합니다. 또 어떤 사람들이 **'주를 시험하다가'** 뱀에게 멸망하였나니 우리는 그들과 같이 시험하지 말자고 합니다. 어떤 사람들이 **'원망하다가'** 멸망시키는 자에게 멸망하였나니 너희는 그들과 같이 원망하지 말라고 권고합니다. 그리고 11절에서는 이렇게 교훈합니다.

"그들에게 일어난 이런 일은 본보기(거울)가 되고 또 말세를 만난 우리를 깨우치기 위하여 기록 되었느니라."

유다서 7절에도 같은 메시지가 기록되어 있습니다.
"소돔과 고모라와 그 이웃 도시들도 그들과 같은 행동으로 음란하며 다른 육체를 따라 가다가 영원한 불의 형벌을 받음으로 거울이 되었느니라."

이 모든 말씀은 통감(通鑑)에 대한 교훈입니다.

2. 모든 권세와 도움이 하나님께 있음을 깨닫는 영안(靈眼)이 있어야 합니다.

12-16절까지의 내용을 보면, 이스라엘의 모든 범사의 도움과 전쟁에서의 승리를 하게 하신 능력이 오직 하나님께 있음을 사무엘은 역설합니다. 이러한 사실을 깨닫지 못하고 하나님의 뜻을 거역하면, 이스라엘의 조상들에게 하셨던 것처럼 그들도 칠 것이라는 것을 경고했습니다.
이 모든 내용의 핵심은, 모든 권세와 도움이 오직 하나님께 있음과 이것을 깨닫고 실천하는 것이 통감의 지혜라는 것을 가르치며 교훈하고 있습니다.

그렇습니다. 우리는 역사를 통해 그것을 깨닫고 보는 영안을 열어야 합니다. 영안이 열리면 보아야 할 것과 보지 말아야 할 것을 분별할 수 있습니다. 가져야 할 것과 갖지 말아야 할 것을 구별합니다. 가까이 할 것과 멀리 할 것을 깨닫게 됩니다.

창세기 3장 6절에서 아담과 하와는 영안이 어두워졌을 때 선악과를 보고 가까이 하여 먹고 시험에 빠져 죄를 범하게 되었습니다.

사무엘상 6장 19절에는 벧세메스 사람들이 영안이 멀어 들여다보지 말아야 할 법궤를 들여다보다가 (오만) 칠십 명이 몰살을 당하게 된 이야기가 소개되고 있습니다.

그러나 아브라함은 영안이 열려 하나님이 만유의 주시며 능력이시요 도움이심을 알았기에 믿음으로 일생을 살아 믿음의 조상이 되었습니다.

스데반도 권세와 도우심이 하나님께 있음을 알았기에 돌에 맞아 죽어가면서도 믿음을 지켜 신약 최초의 순교자의 반열에 서게 되었습니다.

시편 기자는 121장 1-2절에서 이렇게 고백합니다.

"내가 산을 향하여 눈을 들리라 나의 도움이 어디서 올까. 나의 도움은 천지를 지으신 여호와에게서로다."

그렇습니다. 여러분이 지금까지 살아오시는 동안 진정으로 여러분을 도우신 분이 누구십니까? 여러분의 능력이 어디서 왔습니까? 누가 여러분과 함께 하셨습니까? 그분은 다른 누구도 아닌 하나님이십니다. 아멘!

돈이 힘이 아닙니다. 세상의 권력도 힘이 아닙니다. 세상의 그 무엇도 우리의 도움이 되지 못합니다. 하나님만이 진정한 우리의 도움이시며 능력이십니다. 아멘!

사람을 의지하지 마십시오. 세상의 것을 의지하려고 하지 마십시오. 하나님을 의지할 때 하나님이 도우십니다. 잠언 29:25절입니다.

"사람을 두려워하면 올무에 걸리게 되거니와 여호와를 의지하는 자는 안전하리라."

이것을 깨닫는 것이 통감의 지혜입니다.

3. 하나님의 종을 존중하는 심안(心眼)이 있어야 합니다.

17-18절 말씀은 사무엘이 하나님께서 함께 하시는 종임을 확인시킴과 동시에 지금까지 역설한 이스라엘의 역사인식의 교훈이 얼마나 진솔한 것인가를 새삼 일깨워 주는 내용입니다. 이 일은 백성들이 하나님에 대한 바른 깨달음을 가지고 경외심을 가짐과 함께 하나님의 종 사무엘을 크게 두려워하게 된 내용입니다.

성경에는 하나님께서 세우신 사역자들에 관한 교훈이 많이 있습니다. 그것을 요약하면, 하나님께서 세우신 하나님의 종에 대하여 백성들은 바른 자세로 대해야 한다는 것을 교훈하고 있습니다.

그 때나 지금이나 하나님은 하나님의 종을 통하여 역사하십니다.

아무리 시대가 변할지라도 하나님의 섭리와 역사하심과 뜻은 한결 같습니다.

사무엘은 이스라엘 백성들에게 이스라엘의 역사를 설명하면서 비록 사울이라는 인간 왕을 세웠지만, 하나님을 더욱 경외하고, 하나님을 두려워하며, 하나님의 뜻을 따라 살아야 한다는 것을 자연환경을 통해 증거 하였습니다. 그 증거란, 우기(雨期)도 아닌 밀을 베는 건조기(乾燥期)에, 사무엘이 하나님께 기도하매 하나님께서 우레와 비를 내리시는 것을 보여준 것입니다. 그 일이 증거가 되어 백성들은 하나님과 하나님의 종을 두려워하게 되었습니다.

이와 비슷한 사건이 열왕기상 18장에도 기록되어 있습니다. 3년 반 동안이나 비가 오지 않아 온 나라가 환난 가운데 있을 때에, 엘리야가 바알과 아세라 선지자들과 기도의 대결을 합니다. 그 대결에서 엘리야는 살아계신 하나님, 기도를 들으시는 하나님을 만백성 앞에 증명하며 승리합니다. 하나님께서 엘리야의 기도에 비를 내리신 것입니다. 그 때처럼 사무엘의 기도에 하나님께서 응답하시는 상황이 일어난 것입니다.

애굽의 압제에서 이스라엘을 구원하실 때 모세를 통하여 10가지 재앙을 통해 역사하셨던 하나님, 홍해를 가르고 육지처럼 건너게 하실 때도 모세를 통하여 역사하신 하나님, 아말렉의 대군을 멸절시키고 이스라엘을 대승케 하실 때도 모세로 하여금 산꼭대기에 올라가 기도하게 하심으로 이루게 하셨던 그 하나님은, 그 때나 지금이나 하나님의 종들을 통해서 역사하십니다.

이와 같은 하나님의 종들을 무시하고, 경멸하고, 거역했던 사람들의 마지막이 얼마나 비참했던가는 성경이 사건마다 교훈하고 있습니다.

동시에 하나님의 종들을 사랑하고 존중하여 일생을 아름답게 사역하고 후손 대대로 복을 받는 것 또한 성경은 상황마다 부지기수(不知其數)로 기록하여 교훈하고 있습니다. 그 내용을 들여다보면 아주 명료한 차이가 있습니다. 하나님의 종들을 존중하는 심안(心眼), 곧 마음의 눈이 열린 사람과 닫힌 사람의 차이입니다.

주의 종들을 보는 눈은 심안(心眼)입니다. 마음의 눈을 열어야 주의 종이 보입니다. 그 눈이 열려야 주의 종을 주의 종으로 사랑하고 존중하게 됩니다. 그러나 그 눈이 열리지 않으면 절대로 주의 종을 주의 종으로 사랑할 수도 존경할 수도 없습니다.

군 복무를 할 때 군종부에서 근무하던 한 친구의 이야기가 지금도 머리에서 지워지지 않고 있습니다. 실화든 설화든 개신교 성도들에게 묵시적인 교훈을 주는 이야기입니다.

어느 날 신부님이 교회행사를 마치고 과음을 했습니다. 천주교에서는 주초문제가 자유롭기 때문에 그것은 아무 문제도 되지 않았습니다.

문제는 과음을 한 상태로 다음날 새벽 미사를 드리게 된 때입니다. 웬일인지 그날따라 교인들이 신부님을 쳐다보지 않고 졸기라도 하는 듯 모두 고개를 숙이고 있더랍니다. 사연인즉 지난밤에 과음한 술이 미처 덜 깬 신부님이 옷을 갈아입지 못하고 잠옷에 성의만 걸치고 나왔던 것입니다.

재미있는 것은 그 다음날이었습니다. 난데없이 사제관으로 바지 하나가 배달되어 왔습니다. 거기에는 짧은 편지 한 통도 함께 들어있었습니다.

"어제는 또 가난한 사람 누군가를 위해 바지를 벗어 주셨군요. 작은 자를 사랑하시는 아버지를 사랑합니다."

이야기를 끝내는 친구는 저에게 이런 말을 들려주었습니다.

"우리 천주교에서는 신부님을 하나님으로 생각하지. 설령 신부님이 어떤 실수를 했을지라도 신도들은 모든 것을 좋게 해석한다네."

모세를 향해 반기를 들었던 고라처럼 살아서는 안 됩니다. 사무엘을 무시했던 사울처럼 살아서도 안 됩니다. 다윗을 향해 저주를 쏟아 부었던 시므이처럼 행동해서도 안 됩니다. 바울을 경멸하고 업신여기고 많은 해를 끼쳤던 후메내오와 빌레도 같이 살아서도 안 됩니다. 이기주의와 약삭빠른 계산주의에 빠져 주님을 배반했던 가룟 유다처럼 행동해서도 안 됩니다.

주의 종을 사랑하고 도와주지는 못할지라도, 최소한 해를 입히고 고통하게 해서는 안 됩니다. 그것이 통감의 지혜입니다.

빌립보 교회는 로마의 과중한 세금 징수에 지치고 힘들 때에도 사도 바울의 선교를 후원하기 위하여 합심하여 함께 연보를 모았습니다. 그 연보를 바울에게 전할 사람이 없을 때, 자신도 병이 깊어 힘든 상황에 있던 에바브로디도가 자원하여 전령이 됩니다. 그렇게 바울에게 전하여 진 연보와 바울의 삶은 오늘의 세계선교의 장을 열게 되었습니다. 그 사도 바울과 그를 사랑한 에바브로디도를 생각해 봅니다.

예수님의 장사를 미리 예비하기 위해 자신의 가장 소중한 것을 아낌없이 깨뜨렸던 마리아를 생각해 봅니다.

마케도니아 선교의 장을 열게 된 바울에게, 마치 전쟁터의 탄약과 총알과도 같은 선교후원을 베풀었던, 선교후원의 일등공신 자주 장사 루디아도 생각해 봅니다.

그리고 포항중앙교회의 이름 없이 빛도 없이 수고하고 섬기는 많은 하나님의 사람들을 생각합니다. 전국 방방곡곡 교회마다 주의 종들을 사랑하고 존중하는 수많은 사람들로 인해 오늘도 한국교회는 세계선교의 중심에 서서 나아가고 있습니다.

이런 일들을 생각하면서 바람하는 것이 있습니다. 주의 종들은 주의 종으로서 사랑받고 존경받을 수 있는 삶을 살기를 바랍니다. 성도님들에게 바라는 것은, 주의 종들이 부족한 것이 많이 있지만 이해하고, 관용하는 마음으로 사랑할 수 있는 심안(心眼)이 열렸으면 하는 것입니다.

본문의 사무엘처럼 백성들이 진심으로 두려워하고 존경할 수 있는 목회자가 그리운 시대가 되었습니다. 그래서 목사로서 자괴지심을 가지며 제가 먼저 통감의 지혜를 갖고 더 좋은 한국교회를 만들어 갈 수 있기를 소원합니다.

그 어떤 누구보다도 예수님은 태초부터 완성되는 하나님 나라까지의 통감의 지혜를 갖고 계셨습니다. 심안을 갖고 계셨습니다. 그러므로 그분의 자리 가까이로 나아가기를 원합니다. 소원합니다. 예수님 닮기를 진심으로 소원합니다.

통감의 지혜!

오늘 우리 모두의 삶을 통해 역사를 보는 혜안(慧眼)과 하나님의
능력을 보는 영안(靈眼)과 주의 종을 보는 심안(心眼)이 활짝 열리기
를 바랍니다. 그래서 우리의 신앙생활이 활안(活眼)과 형안(炯眼)으
로 행복했으면 좋겠습니다. 그리고 우리 모두가 예수님의 심령을 갖
게 되기를 주님의 이름으로 축복합니다. 아멘.

30.
마음이 담긴 기도

"나는 너희를 위하여 기도하기를 쉬는 죄를
여호와 앞에 결단코 범하지 아니하고
선하고 의로운 길을 너희에게 가르칠 것인즉,
〈사무엘상 12:19–25 중〉."

사무엘상 12장은 사무엘의 고별설교입니다. 읽는 이의 심금을 울리는 사무엘의 마지막 선언이요 당부입니다. 사도요 제사장이며 선지자였던 사무엘은 이스라엘 백성들에게 어떻게 살아야 할 것을 가르치면서 자신의 마음에 담긴 충심의 한 마디를 23-24절에 남깁니다.

"나는 너희를 위하여 기도하기를 쉬는 죄를 여호와 앞에 결단코 범하지 아니하고 선하고 의로운 길을 너희에게 가르칠 것인즉, 너희는 여호와께서 너희를 위하여 행하신 그 큰일을 생각하여 오직 그를 경외하며 너희의 마음을 다하여 진실히 섬기라."

그리고 25절에서는 마치 완결된 서류를 검토한 후 마지막 결재 도장을 찍듯 한 마디 결어를 남겼습니다.

"만일 너희가 여전히 악을 행하면 너희와 너희 왕이 다 멸망하리라."

이것은 사무엘의 마음에 있는 이스라엘이 절대로 그래서는 안 된다는 것을 완곡하게 표현한 기도와도 같은 말입니다.

출애굽기 32장 32절에는 범죄한 백성들을 향한 지도자 모세의 마음이 담긴 기도가 있습니다.

"이제 그들의 죄를 사하시옵소서 그렇지 아니하시오면 원하건대 주께서 기록하신 책에서 내 이름을 지워 버려 주옵소서."

사무엘상 15장 11절에는 하나님께서 사울 왕을 버리시면서 하시는 말씀과 사무엘의 간곡한 중재의 마음이 담긴 기도가 있습니다.

"내가 사울을 왕으로 세운 것을 후회하노니 그가 돌이켜서 나를 따르지 아니하며 내 명령을 행하지 아니하였음이니라 하신지라 사무엘이 근심하여 온 밤을 여호와께 부르짖으니라."

시편 50장 10-11절에는 범죄한 후 하나님을 향한 다윗의 마음이 담긴 기도가 있습니다.

"하나님이여 내 속에 정한 마음을 창조하시고 내 안에 정직한 영을 새롭게 하소서. 나를 주 앞에서 쫓아내지 마시며 주의 성령을 내게서 거두지 마소서."

누가복음 22장 32절에는 베드로를 향한 예수님의 마음이 담긴 기도가 있습니다.

"그러나 내가 너를 위하여 네 믿음이 떨어지지 않기를 기도하였노니 너는 돌이킨 후에 네 형제를 굳게 하라."

누가복음 23장 34절에는 자신을 십자가에 못 박고 조롱하는 무지한 백성들을 향한 예수님의 마음이 담긴 기도가 있습니다.

"아버지 저들을 사하여 주옵소서 자기들이 하는 것을 알지 못함이니이다."

사도행전 7장 60절에는 자기를 돌로 치는 무리들을 향한 스데반 집사의 마음이 담긴 기도가 있습니다.

"주여 이 죄를 그들에게 돌리지 마옵소서."

여러분의 마음에는 어떤 기도가 담겨 있습니까? 진실로 주님을 위하여, 이웃을 위하여, 사랑하는 사람을 위하여 여러분의 마음이 담긴 기도가 있습니까? 아니면 여러분 자신의 소욕을 이루기 위한 기도가 마음 가득 담겨 있습니까?

지금 살펴보는 본문 앞의 6-18절까지는 하나님께서 이스라엘에 베푸신 은혜의 역사를 회고하는 동시에, 이스라엘의 왕 되신 하나님을 외면하고 인간 왕을 구한 이스라엘의 죄를 지적하며 책망을 하고 있습니다. 그것이 통감(通鑑)의 교훈이라고 앞장에서 말씀의 은혜를 나누었습니다.

이 장 본문에서는 사무엘이 백성들의 회개를 촉구하면서, 왕정시대를 열게 되었지만 오직 하나님만 섬기고 그분께 순종해야 할 것을 역설합니다. 이 말씀을 통해서 살펴보려는 것은, 사무엘이라는 한 시대를 밝힌 지도자의 마음에 담겨 있는 것이 무엇인가 하는 것입니다. 즉 세기의 한 지도자의 마음에 담긴 기도가 어떤 것이었는가를 살펴보며, 오늘을 살아가는 우리의 마음에는 어떤 기도가 담겨 있는가를 살펴보기를 원합니다.

잠언 23:7에는 우리를 깨우쳐 주시는 이런 말씀이 있습니다.
"대저 그 마음의 생각이 어떠하면 그 위인도 그러한즉"
이 말씀은 마음의 생각대로 행한다는 뜻입니다.

사무엘의 마음은 이스라엘 백성들이 오직 하나님을 섬기고 범죄하지 않기를 바랐습니다. 백성들이 오직 하나님을 순종하면서 행복하게 살기를 바라는 어버이 같은 간절함이 있었습니다. 그런 그의 마음이 하나님을 향하여 이스라엘을 위해 이토록이나 간절한 기도가 나오게 된 근원입니다.

이스라엘의 훌륭한 지도자들에게서 찾을 수 있는 공통점은 이런 것들입니다. 역사가 흥왕할 때는 흥왕케 하시는 하나님의 큰 은혜를 찬양하였고, 나라가 위난에 처하고 백성들이 온전치 못할 때는 그 원인을 자신의 탓으로 돌렸습니다. 문제의 원인을 밖이 아닌 안에서부터 찾은 것입니다.

대부분의 사람들은 모든 문제의 원인을 밖에서 찾습니다. "누구 때문에", "무엇 때문에"로 그 원인을 돌립니다. 이것이 늘 불평을 하고 원망을 하게 되는 원인입니다.

나라가 어렵게 되었을 때 느헤미야도 그 원인이 자기에게 있음을 고백하였습니다. 이스라엘 백성들의 죄악으로 인하여 하나님의 진노가 임할 때 모세는 자기 이름을 생명책에서 제할지언정 백성들을 용서해 달라고 부르짖었습니다. 하찮은 신하의 조롱을 받으면서도 다윗은 그 원인을 자신에게 돌리고 시므이를 원망하지 않았습니다.

예화 책에서 옮겨 온 이야기 입니다.
초등학교 통지표에는 담임선생님의 평가란이 있습니다. 한 학생의 정서 평가 난에 '주위가 산만함' 이라는 평가내용이 기록 되었습니다.
1학년 때도, 2학년 때도 같은 내용이 기록되었습니다. 그러자 아이는 부모님께 야단을 맞았습니다. 그랬더니 그 때부터 이 아이는 반 친구들을 두들겨 패기 시작했습니다.
"야! 너희들 때문에 내 주위가 산만하다고 선생님이 그렇게 적었잖아. 너희가 떠들기 때문에 내 주위가 산만하대. 조용히 해."
그 다음 해 통지표에는 '아이들을 너무 때림' 이라고 기록되었습니다. 자기 자신의 정서적 불안을 주위 친구들에게로 돌리는 웃지 못 할 이야기입니다. 어쩌면 이것이 우리 자신의 이야기는 아닌지 생각해 보아야 할 것입니다.

너 나 없이 오늘을 살아가는 우리들의 삶을 되짚어 보면 모든 잘못의 원인을 자신에게로 돌리지 않고 타인에게로 돌리는 경우가 많음을 봅니다. 곰곰이 다시 한 번 생각해 볼 일입니다.
본문 23절은 사무엘의 마음을 읽을 수 있는 대목입니다. 되새겨보면 이스라엘이 잘못되면 자신의 기도가 없었기 때문일 것이라는 내용입니다. 장래에 있을 모든 문제의 원인을 지도자인 자신에게로 돌리는 마음자세입니다. 이것은 사무엘의 마음에 이스라엘을 향한 기도가 넘치도록 가득히 담겨있는 것을 보여주고 있습니다. 사무엘의 이스라엘을 사랑하는 지극한 마음 그 자체입니다. 그 내용을 정리해 보면 다음과 같습니다.

1. 모든 죄에 악을 더하지 말라.

19절에서 이스라엘 백성들은 자기들이 여호와 앞에서 모든 죄에 악을 더하였다고 고백을 합니다. 그러자 20절에서 사무엘은 그것을 다시 한 번 확인시킵니다. 그러면서 하나님은 은혜로우신 하나님이시니 이제는 더 이상 죄에 악을 더하지 말고 하나님만 섬기라고 권고합니다.

이스라엘 백성들은 하나님 앞에서 죄에 죄를 더하는 역사를 기록하였습니다. 출애굽의 감격을 원망과 불평으로 대신했습니다. 우상 숭배하는 것도 큰 죄악인데 그 위에 음행을 행하고, 원망을 하며 하나님을 시험하는 악을 더하기(+) 했습니다. 결과는 독종으로 죽고, 뱀에게 물려 죽고, 하나님의 진노의 불로 죽고, 땅이 입을 벌려 순식간에 삼켜 죽고, 적군에게 패배하여 무수히 죽어간 것이었습니다.

이런 이스라엘의 역사를 통해서 배우는 것은, 죄에 악을 더하기 하면 멸망뿐이라는 것입니다.

'죄에 악을 더한 것' 은 문자적으로는 지금까지도 하나님께 범죄

하였는데 그 위에 왕을 구하는 악까지 더했다는 고백입니다. 물론 하나님께서도 왕정 제도 자체를 반대하시지는 않았다는 것이 신명기 17장 14-20절에서 확인이 됩니다. 중요한 것은 하나님의 왕 되심을 거절했다는 것입니다. 또한 불순한 동기로 눈에 보이는 인간을 왕으로 요구한 것입니다. 이 모든 것이 자신들의 악함에서 비롯된 것이라는 것을 백성들이 확실하게 깨닫게 된 것입니다.

이와 같은 경우는 오늘을 살아가는 우리들의 삶에도 어김없이 적용됩니다. 한 번 죄를 지으면 두 번째 죄를 짓는 것은 쉽다는 말과 같습니다. 어려운 것은 처음입니다. 거짓말도 처음이 어렵지 한 번 거짓말을 하고 나면 그 다음은 쉽습니다.

그래서 죄에 악을 더하는 일이 반복되어 일어나게 됩니다. 주일을 성수하지 않는 것도 처음에 마음이 어렵습니다. 십일조를 도적질하는 것도 처음이 어렵습니다. 그러나 한 번 죄를 범하고 나면 그 다음은 너무 쉽게, 별 꺼려함 없이 그 길로 나아가게 되는 것이 바로 죄의 속성입니다.

이러한 속성은 모든 관계에 있어서도 마찬가지입니다. 한 번 마음에 골이 패이면 회복은 천만 번 더 어렵습니다. 그래서 사무엘의 마음에는 항상 이스라엘을 향한 간곡한 기도가 담겨 있었습니다.

"죄에 악을 더하지 말고 오직 하나님만 섬기고 그에게 순종하라."

2. 헛된 것을 따르지 말라.

21절입니다.

"돌아서서 유익하게도 못하며 구원하지도 못하는 헛된 것을 따르지 말라 그들은 헛되니라."

이 말을 다시 정리하면 이렇습니다.
"다시는 여호와만 섬기는 거기서 돌아서지 말라."
"그 길은 너희를 유익하게도 못한다."
"너희를 구원하지도 못한다."
"그 길은 헛된 길이다."

이스라엘 백성들을 향한 사무엘의 마음은 그 무엇과도 비길 수 없는 간절한 마음입니다. 이것이 오늘날 하나님의 백성들을 향한 목회 지도자들의 마음입니다. 그 때나 지금이나 하나님의 백성들은 조금만 틈이 생기면 하나님을 섬기며 순종하는 믿음의 길에서 돌아서려고 합니다. 돌아서봐야 아무 유익도 없는데 자꾸만 돌아서려고 합니다. 왜 그럴까요? 그것은 그 믿음이 견고하지 못하기 때문입니다.

민수기 14장에는 이스라엘 백성들의 슬픈 역사가 기록되어 있습니다. 출애굽 한 그들이 광야에서 지난날의 애굽 생활을 그리워하며 하나님을 원망하고 불평합니다. 그러다가 하나님의 약속하신 땅 가나안에 들어가지 못했습니다. 여호수아와 갈렙을 제외한 20세 이상의 장년은 아무도 들어가지 못했습니다. 이 장면은 "손에 쟁기를 잡고 뒤를 돌아보는 자는 하나님의 나라에 합당치 않다(눅9:62)."는 말씀을 상기시켜주는 모습입니다.

조금만 힘들면 하나님을 원망하고 애굽으로 돌아가고자 했습니다. 조금만 배가 고파도, 조금만 목이 말라도, 조금만 어려워도 원망

과 불평을 거침없이 쏟아내면서 다른 길을 찾고자 했습니다. 그것이
이스라엘의 죄였습니다.

오늘날도 예외가 아닙니다. 누구든지 믿음이 견고하지 못하면 상
황에 휘청거리게 되어있습니다. 그 내면을 들여다보면 모든 기준이
'자기' 라는 무서운 이기주의가 마치 대단한 믿음처럼 위장을 하고
있는 것을 발견하게 됩니다.
이것이 가중되면 예수님께서 십자가 구속의 비밀을 처음으로 말씀
하셨을 때 베드로가 했던 것처럼 용감하게 나댈 수 있습니다. 주님은
죽지 않는다고 감히 주님을 책망하면서 자기도 모르게 하나님의 자
리에 올라 앉아버리는 죄를 범하게 됩니다. 그래서 주님은 그 자리에
서 베드로를 책망하시며 '사탄아 물러가라' 고 외치셨던 것입니다.

믿음이 없으면 자꾸만 헛된 것을 찾게 됩니다. 아무 것도 유익하게
하지 못하는 것인데도 그것을 찾게 됩니다. 교회생활도 말씀을 받고
순종하며 감사해야 하는데, 무엇인지 모를 충족되지 못한 것이 마음
에 있습니다. 까닭 없이 무료합니다. 눈에 보인다고 생각도 해 보지
않고 쉽게 판단해 버립니다. 그리고 모든 것을 쉽게 포기합니다.
여기에 이르면 주님도 보이지 않습니다. 자신이 가르침을 받는 자
인지 가르치는 자인지 스스로도 분별을 하지도 못합니다. 이것은 참
으로 무서운 일입니다. 죄에 악을 더하기 하는 길로 내려가는 길목에
서 있기 때문입니다. 유익하게도 못하며 구원하지도 못하는 헛된 길
로 내려가는 분수령에 들어서고 있기 때문입니다.
정신을 차리고 경계해야 합니다. 순간마다 자신을 돌아보아야 합
니다.

우리가 하나님을 믿기 전에는 하나님을 알지 못하였기 때문에 하나님께서 허물을 간과하셨습니다(행17:30). 그러나 이제는 구원의 은혜를 받은 자들이기 때문에 주님을 두 번 십자가에 못 박는 행위는 죄에 악을 더하기 하는 것입니다. 그래서 히브리서 6:4-6절에서는 이런 경우를 일컬어 예수님을 두 번 십자가에 못 박는 행위라고 경고했습니다. 그래서 사무엘은 이스라엘 백성들에게 다시 그 길로 돌아서지 말라고 권고한 것입니다.

오직 하나님만, 예수님만 우리를 구원하시고 우리를 옳은 길로 인도하십니다. 아멘!

3. 마음을 다하여 하나님만 섬기라.

24절입니다.

"너희는 여호와께서 너희를 위하여 행하신 그 큰 일을 생각하여 오직 그를 경외하며 너희의 마음을 다하여 진실히 섬기라."

사무엘의 마음에 담긴 기도내용의 절정이라고 해도 될 메시지입니다. 온전하게, 진실하게 하나님만 섬기라는 말씀입니다. 우리가 의지할 대상은 하나님뿐입니다. 이 세상에서 하나님 아닌 무엇을 의지하겠습니까? 무엇을 믿겠습니까? 오직 하나님뿐입니다. 하나님만 믿고 하나님만 순종해야 합니다. 그 이유 중의 하나를 시편 146:3-4절이 이렇게 말씀하고 있습니다.

"귀인들을 의지하지 말며 도울 힘이 없는 인생도 의지하지 말지니, 그의 호흡이 끊어지면 흙으로 돌아가서 그 날에 그의 생각이 소멸하리로다."

예레미야 17장 5절은 이와 같이 말씀하십니다.

"여호와께서 이와 같이 말씀하시니라 무릇 사람을 믿으며 육신으로 그의 힘을 삼고 마음이 여호와에게서 떠난 그 사람은 저주를 받을 것이라."

본문 22절을 보십시오. 하나님께서 이스라엘을 자기 백성으로 삼으신 것을 기뻐하신다고 하셨습니다.

오늘 하나님께서 저를, 그리고 여러분을 하나님의 자녀로 삼으신 것을 하나님은 기뻐하십니다. 그러나 기억하시기 바랍니다. 저와 여러분이 예쁘고 잘나서, 무엇인가 그럴듯한 것이 있어서, 그래서 하나님께서 우리를 자녀 삼으시고 기뻐하시는 것이 아닙니다. 허물과 부족함, 그리고 모자라고 미련한 것뿐이지만, 그런 우리를 전능하신 하나님께서 자녀로 삼으시고 기뻐하신다고 하십니다.

하나님은 이런 분이십니다. 이 하나님에 대하여 더 이상 무슨 말로 설명하겠습니까? 그저 감사할 뿐입니다. 순종할 뿐입니다. 진실로 하나님만 섬길 뿐입니다.

오래 전에 말씀드린 일이 있는 이야기입니다.

TV에서 외국인이 한국 고아 한 명을 입양하는 장면이 방영되었습니다. 화면에 비친 그 아이는 4-5세 된 아이였습니다. 아이는 뇌성마비로 지체가 부자유한, 차마 말로 표현하기 민망스러울 정도로 축축 늘어지는 아이였습니다. 그 모습이 편집 없이 그대로 방영되었습니다. 놀라운 것은 어머니 될 여인의 모습이었습니다. 온 몸이 늘어지는 그 아이를 품에 안고 좋아서 어쩔 줄 몰라 했습니다. 아버지 될 남자는 그 곁에서 싱글 벙글 좋아합니다. 리포터가 마이크를 부인에게 갖다 대며 질문합니다.

"건강하고 예쁜 아이들도 많은데 왜 하필 이런 아이를 입양하십니까?"

리포터의 이 우문(愚問)에 응수하는 놀라운 현답(賢答)이 방송 전파를 타고 제 가슴으로 들어왔습니다.

"이 아이도 하나님의 사랑을 받을 자격이 있습니다."

순간 숨이 멎는 느낌이었습니다. 화면을 통해서 살아계신 하나님의 사랑을 보았습니다.

뇌성마비로 지체가 부자유한 아이를 품에 안고 기뻐하는 그 입양아 부모님을 보면서, 하나님께서 나를 저와 같이 사랑하신다는 사실을 깨닫게 되었습니다. 내가 잘나서가 아닙니다. 내가 예뻐서도 아닙니다. 하나님께서 이런 나를 자녀 삼으신 것을 생각하면 더 이상 하나님을 섭섭하게 할 수 없습니다. 예수님께서 이런 나를 위해 죽으셨고, 부활하셨으며, 다시 오시는 날에 천국으로 데려가실 것을 생각하면, 오직 그분만 사랑하고 섬기면서 진실하게 믿음의 삶을 살아야 함을 다시 한 번 온 영혼과 온 세포로 깨닫습니다.

사무엘의 마음에 담긴 이스라엘을 향한 기도의 내용이 바로 이런 것입니다. 이것이 또한 우리를 향하신 주 예수님의 오로지한 사랑의 마음입니다. 그러므로 모든 죄에 악을 더해서는 안 됩니다. 헛된 것을 따라서는 안 됩니다. 마음을 다해 오직 하나님만 섬겨야 합니다. 이것이 우리의 자녀를 위한 우리 마음에 담긴 기도가 되어야 합니다.

지금 여러분의 마음에는 어떤 기도가 있습니까? 우리 스스로 주님 앞에서 겸손하게 고백해야 될 우리 마음에 담아야 할 기도가 바로 이런 기도입니다. 여러분 심령에 평생의 기도가 이런 기도이기를 예수님의 이름으로 축원합니다. 아멘!

실패에는 원인이 있다.

어떤 히브리 사람들은
요단을 건너 갓과 길르앗 땅으로 가되
사울은 아직 길갈에 있고
그를 따른 모든 백성은 떨더라
〈사무엘상 13:1–7 중〉."

대부분의 사람들은 성공을 향해서는 단거리 선수처럼 달음박질을 합니다. 그러나 성공한 후에는 그 성공을 유지하기 위해서 별로 몸부림을 치지 않습니다. 그래서 성취한 그것이 무엇이든지 간에 더욱 잘 유지 발전시키지 못하고, 평생에 이루어 온 성공이라는 탑이 한 순간에 무너지는 것을 많이도 보아왔고 때로는 경험하기도 합니다.

열왕기상 11장에서는 솔로몬을 실패자로 기록하고 있습니다. 그에게는 탁월한 지혜와 통치력, 그리고 군사력이 있었습니다. 아버지 다윗의 막강한 후광을 한 몸에 입은 솔로몬이었습니다. 그런 그를 열왕기상 11장에서는 실패자로 기록하고 있습니다. 솔로몬은 인간적으로 볼 때 실패할 이유가 전혀 없는 사람입니다. 그럼에도 불구하고 그는 실패했습니다. 그래서 그의 실패는 오늘을 살아가는 우리에게 그만큼 많은 것을 생각하게 합니다.

솔로몬의 실패의 직접적인 원인은 바로 우상 숭배입니다. 그리고 또 다른 하나는 하나님의 언약과 법도를 지키지 않은 것입니다. 실패의 원인을 구태여 둘로 나누었지만 결국은 하나입니다. 그것이 하나님의 언약과 법도를 지키지 않은 것입니다. 법도를 지키지 않은 것이 바로 우상 숭배를 한 것입니다.

역대기하 26장에는 웃시야 왕의 실패 기록이 있습니다. 웃시야는 '여호와는 나의 힘' 이라는 좋은 뜻의 이름을 갖고 있었습니다. 열여섯 살에 왕위에 즉위하여 52년 동안 왕좌에서 나라를 통치하였습니다. 그는 여호와 앞에서 정직했습니다. 스가랴 같은 좋은 영적 지도자를 모시고 영적 지도도 잘 받았습니다. 그리고 항상 하나님을 구하였기에 하나님께서 형통케 하셨다고 성경은 기록하고 있습니다.

이렇게 성공적인 삶을 살아온 웃시야가 왜 실패했을까요? 첫째 역대기하 26장 5절에서는 이렇게 기록하였습니다.

"스가랴가 사는 날에 하나님을 찾았고 그가 여호와를 찾을 동안에는 하나님이 형통하게 하셨더라."

여기서 영적생활의 중요한 교훈 몇 가지를 찾을 수 있습니다. 하나는 "스가랴가 사는 날 동안에 하나님을 찾았고" 라는 말씀입니다. 이것은 웃시야의 하나님과의 관계와 사람과의 관계가 매우 아름다웠다는 것을 알 수 있는 부분입니다. 다른 하나는 "그가 여호와를 찾는 동안에는 하나님이 형통하게 하셨더라." 는 말씀입니다. 이것은 그의 영

적인 기도생활이 하나님 앞에서 정상적이었음을 알 수 있는 부분입
니다.

이런 웃시야였지만 이 두 가지가 단절되면서 마음이 교만해지기
시작했습니다. 그 시작은 결국 실패자가 되는 내리막길로 내닫게 되
는 요인이 되었습니다. 그것을 역대하 26장 16절 상반절에서는 이렇
게 기록합니다.
"저가 강성하여지매 그 마음이 교만하여 악을 행하여"

하나님의 종과의 관계가 소원해지고 기도생활이 중단되면서 급기
야 웃시야는 마음이 교만하게 되었습니다. 마음이 교만해지자 자연
스럽게 악을 행하게 되었습니다. 이것이 실패자의 길로 들어서게 되
는 순차적인 모습입니다. 그가 저지르는 악한 모습이 역대하 26장 16
절 하반절에서는 더욱 구체적으로 진술되고 있습니다.
"그 하나님 여호와께 범죄하되 곧 여호와의 전에 들어가서 향단에 분
향하려 한지라."

웃시야는 자신의 분수를 잊어버리고 감히 제사장의 직무까지 행하
려 들었다는 것입니다. 이 쯤 되면 하나님께서 그냥 계실 수 없습니
다. 이제는 하나님께서 개입하실 때입니다. 그래서 하나님께서는 분
향하고 나오는 웃시야를 나병으로 치십니다. 그로부터 웃시야는 죽
는 날까지 별궁에서 쓸쓸하게 지내다가 일생을 마칩니다.

하나님은 바울 사도를 통하여 우리에게 고린도전서 15장 10절 말
씀으로 이렇게 교훈하십니다.

"나의 나 된 것은 하나님의 은혜로 된 것이니 내게 주신 그의 은혜가 헛되지 아니하여 내가 모든 사도보다 더 많이 수고하였으나 내가 아니요 오직 나와 함께 하신 하나님의 은혜로라."

현재의 나의 나 됨이 나의 수고가 아니라 모든 것이 하나님의 은혜라는 고백입니다. 건강도, 명예도, 권력도, 재능도, 부와 영광도 모두 다 하나님으로부터라는 고백을 할 때는 절대 교만하지 않습니다. 교만의 시작은 언제나 '내가' 라는 자기주의에서 출발합니다. 그것이 스스로 함몰을 자초하는 실패자의 출발이자 마지막 대미(大尾)의 서곡이요 피날레입니다.

자식 교육에 실패한 엘리 제사장과 히스기야 왕의 공통점이 있습니다. 첫째는 자식을 우상시 한 것입니다. 둘째는 하나님의 말씀을 가르치는 것에 부족했습니다. 셋째는 부모로서 자식들에게 신앙의 본을 보이지 못했습니다. 이것이 그들이 어김없이 실패자의 자리로 떨어질 수밖에 없는 요인이었습니다.
가룟 유다도 실패자의 표본입니다. 그의 실패의 요인은, 첫째는 동기가 잘못된 신앙생활이었습니다. 둘째는 말씀이 없는 신앙생활이었습니다. 그리고 셋째는 십자가 없는, 즉 고난 없는 신앙생활이었습니다.

오늘 본문 사무엘상 13장은 사울의 실패의 이유가 어떤 것인가를 잘 보여주는 내용입니다. 그 첫째 단락이 1-7절인데 사울의 실패의 시작입니다.
왕으로 기름부음 받을 때 지극히 겸손했던 사울, 참으로 순종적이던 사울이 왜 하나님께 버림을 받았을까요? 왜 그가 성경에 나타나는 최초의 자살자가 되었을까요? 어쩌다 그는 지도자로서 가장 비참한 자리까지 떨어지는 실패자가 될 수밖에 없었을까요? 거기에는 다 이유가 있습니다.

1. 하나님 보다 자기 뜻을 앞세우면 실패합니다.

2절입니다.

"이스라엘 사람 삼천 명을 택하여"

여기까지의 원문은 이렇습니다.

וַיִּבְחַר־לוֹ שָׁאוּל שְׁלֹשֶׁת אֲלָפִים מִיִּשְׂרָאֵל(와이브하르 로 쇼울 쉘로쉐트 알라핌 미이스라엘). 직역하면 '그리고 사울이 자신을 위하여 이스라엘로부터 삼천을 선택했다' 입니다. 원문에는 '택하여' 앞에 '자기를 위하여' 라는 말이 있습니다. 이것은 아주 중요한 의미를 갖고 있습니다.

11장에서도 암몬과의 전쟁을 위해 사울이 백성을 군대로 소집했습니다. 그러나 이번의 소집은 그때의 것과는 근본적으로 그 성격이 다른 소집입니다. 다음에 공부하겠지만, 블레셋군은 이스라엘 사울의 군대와는 비교도 할 수 없을 만큼 거대한 군사력을 보유하고 있었습니다. 그럼에도 불구하고 사울이 블레셋과 전쟁을 하기 위해 단지 삼천 명의 군사를 모집한 것은, 그 기저에 깔린 것이 전적인 인본주의에서의 출발임을 나타내고 있는 것입니다.

11장의 암몬과의 전쟁 시에는 6절을 보면 '사울이 이 말을 들을 때에 하나님의 영에게 크게 감동되매' 라고 기록하고 있습니다. 즉 암몬과의 전쟁은 하나님의 뜻에 의한 성전(聖戰)이었다는 것을 뜻합니다. 그러므로 그 결과는 대승이었습니다.

그러나 오늘 본문의 블레셋과의 전쟁은 하나님의 신의 감동이 없습니다. 군사의 모집은 말씀의 내용상 자기를 위한 것입니다. 결과는 참혹한 대패로 끝났습니다.

그 이유는 간단합니다. 사울이 왕이 된 지 이제 2년이 되는 해입니다. 군사를 모집하여 제법 강한 군사력도 갖추게 되었습니다. 그러자 하나님의 뜻은 묻지도 않고 먼저 전쟁을 시작했습니다. 블레셋의 압제로부터 이스라엘을 해방시켜 보려는 인간적인 생각이 앞섰다는 것으로 이해할 수 있는 내용입니다. 다른 말로 표현하면 일종의 공명심이 발휘되었고, 동시에 자기의 왕권도 확보하고자 하는 인본주의적 발상이 일었다고 할 수 있습니다.

사울의 실패는 이렇게 시작이 되어 그 실패는 절정으로 치닫게 됩니다.

사울 왕의 삶의 곡선은 믿음의 길을 가는 우리 모든 사람이 자칫 잘못하면 답습하여 걸을 수 있는 길입니다. 신앙생활을 하면서 기도하지 않고 자기 뜻을 앞세워 무슨 일이든 하는 사람의 끝이 아름답게 종결되는 법이 없습니다.

베드로가 주님으로부터 '사단아 물러가라' 는 책망을 받게 된 경우도 하나님의 일과 사람의 일을 분간하지 못하고 인간적인 생각으로 나섰기 때문입니다.

성도의 실패는, 하나님의 뜻을 구하기보다 자신의 생각을 앞세워 행할 때 어김없이 만나게 된다는 것을 깨달아야 합니다.

2. 분수없는 생각과 행동은 실패를 자초합니다.

4절 이하의 내용은 요나단이 게바에 있는 블레셋 수비대를 선제공격하자 블레셋 사람이 이에 반격을 준비하게 됨으로 전운이 깊어지는 장면입니다.

4절 가운데 이스라엘이 블레셋 사람들에게 '미움을 받게 되었다'는 기록이 있습니다. 이 단어의 히브리어 '바아쉬(בָּאַשׁ)' 는 '미움이나 증오의 대상이 되다' 라는 뜻입니다.

이스라엘이 블레셋의 압제 아래 있는 것은, 물론 말할 수 없는 고통입니다. 그렇다고 해서 하나님의 뜻은 묻지도 않고 인간적인 생각으로 전쟁을 일으킨 것은 온당치 못합니다. 이 일은 블레셋으로부터 더욱 증오의 대상이 되어 결국은 상황을 더 어렵게 만들어 버린 결과가 되었습니다.

5절 이하를 보면 이로 인해 블레셋은 이스라엘과 싸우려고 병거 3만, 마병 6천, 백성은 해변의 모래 같이 많이 모였다고 기록하고 있습니다. 이런 블레셋의 대군에 비하면, 이스라엘의 군대 숫자는 고작 3천 뿐이고, 4절에서 사울이 불러 모은 백성의 수효는 기록도 없습니다.

이것은 성경 기자가 상대적인 상황을 보다 리얼하게 전개하고 있는 내용입니다.

출애굽한 이후 오늘에 이르기까지 이스라엘이 어느 때에 군사력의 막강한 실력으로 전쟁에 승리한 일이 있었던가요? 어느 때든지 만군(萬軍)의 여호와 하나님께서 대적들을 물리쳐 주셨고, 막아주셨고,

보호해 주셨습니다.

그런데 오늘 우리의 사울은 이 하나님을 바라보지 못하고 있습니다. 그리고는 하나님의 뜻보다는 자기 생각을 앞세워 전쟁을 일으킵니다. 그의 분수를 모르는 생각과 행동은 자신만 쓰라린 실패를 경험하는 것이 아니라 종국에는 이스라엘 전체를 위난에 처하게 만들었습니다.

이런 사울의 모습을 통해 우리가 깨닫는 것은 기도보다 행동이 앞서면 안 된다는 것입니다. 말씀보다 행동이 앞서도 안 됩니다. 성령님보다 나의 행동이 앞서도 안 됩니다.

지금도 신앙인으로서 실패하는 사람들의 공통점이 바로 이것입니다. 하나님의 뜻과 자신의 욕구를 분별하지 못하고 나아가면 사리판단이 안 됩니다. 거기서 분수없는 짓이 나오게 되어 있습니다. 그러다가 결국은 스스로 몰락하게 되는 것입니다. 이 모든 것이 하나님의 감동시키심 없이 무엇을 하고자 꾀할 때 나타나는 결과입니다.

민수기 16장에도 분수없이 생각하고 행동하다가 실패한 기록이 있습니다. 고라는 레위의 증손으로서 모세의 종형(사촌)입니다. 그는 다단과 온과 아비람, 총회의 250인과 일반 백성을 선동하여 하나님께서 세우신 주권자 모세에게 대항합니다. 그 내면을 연구해 보면 시기와 불만, 불평과 교만이 깊이 뿌리를 내리고 있다는 것을 알 수 있습니다.

하나님께서 세우신 모세와 아론일지라도 다른 사람보다 크게 나을 것이 없다는 것이 그의 생각입니다. 또한 다른 사람들에게도 하나님께서 함께 하시는데, 왜 모세와 아론만 지도자가 되어야 하며, 왜 그들에게 자신들이 일방적으로 복종해야 하느냐하는 것입니다. 그런 이유로 모세와 아론을 대항했습니다.

결과는 하나님의 진노하심이었습니다. 고라와 다단과 아비람은 땅의 갈라진 틈에 빠져 땅의 삼키운 바가 됩니다. 남은 총회의 250인은 불로 소멸되는 재앙을 받게 됩니다.

고라와 그와 함께 한 사람들을 통해서 깨우쳐 주시는 것이 있습니다. 하나님께서 맡겨주신 협력자로서의 자신의 직분의 중요성을 망각한 자들의 말로입니다. 하나님께서 자신에게 맡겨주신 직분의 분수를 잊어버리고 교만에 빠져버린 자들의 말로를 똑똑히 볼 수 있습니다. 명예에 대한 탐욕 때문에 하나님이 세우신 권위에 대항하다가 실패한 대표적인 사람들의 모습입니다.

오늘날도 만인제사장설을 앞세워 직분에 대한 올바른 이해 없이 경거망동 하는 사람들이 있습니다. 분수를 넘는 안하무인으로 신앙 생활을 하다가 대패하는 경우를 너무도 흔히 봅니다.

예, 맞습니다. 예수님을 믿는 성도는 만인제사장의 신분은 같습니다. 그러나 우리가 분명하게 기억해야 할 것은, 신분은 다 같이 고귀하나 그 직임의 직분은 분명히 다르다는 것입니다. 만인제사장의 교리를 앞세워 직분의 중요성과 직무의 수행을 잘못하면 그 또한 실패자가 되는 것입니다.

믿음 있는 자는 분수없는 언행을 하지 않습니다. 기도하는 성도도 분수없는 언행을 하지 않습니다.

3. 상황에 따라 믿음이 흔들리는 것도 실패의 이유입니다.

5절을 보면 블레셋 군대의 병거가 3만, 마병이 6천, 군병의 수가 해변의 모래 같아서 벧아웬 동쪽 믹마스에 진을 쳤다고 합니다. 이 상황에 이르자 6절에서 나타나는 이스라엘 군대가 위급하고 절박하여 굴과 수풀과 바위틈과 은밀한 곳과 웅덩이에 숨었다고 합니다. 이 모습은 숨을 수 있는 곳이라면 어디든지 다 숨을 수밖에 없게 된 긴박한 상황을 보여주고 있습니다.

7절을 보면 어떤 사람은 갓과 길르앗으로 가고, 사울은 아직 길갈에 있으며, 따르던 백성들은 떨고 있는 장면이 기록되어 있습니다.

나팔을 크게 울려 불면서 소위 '군대 앞으로!' 했을 때의 사기충천했던 모습은 온 데 간 데가 없습니다. 그야말로 한심하기 짝이 없는 오합지졸의 모습이 백일하에 드러났습니다.

왜 이 지경이 되었을까요?

하나님이 함께 하신다는 믿음이 그들에게 전혀 없었습니다. 시작부터 사울은 '자기를 위하여' 군대를 모으고 전쟁을 시작했습니다. 암몬 족속들과 전쟁을 할 때 하나님의 신에 크게 감동된 경험이 있었지만, 지금의 사울에게는 전혀 기억도 없는 것 같습니다. 이 믹마스 전투는 참으로 사울의 인간적인 생각과 행동이었습니다.

예수님도 사역을 하실 때 성령의 이끌리심을 입고 사역하셨습니다(마4:4). 언제나 하나님께 기도하시고 일하셨습니다(눅6:12; 눅9:26 등). 말씀을 하실 때에도 하나님 아버지께로부터 들은 것을 말씀하신다고 하셨습니다(요15:15). 마지막 죽음의 쓴 잔을 마셔야 하실 때에도 하나님께 기도하셨습니다(마26:39 ; 막14:36; 눅22:42). 온전히 하나님의 뜻을 물으셨고 그 길을 따라 죽기까지 복종하셨습니다(빌2:8). 한 걸음도 하나님의 뜻을 앞서 걷는 교만함이 없으셨습니다(빌2:8). 그래서 예수님은 마지막 순간까지 흔들려 실패하신 일이 없으십니다. 그 순종이, 그 겸손함이, 당신의 생명을 내어 놓으신 그 지극하신 사랑이 지금 우리를 살게 하신 구원을 이루셨습니다.

진실한 믿음은 상황에 따라 흔들리지 않습니다. 우리는 어린 소년 다윗과 골리앗의 전쟁을 잘 알고 있습니다. 당시의 상황으로 보아서 그 전쟁은 끝난 것과 같았습니다. 믿음 없는 사울 왕과 군장들은 본문의 기록처럼 역시 두려워 떨며 숨고 있었습니다. 그러나 믿음의 사람 어린 소년 다윗은 그렇지 않았습니다.

믿음의 눈으로 바라본 다윗의 눈에 골리앗은 한낱 허수아비로 보일 뿐이었습니다. 그러니 제아무리 창과 칼과 단창을 들고 갑옷을 입고 버티고 서 있는 여섯 규빗 한 뼘의 태산 같은 골리앗 앞이라도, 소년 다윗은 물맷돌 다섯 개와 지팡이 하나를 들고 싸우러 달려 나갈 수 있었던 것입니다. 결과는 두말하면 잔소리입니다. 당연히 다윗의 승리였습니다.

이런 일들은 예나 지금이나 동일합니다. 믿음이 없는 사람은 좋은 상황에서도 실패합니다. 그러나 믿음이 있는 사람은 악조건의 상황 가운데서도 승리합니다.

인간관계도 그렇습니다. 관계가 좋을 때는 옳고 그름을 떠나서 모든 것이 옳고 아름답고 좋은 것 같습니다. 그러다가도 관계가 좋지 않을 때는 아무리 좋고 아름다운 것도, 아무리 옳은 것도 불편스럽게 여겨집니다. 그렇다고 그런 상황에 따라 내키는 대로 행동을 한다면, 그것 또한 실패를 자초하는 하나의 행위일 뿐입니다.

믿음이 있는 성도는 상황에 따라 흔들리지 않습니다. 순전한 처음 마음 그대로 변함없이 행동합니다. 그런 삶을 통해 성공을 향한 걸음을 한걸음씩 착실하게 흔들림 없이 행보합니다.

언젠가 교회를 자주 옮기지 말라고 말씀 드린 적이 있습니다. 자신의 기분에 따라 교회를 옮겨 다니기 시작하면, 어떤 분처럼 108번 교회를 옮기면서 불가의 법리처럼 108 번뇌를 하다가 일생을 실패로 마무리하게 됩니다.

실패에는 이유가 있습니다.

사무엘상 13장을 통해서 우리는 그것을 다시 거울을 들여다보듯 보고 있습니다. 사울의 실패는 사울 한 사람의 실패가 아니었습니다. 성경은 이것을 우리에게 교훈하고 있습니다. 사울의 이 실패를 우리는 거울로 삼아야 합니다. 그리고 우리는 사울처럼 교만한 생각과 행동을 하지 말아야 합니다. 그것은 어리석은 것입니다. 이것이 오늘 우리에게 주시는 하나님의 말씀입니다.

예수 그리스도 안에서, 날마다 주님과 함께, 겸손으로 허리의 띠를 띠고, 승리의 시간을 엮어 가시기를 예수님의 이름으로 축복합니다. 아멘.

32.
실패에는 원인이 있다(2).

우리의 삶은 성공의 삶이 있고 실패의 삶이 있습니다. 삶의 실패에 이유가 있다면 반대로 삶의 성공에도 이유가 있습니다. 성경인물 가운데 사울의 일생을 실패로 정의한다면 요셉의 일생은 성공으로 정의할 수 있습니다. 사울의 실패에 이유가 있다면 요셉의 성공에도 이유가 있습니다. 그러므로 실패한 사울의 삶을 분석하여 반대로만 하면 성공할 수 있다는 결론이 나옵니다. 또한 성공한 요셉의 삶의 걸음들을 분석하여 그 반대로 하면 실패라는 결론에 도달합니다. 이것은 하나의 공식과도 같은 것입니다.

이 공식의 요소를 세 가지로 요약해 볼 수 있습니다. 그 첫째는, 실패든 성공이든 그 제 1 원인은 하나님의 말씀입니다. 말씀에 대한 순종은 성공의 길이고, 말씀에 대한 거역은 실패의 길이라는 뜻입니다.

다시 말씀드리면, 말씀이 실패와 성공으로 가게 하는 근간이라는 것입니다. 둘째는, 실패든 성공이든 제 2 원인은 예수님의 손입니다. 즉 예수님의 손을 잡으면 성공이고, 예수님의 손을 놓으면 실패가 된다는 말씀입니다. 셋째는 실패든 성공이든 제 3 원인은 섭리를 깨달아 수용하는 자세입니다. 즉 성공의 때도, 실패의 때도 거기에 하나님의 무슨 뜻이 있는가를 깨달아 순응하는 마음자세입니다.

사울의 인적 배경을 들여다보면 참 화려하고 부럽습니다. 그의 이름은 '희망'이라는 뜻입니다. 족보로는 베냐민지파 기스의 아들로 명문가의 후손입니다. 성품으로는 순종적이며 성실했습니다. 자신의 왕 됨을 반대했던 사람들까지도 포용하고 용서하는 너그러운 성품을 가졌습니다. 이스라엘에서는 그 보다 더 준수한 자가 없을 정도로 훌륭한 용모를 갖춘 자입니다. 겸손하고 사려 깊은 사람입니다. 용기 있고 탁월한 지도력을 갖춘 애국 애족의 열정의 사람입니다. 이런 근본 위에 하나님의 은혜로 이스라엘의 초대 왕이 되었습니다.

이처럼 모든 면이 완벽하리만치 잘 갖추어진 사울이 왜 실패자로 성경에 그 기록을 남기게 되었을까요?

앞 장에 이어 이번 본문에서도 사울의 실패에 대한 이유가 나타납니다.

1. 하나님의 시간표를 보는 눈이 감겨있었습니다.

고대 국가에서는 전쟁을 앞두고 전형적인 관례로 자신들이 숭배하는 신에게 승리를 기원하는 제사를 드리는 관습이 있습니다. 이와 같이 사울도 블레셋과의 전쟁을 앞두고 하나님께 제사를 드리기를 원했습니다. 그래서 제사장 사무엘에게 제사의 집전을 요청합니다. 그러자 사무엘은 이레의 기한을 정해주며 기다리라고 합니다. 이 상황을 통해서 중요한 역사가 진행되는 것을 우리는 보게 됩니다.

사울의 입장에서는 블레셋 군이 해변의 모래처럼 많은 수효로 밀려오고 있는데 7일을 기다려야 한다는 것 자체가 이해가 안 되는 것이었습니다. 이 위급한 상황을 목전에 두고 왜 7일을 기다리라고 하는지 원망스럽기까지 했습니다. 설상가상으로 두려워진 백성들이 흩어지는 상황까지 왔습니다. 이렇게 되자 그의 마음은 더욱 조급해지고 사무엘이 원망스러웠습니다. 사울의 입장에서 그 7일은 쓸데없는 시간이며 사무엘이 자신을 골탕 먹이려고 작정한 것으로 생각할 수밖에 없는 것이었습니다.

그런데 과연 그렇습니까? 전혀 아니지요? 예, 그렇습니다. 이레의 시간을 정한 것은 하나님의 시간표입니다. 사무엘은 하나님의 시간표를 보는 눈을 가진 제사장입니다. 하나님의 뜻을 순종하는 사람이었기 때문에 하나님의 시간표에 따라 이레를 정한 것입니다. 여기에 하나님의 섭리가 있습니다.

그러나 사울은 애석하게도 그것을 보는 눈이 감겨 있었습니다. 오직 자신의 추구하는 바 그 목적에만 온 마음과 뜻이 집중되어 있었습니다. 그의 초점은 빗나가 있었습니다. 그래서 사울은 실패의 걸음을 재촉하게 됩니다.

하나님의 시간표를 보지 못하는 사울에게 어떤 상황이 전개됩니까? 11절을 보십시다.

"사무엘이 이르되 왕이 행하신 것이 무엇이냐 하니 사울이 이르되 백성은 내게서 흩어지고 당신은 정한 날 안에 오지 아니하고 블레셋 사람은 믹마스에 모였음을 내가 보았으므로"

이미 믿음의 눈이 감긴 사울에게는 목전의 현상만 보였습니다. 그것이 실패의 원인이었습니다. 사울의 눈에 보인 것이 무엇입니까? 거대한 블레셋의 삼만의 병거와 육천의 마병과 모래알처럼 많은 적의 군대였습니다. 이것을 두려워하는 백성들이 자기에게서 흩어지는 것이 보였습니다. 게다가 이미 정한 기한이 되었는데도 사무엘은 오지 않았습니다. 그의 마음은 조급함이 절정에 달했습니다. 해결의 실마리는 그 어디에도 보이지 않고 모든 것이 촉급을 다투는 문제뿐이었습니다.

바로 이럴 때 성공자는 문제에 답이 있다는 것을 깨닫습니다. 그리고 그 답을 보기 위해 몸과 마음을 낮춥니다. 마침내 답이 하나님 손 안에 있음을 보고 그 하나님의 뜻을 기다리게 됩니다. 이것이 성공하는 사람들의 공통점입니다.

사울이 조금만 깊이 생각했더라면, 그가 왕위에 오르는 대관식 때 사무엘을 통해 들려준 하나님의 말씀을 기억했을 것입니다. 사무엘상 12장 24절입니다.

"너희는 여호와께서 너희를 위하여 행하신 그 큰일을 생각하여 오직 그를 경외하며 너희의 마음을 다하여 진실히 섬기라."

사무엘의 말은 곧 하나님의 말씀이었습니다. 기다리라고 하면 기다려야 했습니다. 전쟁도, 역사도 하나님의 시간표 안에서 진행됩니다. 그럼에도 사울은 기다리지 못했습니다. 하나님의 시간표를 보는 눈을 열지 못했습니다. 그것이 실패의 이유였습니다.

성경에 기록된 실패자들의 공통점 또한 하나님의 시간표를 보는 눈이 없었습니다.

바둑을 두는 분들은 잘 알 것입니다. 위기에 몰려 대마가 잡혀 판이 끝날 지경에 이를 때가 있습니다. 이럴 때 당사자는 전혀 위기를 벗어날 묘수가 보이지 않습니다. 그런데 신기한 것은 당사자 보다 한 수 아래인 사람이라도 곁에서 보는 그 사람은 위기를 벗어날 한 수가 보이는 것입니다. 이것을 일깨워 주는 것을 훈수라고 합니다. 고수도 보지 못하는 수를 하수가 곁에서 보면 보인다는 것입니다.

신앙생활에 있어서 훈수는 말씀과 기도입니다. 위기에 처하게 될 때 말씀을 묵상하고 기도하면 답이 보입니다. 하나님 앞에 구할 때, 그 때 드디어 하나님의 시간이 보이게 됩니다.

2. 사리판단의 분별력을 잃어버렸습니다.

9절입니다.

"사울이 이르되 번제와 화목제물을 이리로 가져오라 하여 번제를 드렸더니"

아무리 바빠도 바늘허리에 실을 매어 꿸 수는 없습니다. 앞서 10장

8절의 말씀입니다.

"너는 나보다 앞서 길갈로 내려가라. 내가 네게로 내려가서 번제와 화목제를 드리리니 내가 네게 가서 네가 행할 것을 가르칠 때까지 칠 일 동안 기다리라."

사무엘이 한 말이었지만 이 말에는 하나님의 뜻이 담겨 있습니다. 기다리라고 했을 때는 반드시 이유가 있습니다. 그런데 사울은 이 말을 간과했습니다. 그리고 본문 9절을 보면 사울의 집전으로 제사가 거행됩니다. 모두가 아는 사실이지만 제사는 제사장의 임무입니다. 그럼에도 시행된 사울의 행동은 사리분별과 상황에 대한 판단력을 잃어버린 처사입니다.

더 놀라운 일은 바로 그 다음 장면에서 연출됩니다. 10절을 보십시오.

"번제 드리기를 마치자 사무엘이 온지라."

여기서 주목할 것이 하나 있습니다. 그것은 히브리어 성경 원문인데, 원문에는 이렇게 되어 있습니다.

וַיְהִי כְּכַלֹּתוֹ לְהַעֲלוֹת הָעֹלָה וְהִנֵּה שְׁמוּאֵל בָּא(와예히 케칼로토 레하알로트 하올라 웨힌네 쉐무엘 빠)

여기 '웨힌네' 라는 단어는 '그리고 보라' 는 뜻인데, 이것이 한글 성경 번역에서는 빠져있습니다. 원문 그대로를 직역하면 "사울이 번제 드리기를 마쳤다. 그리고 보라 사무엘이 왔다"가 됩니다.

'간발의 차이' 라는 말이 그대로 이 시간에 적용되는 말입니다. 단 1분만이라도 인내했더라면, 그랬더라면 사울의 일생이 달라졌을 것입니다. 그러나 놀랍게도 성경은 이 상황을 여과 없이 기록하여 생생하게 보여주고 있습니다. 얼마나 안타깝고 답답하며 무서운 그림 같은 장면인지 모릅니다.

여기서 성경이 교훈하고자 하는 것은 하나님의 뜻을 구하는 자는 철저히 하나님께 순종하여 최후의 순간까지 확고한 신앙으로 기다려야 한다는 것입니다. 비록 군대가 점점 줄어가고 진군의 명령이 없어 일촉즉발의 위기의 순간에 직면하더라도 끝까지 흔들림 없이 기다려야 한다는 것입니다.

사람들은 흔히 생각하기를 '하나님은 약속에 너무 더디시다' 고 합니다. 그러나 그것은 사실이 아닙니다. 하나님께서는 가장 최선의 시간에 은혜를 주시려고 때를 맞추고 계실 뿐입니다. 하나님께서 개입하시는 시간은 최대의 효과를 나타낼 최적기의 시각을 맞추고 계시는 것입니다.

사울을 통해 하나님께서 우리에게 보여 주시는 것은 불신앙인의 전형적인 모습입니다. 일이 자기 뜻대로 되지 않으면 하나님의 말씀을 지키기 보다는 자기 생각과 자기 방식대로 문제를 해결해 보려고 하는 인간의 고질적인 불신앙의 모습을 드러내 보여주고 계십니다. 이런 모습은 결코 믿음 있는 자의 모습이 아닙니다. 이때로부터 사울은 하나님의 버림을 받는 길목에 들어서고 있었습니다.

사리판단력과 분별력을 잃어버리면 자기가 하는 일의 옳고 그름을 깨닫지 못합니다. 마치 술에 취한 사람의 말이 횡설수설하는 것과 같고 그 걸음이 갈팡질팡하는 것처럼 영적으로도 사리판단과 분별력을 잃어버리면 똑같이 되어버립니다. 그래서 하나님은 로마서 12장 2절을 통해 이렇게 교훈하십니다.

"너희는 이 세대를 본받지 말고 오직 마음을 새롭게 함으로 변화를 받아 하나님의 선하시고 기뻐하시고 온전하신 뜻이 무엇인지 분별하도록 하라."

또한 하나님은 고린도전서 2장 14절에서 사도 바울을 통해 이렇게 말씀하십니다.

"육에 속한 사람은 하나님의 성령의 일들을 받지 아니하나니 이는 그것들이 그에게는 어리석게 보임이요, 또 그는 그것들을 알 수도 없나니 그러한 일은 영적으로 분별되기 때문이라."

다른 말로 바꾸면 믿음이 없으면 사리판단의 분별력을 잃어버린다는 것입니다. 왜냐하면, 육신의 생각으로는 영적인 일을 분별할 수 없기 때문입니다. 그렇게 되면 자신의 분수를 잃어버리고 전후좌우를 가리지 못하며 스스로 실패의 길을 자초합니다. 그것보다 슬픈 일은 없습니다. 본문의 사울이 지금 그 길을 가고 있습니다.

3. 반성과 회개는 없고 변명과 책임전가를 합니다.

사리판단과 분별력을 잃어버린 사람의 언행이 어떻게 전개되는가도 11-12절에 생생하게 기록하고 있습니다.

"사무엘이 이르되 왕이 행하신 것이 무엇이냐 하니 사울이 이르되 백성은 내게서 흩어지고 당신은 정한 날 안에 오지 아니하고 블레셋 사람은 믹마스에 모였음을 내가 보았으므로, 이에 내가 이르기를 블레셋 사람들이 나를 치러 길갈로 내려오겠거늘 내가 여호와께 은혜를 간구하지 못하였다 하고 부득이하여 번제를 드렸나이다 하니라."

기막힌 이유입니다. 설득력 없는 자기변명입니다. 자기 잘못은 전혀 없다는 말입니다. 그러면서 오히려 자기가 잘못한 것의 책임을 모두 사무엘에게 전가하는 치졸한 표현입니다. 믿음 없는 불신앙인의 전형적인 모습입니다. 믿음이 없으면 순종이 불가능합니다. 그뿐이겠습니까? 인내심도 없습니다.

참고 기다리는 것은 믿음 있는 자의 몫입니다. 그래서 믿음은 순종을, 순종은 감사를, 감사는 헌신으로 자연스럽게 이어지는 것입니다.

어떤 경우에도 하나님보다 앞서서는 안 됩니다. 말씀을 앞서도 안 됩니다. 기도하는 것보다 언행이 앞서는 일은 실패합니다.

변명의 특성이 모든 일의 잘못을 다른 사람 탓으로 책임을 전가하는 것입니다. 그 내면에는 원망과 불평이 도사리고 있기 때문에 절대 자기 자신의 허물과 잘못은 보지 못합니다. 그러므로 모든 잘못의 책임이 상대방에게 있다는 병적인 자기주의에 빠집니다.

객관적으로 이 상황을 바라보는 우리를 참으로 안타깝게 하는 것이 있습니다. 그것은 사울에게서 전혀 회개의 빛을 볼 수 없다는 것입니다. 그에게서 나타는 것은 오직 자기변명과 책임전가 일변도의 모습입니다. 이것이 실패의 길로 들어선 사울의 일생동안에 이어지는 모습입니다.

13장에서는 사무엘을 원망합니다. 14장에서는 요나단을 원망하니다. 15장에서는 백성들을 원망합니다. 모든 문제가 자기로 인해 일어났음에도 불구하고 사울은 모든 책임을 상대방에게 떠넘기고 변명일변도로 나아갔습니다. 이것은 결코 좋은 지도자의 모습이 아닙니다.

다윗을 살펴보면 이와는 반대입니다. 모든 관계에서 상대방을 인하여 아픔과 억울함을 당합니다. 어려움을 당하고 손해를 봅니다. 그러나 그것을 언제나 자신의 허물과 부족과 잘못으로 돌렸습니다.

요압의 반대를 무릅 쓰고 인구조사를 한 후 책망을 받았을 때 다윗은 **"내가 이 일을 행함으로 큰 죄를 범하였나이다(삼하24:10)."**라고 회개했습니다.

사무엘하 16장에서도 시므이에게 조롱받을 때 아비새가 단칼에 시므이의 목을 치겠다고 나섰습니다. 그 때도 아비새를 만류하면서 하나님께서 시므이를 통해 자신을 저주하라고 하셨는지 누가 알겠느냐고 하며 그 모든 일을 자신의 부덕함으로 돌렸습니다.

놀라운 것은, 자신의 잘못을 변명하고 책임 전가하는 사울은 하나님께서 철저하게 버리시고 망하게 하셨지만, 모든 것을 자기의 잘못으로 돌리고 회개하는 다윗은 철저하게 보호하시고 은혜를 주시며 복되게 하셨다는 것입니다.

이것은 그때나 지금이나 변함없이 동일합니다. 하나님께서는 우리가 우리의 잘못을 변명하고 타인에게 책임을 전가하는 것을 결코 기뻐하시는 하나님이 아니십니다.

예수님은 십자가에 달려 돌아가실 때마저도 우리의 모든 죄악을 중보하셨습니다. 자신을 십자가에 못 박은 사람들의 죄를 오히려 용서해 주시기를, 그들은 그들의 죄를 모른다고 도리어 변호하셨고, 그러므로 용서해 주시기를 기도하셨습니다(눅23:34). 마지막 순간까지 죄인들을 긍휼히 여기신 예수님의 생명을 건 사랑이었습니다. 그 기도가 바로 저와 여러분을 살리신 기도입니다. 사랑입니다.

우리도 이와 같은 자리까지 나아가야 하지 않겠습니까? 그런 우리가 우리의 잘못을 변명하고 책임전가나 한다면 결코 하나님의 기뻐하심을 받을 수 없지 않겠느냐는 말씀입니다.

13절 이하에는 사무엘의 사울에 대한 서릿발 같은 책망이 재판의 판결문처럼 기록되어 있습니다.

"사무엘이 사울에게 이르되 왕이 망령되이 행하였도다. 왕이 왕의 하나님 여호와께서 왕에게 내리신 명령을 지키지 아니하였도다."

그리고 14절에서는 두 가지 예고를 하였습니다.

"지금은 왕의 나라가 길지 못할 것이라 여호와께서 왕에게 명령하신 바를 지키지 아니하였으므로 여호와께서 그의 마음에 맞는 사람을 구하여 여호와께서 그를 그의 백성의 지도자로 삼으셨느니라 하고"

첫째는 사울의 왕위가 길지 않을 것이라는 경고입니다. 둘째는 하나님께서 마음에 맞는 사람을 구하여 이스라엘의 새로운 지도자로 삼으셨다는 것입니다. 그 이유는 단 하나입니다. 사울이 하나님의 말씀을 지키지 않고 마음대로 행했기 때문입니다.

여기서 우리가 잠깐 짚고 넘어갈 중요한 것이 하나 있습니다. 사무엘이 경고한 말씀 가운데 하나님께서 사울을 버리시고 하나님의 마음에 맞는 사람을 택하셨다고 하신 부분입니다. 하나님은 물론 그렇게 하셨습니다. 그러나 그 새로운 지도자를 지금 당장에 사울을 대신하여 세우신다는 것은 아닙니다. 이 일이 시행되기까지는 다소의 시간을 주신다는 뜻이 이미 앞의 문장에 복선으로 깔려있습니다. '**왕의 나라가 길지 못할 것이라**' 그렇죠? 예, 사울의 시대는 분명히 끝이날 텐데 아직은 시간이 좀 있다는 의미가 분명히 들어있죠? '~할 것이라' 이것은 미래 시제입니다. 이렇게 하신 것은 사울로 하여금 회개할 시간적 여유를 주신 것입니다. 이것이 바로 집행유예의 은혜입니다.

이것은 세례요한이 바리새인들과 사두개인들을 향하여 '도끼를 나무뿌리 곁에 갖다 놓고 열매 맺지 아니하는 나무는 찍으리라(마 3:10)' 라고 하며 회계할 기회를 주고 축구한 것처럼, 주인이 과원지기에게 3년 된 무화과나무가 열매 없는 것을 보고 찍어버리라고 했을 때, 과원지기가 1년만 참아달라고 했던 것처럼(눅13:7-9), 사울에게도 왕권 박탈의 집행을 유예하신 것입니다.

그런데도 사울은 14장과 15장에서 계속하여 하나님의 말씀을 거역하고 자기 뜻을 앞세워 행합니다. 그러다 결국 15장에서 하나님께 버림받을 결정적인 사건을 일으키고 맙니다. 사울의 실패 이유는 이렇게 명확하게 요약됩니다. 이 사건들은 앞으로 계속 하나씩 살펴나가도록 하겠습니다.

하나님은 그때나 지금이나 하나님의 마음에 맞는 사람을 찾으십니다. 찾아서 복주시고 세우십니다. 그러나 사울처럼 계속해서 교만하고 제멋대로 행하면 반드시 버리십니다.

하나님께 버림받는 실패자가 될 것인가, 아니면 하나님의 마음에

맞는 성공자가 되어 축복의 반열에 서는 사람이 될 것인가, 그것은 전
적으로 우리에게 선택권이 있습니다. 여러분은 어떻게 살아가시겠습
니까?

사울처럼 실패의 원인을 반복해서 만드는 삶을 살지 않기를 예수
님의 이름으로 축복합니다. 아멘.

33.
실패에는 원인이 있다(3).

'실패는 성공의 어머니'라는 말이 있습니다. 수많은 연구의 거듭되는 실패를 겪은 후 마침내 성공을 거둔 '발명왕 에디슨'의 명언입니다. 이것은 수많은 실패에도 불구하고 좌절하지 않고 다시 연구를 계속할 때 결국 성공에 이르게 된다는 긍정적인 의미의 좋은 어구입니다.

실패는 끝이 아닌 시작입니다. 낭비가 아닌 새로운 투자이며, 파괴가 아닌 인내의 시험기간이라는 의미에서는 아주 괜찮은 말입니다. 그리고 반드시 뒤에 붙여야 하는 말이 있습니다. 실패는 누구나 할 수 있지만 그 실패를 거울삼아 성공을 이루어야 실패가 축복이 될 수 있다는 말입니다. 실패를 했다고 일어서지 못하고 좌절해 버린다면, 그 실패는 영원히 저주의 구렁텅이가 되고 맙니다.

우리는 '성공은 실패의 어머니' 라는 말도 깊이 한번 생각해 보아야 합니다. 왜냐하면, 많은 사람들이 성공했을 때 오히려 되돌릴 수 없는 실패를 하는 경우가 너무 허다하기 때문입니다.

솔로몬이 그랬습니다. 사울 왕이 그랬고 웃시야 왕도 그랬습니다. 이들에게는 공통점이 있습니다. 출발은 모두가 겸손했고, 하나님을 경외했으며, 인간을 존중했습니다. 그러나 성공의 자리에 이르자 교만했고, 하나님을 떠났으며, 사람을 무시하였습니다. 솔로몬의 경우를 열왕기상 11장 9절에 이렇게 기록하였습니다.

"솔로몬이 마음을 돌려 이스라엘의 하나님 여호와를 떠나므로 여호와께서 그에게 진노하시니라."

역대기하 26장 16절에서는 웃시야에 대하여 다음과 같이 기록하고 있습니다.

"그가(웃시야) 강성하여지매 그의 마음이 교만하여 악을 행하여 그의 하나님 여호와께 범죄하되 곧 여호와의 성전에 들어가서 향단에 분향하려 한지라."

사울 왕에 대하여는 사무엘상 15장 11절이 밝히고 있습니다.

"내가 사울을 왕으로 세운 것을 후회하노니 그가 돌이켜서 나를 따르지 아니하며 내 명령을 행하지 아니하였음이니라."

신명기 8장 12-14절 말씀을 우리는 특별히 주목해야 합니다.

"네가 먹어서 배부르고 아름다운 집을 짓고 거주하게 되며, 또 네 소와 양이 번성하며 네 은금이 증식되며 네 소유가 다 풍부하게 될 때에, 네 마음이 교만하여 네 하나님 여호와를 잊어버릴까 염려하노라."

무슨 뜻인지 아시겠습니까? '성공은 실패의 어머니' 라는 말을 상기시키는 말씀입니다. 성공한 후에도 성공하기 전의 마음을 가지고 겸손하게 살아가는 것이 영원한 성공에 이르는 것임을 깨닫게 하는 말씀입니다.

애석한 일이지만 그럼에도 불구하고 인간은 일반적으로 그렇지를 못합니다. 실패가 성공의 어머니인 것은 분명하지만, 성공이 실패의 어머니가 될 수도 있다는 말도 우리가 기억해야 할 명구(名句)중의 명언입니다.

항존직분을 받기 위하여 피나도록 열심히 봉사하고 섬기며 낮아지고 헌신했던 사람이, 임직을 한 후에는 언제 그랬던가 싶을 정도로 교만해집니다. 게으르고 나태합니다. 그뿐만이 아닙니다. 한 술 더 떠 거드름까지 피우는 것을 보면 참으로 가슴이 미어집니다. 왜냐하면 그 결과가 실패인 것이 불을 보듯 훤하게 보이기 때문입니다.

초대교회가 로마교황의 특별한 대접을 받게 되었을 때 교회는 소위 성공한 것 같았습니다. 그러나 그것이 로마교회의 몰락의 시작이 될 줄은 그 누구도 예측하지 못했습니다. 성공이 실패의 어머니가 된 것입니다.

한국교회가 일제의 압제와 공산주의의 박해를 당하면서도 신앙의 절개를 지켰습니다. 많은 성도들이 순교의 피를 흘렸습니다. 쏟은 순교의 피가 오늘날 우리에게 하나님의 엄청난 복을 받는 근원이 되었습니다. 장로가 대통령으로 당선이 된 후 한국교회는 승자의 포효를 외쳤습니다.

그 때, 그 누구도 한국교회의 내리막길을 예견하지 못했습니다. 그런데 무섭게도 1200만 기독교인이 870만으로 줄어드는 기막힌 오늘을 맞게 되었습니다.

이와 같은 상황은 개인도 마찬가지입니다. 약하고, 힘없고, 어려울 땐 겸손하고, 낮은 마음으로 교회 생활을 합니다. 그러다가 돈이든, 지식이든, 명예든, 권력이든, 직분이든, 겹겹이 옷을 입기 시작하면 교만해지고 승자의 포효를 내게 됩니다. 이것이 시발입니다. 그런데도 이것이 실패의 시작임을 깨닫는 사람은 거의 없습니다.

『평범한 사람들의 아주 특별한 생각』이라는 책이 있습니다. '자운영' 에서 엮고 도서출판 '세시' 에서 출간한 책입니다. 이 책은 다양한 타입의 성공한 사람들을 모델로 성공하려는 사람들에게 도움을 주기 위해 꾸며진 책입니다. 이 책에 소개된 몇 가지는 많은 것을 생각하게 합니다. 그 내용 가운데 하나가 맥도날드 기업의 경우입니다.

맥도날드 기업의 경우는, 모든 점포의 카운터 높이를 72cm로 고정해 놓고 있습니다. 이것은 그 높이가 고객들이 돈을 꺼내기에 가장 편안한 높이라는 것입니다. 햄버거 두께를 17mm로 한 것은 입에 넣었을 때 가장 맛있게 느껴지는 두께이기 때문입니다. 또한 주문을 하면 점원은 3초 후에 반드시 "콜라는요?" 하고 묻습니다. 그러면 대부분의 사람들은 무의식적으로 고개를 끄덕이게 마련이라고 합니다. 이것은 철저히 고객의 심리를 이용한 것이라고 합니다.

성공하려는 사람들은 다른 사람의 성공담에 주목할 필요가 있다는 것을 깨우쳐 주고 있습니다. 왜냐하면 성공한 사람들의 이야기에는 반드시 성공에 대한 비결이 담겨있기 때문입니다. 그렇다면 반대로, 실패한 사람들의 실패담에 주목할 필요가 있다는 것도 우리는 깨달게 됩니다. 실패한 사람들의 이야기에는 반드시 실패에 대한 이유가 있기 때문입니다.

분문도 역시 사울의 실패에 대한 이유가 이어지는 내용입니다.

1. 세상적인 물량주의가 실패를 자초 합니다.

15절 하반 절입니다.
"사울이 자기와 함께 한 백성의 수를 세어 보니 육백 명 가량이라."

사울이 암몬과 전쟁을 할 때의 군대 수는 33만이었습니다. 그리고 이번 믹마스 전투에 모은 숫자도 그에 못지않았을 것이라는 것이 성경 해석자들의 공통된 의견입니다. 그런데도 블레셋 군대의 수가 월등히 많은 것을 보자 이스라엘 백성들은 혼비백산을 하고 두려워합니다. 게다가 도망하여 흩어지게까지 되었습니다. 그러자 사울은 몹시 당황합니다. 급기야 인간적인 방법을 동원하여 군사들을 붙들어 보려다 돌이킬 수 없는 일을 저지르게 됩니다. 그 이유들과 결론이 다음과 같습니다.

첫째, 인원수의 감소로 불안해졌습니다. 둘째, 그래서 하나님의 섭리를 보는 영안이 닫혔습니다. 셋째, 그러자 사리분별력을 잃어버리고 자기가 제사장의 해야 할 일을 월권하게 됨으로 결정적인 범죄를 하게 됩니다.

이 중심이 무엇입니까? 물량주의입니다. 모든 일의 성공과 실패는 사람의 수나 재물의 많고 적음에 있지 않습니다. 그런데도 눈에 보이는 것으로 모든 것을 결정해 버리는 우를 범하고 맙니다. 그래서 숫자에 민감하게 되고 결국 그것이 실패의 이유가 되었습니다.

성공과 실패의 기준은 숫자에서 기인하지 않습니다. 교인수가 얼마나 모이느냐? 예산이 얼마나 되느냐? 사례비는 얼마나 많이 받느냐? 하는 것에 있지 않습니다. 그럼에도 불구하고 이 기막힌 질문에 현대 기독교인들이 얼마나 민감한지 모릅니다.

이것이 실패로 가는 이유가 되는 것을 아는 사람은 그리 많지 않습니다. 이 숫자 때문에 부목사는 당회장에게 채근을 당합니다. 이 숫자 때문에 오늘날 목회자들이 노이로제 현상을 보입니다. 이 숫자 귀신에 사로잡힌 장로 때문에 목사가 교회를 사임하게 되는 기막힌 일도 벌어집니다. 사무엘상 14장 6절 하반절의 말씀을 보십시오.

"여호와의 구원은 사람이 많고 적음에 달리지 아니하였느니라."

마태복음 25장에는 달란트 비유가 있습니다. 이 비유에서 말하고자 하는 것은 다섯 달란트와 두 달란트는 귀하고 한 달란트는 귀하지 않다고 하는 것이 아닙니다. 다섯 달란트 받은 사람이 다섯 개를 남겼으면 수학적 공식으로는 1입니다. 두 달란트를 받은 사람이 두 달란트를 남긴 것 또한 1입니다. 그리고 한 달란트 받은 사람이 하나도 남기지 못한 것은 0입니다.

이 교훈이 주는 것이 무엇인 것 같습니까? 어떤 것은 귀하고 어떤 것은 그렇지 않은 것을 말하는 것 같습니까? 아닙니다. 이 비유를 통해 말씀 하시려는 것은, 맡은 자의 최선을 다하는 모습입니다. 자기에게 주어진 일의 많고 적음이 중요한 것이 아니라, 자기에게 주어진 일에 최선을 다하는 것이 중요하다는 것을 강조하는 것입니다. 그래서 인간의 성공과 실패의 기준은 하나님이지 숫자가 아니라는 것입니다. 즉 물량주의가 아니라는 말씀입니다.

2. 인간적인 허영심은 실패를 자초합니다.

16-18절을 보면 블레셋군이 북, 서 동쪽으로 3대를 조직하여 이스라엘 진영을 둘러싸고 진격할 준비를 하고 있는 상황을 생생하게 묘사하고 있습니다.

왜 이지경이 되었습니까?

앞서 1-4절을 공부했지만 하나님 뜻보다는 자기 뜻을 앞세우고, 분수없는 생각과 행동을 한 사울의 인간적인 허영심 때문입니다.

왕으로 즉위를 하였으면, 온 백성들의 태평성대를 위해 가장 먼저 하나님의 말씀과 법도와 율례와 계명을 지켜 하나님을 경외하게 하는 것이 우선입니다. 그런데 사울은 왕이 되자말자 잠자는 호랑이 같은 블레셋을 건드려 화를 자초하게 된 것입니다. 그것이 하나님의 말씀을 따르는 신앙을 전제로 한 것이라면 무슨 문제가 되겠습니까. 그런데 그것이 아니라는 데 문제가 있는 것입니다. 순전히 인간적인 허영심이 발동하여 빚어진 전쟁이기 때문에 그렇습니다.

이런 허영심은 시대를 막론하고 언제나 실패의 이유가 되고 있습니다.

대부분 오늘에 최선을 다하지 못하고 병적으로 과거에 집착하는 사람들의 공통점이 인간적인 허영심으로 가득 찬 것입니다. 그런 사람들은 입만 열면 "옛날에 내가 무엇을 했는데"를 노래처럼 부릅니다. 그것을 반어적으로 해석하면 "지금 나는 아무것도 하지 않는데"라는 자기 수치를 드러내는 하릴없는 어리석은 고백인 줄도 모릅니다.

신앙인들의 실패는 무엇인가를 보여주려고 하는 인간적인 허영심 때문입니다. 금식기도도 인간적인 허영심으로 하기 쉬운 것 가운데 하나입니다. 분수에 넘치는 헌금 작정도 그렇습니다. 방언을 하고 통변을 하는 것이 좋다고 인간적으로 허영심에 빠지면 백번 걸려 넘어지는 것도 그렇습니다.

당회에서나 노회에서나 총회에서도 인간적인 허영심 때문에 실패하는 사람들을 너무 많이 봅니다. 이 허영심을 또 다른 말로 표현하면 우쭐대는 허욕이라고도 할 수 있습니다. 내용은 없고 겉으로만 자기를 나타내려는 허상입니다. 이런 것들이 실패를 자초합니다.

3. 불의와 타협이 실패를 자초합니다.

19절 이하는 읽는 것조차도 마음이 아린 내용입니다. 블레셋 군대는 온갖 병기를 다 갖고 있는데 이스라엘 백성들은 아무것도 가지고 있지 못합니다. 그 이유가 잘 설명되어 있습니다. 블레셋의 압제 아래에서 이스라엘이 칼과 창을 만들 수 없도록 철공을 없게 했기 때문입니다. 그래서 이스라엘 백성들은 농사 기구를 만들려면 블레셋에 내려가서 연장을 만들어 와야 했습니다.

왜 이지경이 되었을까요?

역사를 거슬러 올라가 보면 하나님의 말씀에 순종하지 않고 적당주의에 빠져 불의와 타협을 한 것이 원인이 된 것을 발견하게 됩니다.

신명기 7장 2절을 보면 하나님이 이스라엘 백성들에게 약속의 땅 가나안에 들어가게 되면 이방 족속들을 진멸하고 그들과 타협하지 말고 혼인도 하지 말라고 하셨습니다. 그런데 이스라엘은 말씀에 순종하지 않았습니다. 그것이 결국 오늘에 이르러 블레셋으로부터 이스라엘이 고난을 당하고 압제를 받게 된 원인입니다.

그래서 고린도전서 10장 21절에서 하나님은 바울을 통하여 우리에게 이렇게 말씀하십니다.

"너희가 주의 잔과 귀신의 잔을 겸하여 마시지 못하고 주의 식탁과 귀신의 식탁에 겸하여 참여하지 못하리라."

즉 세상과 타협하지 말라는 것입니다. 세상과의 타협은 곧 불신의 증거입니다. 불신은 열등입니다. 그것은 실패의 길입니다.

그러나 믿음은 확신입니다. 소망입니다. 승리입니다. 기쁨입니다. 자유입니다.

어느 집의 불신 남편이 주일만 되면 아내에게 함께 등산을 가자고 졸랐습니다. 집사인 아내가 남편의 마음을 즐겁게 해 주고 싶어서 그 날 하루만 그렇게 하리라 하고 주일 아침 일찍 등산길에 올랐습니다. 오손 도손 이야기도 하고 즐거운 하루를 보내고 집으로 돌아왔습니다. 그리고 아내가 아주 행복한 마음으로 남편에게 말을 건넸습니다.

"여보, 오늘 참 행복했어. 오늘은 내가 당신 마음을 행복하게 해 주었으니까 당신도 다음 주일에는 나와 함께 교회에 가는 거지요?"

"교회... 틀렸어. 솔직히 오늘도 당신이 내 청을 들어주지 않고 교회로 갔으면 내가 교회로 가리라 마음먹었는데 당신 신앙도 별거 아니야."

그리고는 다음과 같은 뼈 있는 말을 덧붙였습니다.

"만약 오늘도 당신이 내 요구를 거절한다면 당신이야말로 진짜 교인일 거라고 생각하기로 했었어."

집사님은 가슴을 쳤지만 이미 지난 일이었습니다.

신앙생활에 있어서 세상적인 타협은 실패를 자초합니다. 너무도 분명한 것을 불분명하게 만들고, 선명한 것을 흐리게 만드는 것을 우리는 '타협' 이라고 부릅니다.

그런데 마귀가 사람들을 넘어뜨리는 일에 가장 많이 애용하는 수법이 바로 사람들로 하여금 '타협' 하도록 하는 것입니다.

"이 정도야 괜찮겠지."

이것이 마귀가 가장 잘 사용하는 1 단계입니다.

이 마귀는 예수님께도 이와 같은 수법을 썼습니다. 돌로 떡덩이를 만드는 것쯤은 아무 것도 아니잖아? 높은 데서 뛰어내리면 천사들이 받들어서 발이 돌에 부딪치지 않게 할 테니까 뛰어 내려. 천하만국과 그 영광을 모두 줄 테니 엎드려서 내게 경배만 해. 그거 별 거 아니잖아? 이것이 마귀의 수법입니다. 물론 예수님은 단호히, 일언지하에 거절하시고 일절 타협하지 않으셨습니다. 감히 마귀들과 타협하실 예수님이 아니시죠. 우리의 믿음도 이와 같아야 합니다.

모세가 하나님의 말씀을 따라 이스라엘 백성을 출애굽 시킬 때 바로의 4가지 타협안을 제시한 것은 우리가 주목할 내용입니다.

첫째, 바로는 애굽에 같이 있으면서 예배를 드리라고 했습니다. 이는 분명히 '혼합주의(syncretism)'로 이스라엘을 이끌려는 궤계였습니다. 즉 세상과 섞여서 하나님을 믿고 섬기라는 말입니다.

둘째, 가서 희생은 드리되 "너무 멀리는 가지 말라."고 했습니다. 아주 교묘한 마귀의 타협입니다. 믿기는 믿되, 봉사는 하되 적당히 하라는 술책입니다.

"예수를 믿어도 너무 빠지게 믿지는 말아라." "교회 봉사도 너무 지나치게 하지 말아라." "점잖은 체면에 뭘 그리 광신자처럼 믿느냐?" "무슨 십일조를 그렇게 철저하게 하느냐?" 하는 등이 그것입니다.

셋째, 가되 "너희 남정만 가서 여호와를 섬기라."고 했습니다. 그들의 자녀들이 애굽에 그대로 남아있는데, 이스라엘 자손이 애굽과 영원히 결별할 수 있겠습니까? 말도 안 되는 소리입니다.

넷째, 자녀들도 데려가되 "양과 소는 머물러 두라."고 했습니다. 이는 "예물 없이 하나님을 섬기라"는 말입니다.

이런 바로의 네 가지 타협에 대해 모세는 조금도 흔들리지 않고 모두 거절했습니다. 결국 바로는 두 손을 들고 "너희 말대로 다 가라(12:31-32)."고 했습니다.

실패에는 이유가 있습니다.
1. 하나님의 뜻보다는 자기 뜻을 앞세우기 때문입니다.
2. 분수없는 생각과 행동 때문입니다.
3. 상황에 따라 믿음이 흔들리기 때문입니다.
4. 하나님의 시간표를 보는 눈이 감겼기 때문입니다.
5. 사리판단의 분별력이 없기 때문입니다.

6. 반성과 회개 없는 변명과 책임전가 때문입니다.

7. 세속적인 물량주의 때문입니다.

8. 인간적인 허영심 때문입니다.

9. 불의와 타협하기 때문입니다.

이것이 사무엘상 13장에 나타난 사울 왕의 실패의 이유입니다. 이런 것들이 거울이 되어 우리는 그렇게 행하지 말고 그 반대로만 행하여 성공자가 되기를 예수님의 이름으로 축복합니다. 아멘.

요나단의 신앙과 용기

"하루는 사울의 아들 요나단이
자기의 무기를 든 소년에게 이르되
우리가 건너편 블레셋 사람들의 부대로 건너가자 하고
그의 아버지에게는 아뢰지 아니하였더라
〈사무엘상 14:1-5 중〉."

"부모 팔아 친구 산다"는 한국 속담이 있습니다. 이 말은 정말 부모님을 판다는 뜻이 아니라 친구도 부모만큼 중요한 의미를 갖는다는 것을 과장하여 강조하는 말입니다. 이것은 우리 속담이기도 하지만 성경에도 이 말의 주인공이 있습니다. 그가 바로 '요나단' 입니다.

사울의 아들이며 이스라엘의 진정한 용기 있는 전사요 다윗의 둘도 없는 친구로서 요나단은 역사 이래 최고의 우정이 무엇인가를 보여준 사람입니다.

요나단은 군사적인 지략이 뛰어난 인물이었습니다. 동료들이 어려움에 처할 때는 필사적인 변호를 통해 생명을 구해준 의로운 사람입니다. 지휘관으로서는 부하들의 신망이 두터운 인물이었습니다.

모든 이해관계를 초월하여 순수하고 진실 되게 다윗과의 우정을 변함없이 지켜나간 신뢰의 사람이었습니다. 아버지의 잘못을 깨우쳐 드리면서 친구 다윗의 목숨을 구하기 위해 온갖 노력을 아끼지 않은 진실한 친구입니다. 자신이 승계할 수 있는 왕위까지도 자기보다 모든 면에서 탁월한 리더십을 가진 다윗에게 미련 없이 물려줄 수 있을 정도로 올바른 국가관을 가지고 있었습니다. 동시에 사욕(私慾)이 없는, 공의(公義)를 위해 헌신한 대인(大人)이었습니다. 어떤 상황에서도 하나님을 믿는 믿음을 잃어버리지 않는 참 신앙인이었습니다.

그래서 요나단은 구속사적인 입장에서는 인간을 사랑하여 자기 목숨까지 버리신 예수 그리스도의 사랑을 예표 합니다. 고난 중에서도 다윗을 구원에 이르도록 중보하고 돌봐주는 성령님의 모형으로 예표 됩니다.

이 장 본문은 이 요나단의 등장으로 진정한 신앙과 신앙인의 용기가 어떤 것인가를 교훈하고 있습니다. 이 요나단에 대해서 앞으로 계속해서 깊이 살펴보도록 하겠습니다. 그 중에서 오늘 본문 안에서 교훈하는 요나단의 신앙과 용기를 정리해 보기로 하겠습니다.

1. 환경을 초월하는 신앙의 용기.

1절입니다.

"하루는 사울의 아들 요나단이 자기의 무기를 든 소년에게 이르되 우리가 건너편 블레셋 사람들의 부대로 건너가자 하고 그의 아버지에게는 아뢰지 아니하였더라."

당시 '블레셋 사람들의 부대 상황'이 어떠했는가를 알면, 이 말이 얼마나 무모하고 어리석은 판단에서 나온 만용(蠻勇)의 말인가를 알 것입니다. 당시 블레셋부대는 병거가 3만이며 마병이 6천이요 백성은 해변의 모래 같이 많았다고 기록하고 있습니다(13:5). 반면에 사울의 군대는 고작 남아있는 인원이 6백 명 가량이었습니다. 그런데 지금 요나단이 자기병기를 든 소년 하나에게 블레셋 부대를 치러 올라가자는 것입니다. 제 정신으로 하는 말이라고 보기에는 극히 어려운 상황입니다.

그런데 놀라운 것은 요나단의 이 말은 만용에서 나온 것이 아니라는 것입니다. 무모한 말도 아니요 지극히 올바른 정신으로 말한 신앙인의 용기를 대변하는 말이라는 것입니다. 이것을 우리는 6절에서 확신하게 됩니다.

"요나단이 자기의 무기를 든 소년에게 이르되 우리가 이 할례 받지 않은 자들에게로 건너가자 여호와께서 우리를 위하여 일하실까 하노라 여호와의 구원은 사람이 많고 적음에 달리지 아니하였느니라."

여러분, 생각나는 것이 있습니까? 예, 있지요? 예, 그의 아버지 사울은 사람의 수에 간담이 서늘해지고 조급해서 크나큰 오류를 범했습니다. 그런데 그의 아들 요나단은 아버지와는 전혀 상반된 말을 하고 있습니다. 이 말은 오직 신앙에서 나오는 용기 있는 자의 선언입니다.

신앙과 용기의 사람 다윗도 사무엘상 17:26절에서 똑 같은 말을 했습니다.

"이 할례 받지 않은 블레셋 사람이 누구이기에 살아 계시는 하나님의 군대를 모욕하겠느냐."

참 신앙인의 용기 있는 시각은 적들을 보는 관점이 이렇게 동일합니다. 왜냐하면 그들은 모든 것을 하나님을 대하여 그 마음 중심에 두고 행하기 때문입니다.

다윗의 말은 사무엘상 17장 45절로 이어지고 있습니다.
"다윗이 블레셋 사람에게 이르되 너는 칼과 창과 단창으로 내게 나아오거니와 나는 만군의 여호와의 이름 곧 네가 모욕하는 이스라엘 군대의 하나님의 이름으로 네게 나아가노라."

그리고 그 둘의 결과는 어떠했습니까? 예, 그렇습니다. 당연히 요나단의 승리였고 다윗의 승리였습니다. 그러므로 이 같은 요나단의 말이나 다윗의 말은 만용도 허욕도 무모함도 아닙니다. 그들의 말은 참 신앙인에게서 나오는 진정한 용기임에 틀림이 없습니다. 그 승리의 근간이 하나님을 믿는 믿음입니다. 왜냐하면 인간사의 모든 승패의 열쇠는 하나님의 손에 있기 때문입니다. 이 믿음이 바로 환경을 초월하는 신앙이요 용기입니다.

이 같은 요나단의 신앙과 용기에 비하여 우리가 조금 주목해야 할 인물 두 사람이 있습니다. 2절의 사울입니다.
"사울이 기브아 변두리 미그론에 있는 석류나무 아래에 머물렀고 함께 한 백성은 육백 명 가량이며"

정리해 보면 이렇습니다. 처음에는 3천여 명이 사울을 따르겠다고 했습니다. 그런데 그들이 다 떠나버리고 6백여 명만 남았습니다. 이것은 지도자를 신뢰할 수 없다는 증거입니다.

여기 '머물렀고' 라는 히브리어 '요쉐브(ישׁב)' 라는 단어는 '거주하다', '앉다' 라는 '야솨브(ישׁב)' 의 능동태 분사형입니다. 능동태 분사형이란 문장의 주어가 어떤 동작이나 작용을 스스로 하였을 때, 그 동작이 중단되지 않고 계속 되는 상황을 나타내는 것입니다.

그러므로 이 말은, 블레셋과 싸우려는 용기도 없어진 사울이, 군사적 행동도 취하지 않고 의기소침(意氣銷沈)하여 있는, 승리에 대한 확신이 없는 그 낭패의 상황을 아주 리얼하게 표현하고 있는 것입니다. 다시 말하면 신앙 없는 패배자의 전형을 드러내고 있는 것과 같습니다.

또 한 사람 주목할 인물이 있는데 3절입니다.

"아히야는 에봇을 입고 거기 있었으니 그는 이가봇의 형제 아히둡의 아들이요 비느하스의 손자요 실로에서 여호와의 제사장이 되었던 엘리의 증손 이었더라 백성은 요나단이 간 줄을 알지 못하니라."

엘리의 증손으로서 제사장 '아히야' 가 에봇을 입고 있었다고 강조한 것은 많은 것을 생각하게 하는 부분입니다. '에봇' 은 대제사장들이 대 속죄일에 지성소에 들어갈 때(레16:4)와 하나님께 특별한 뜻을 물을 때 착복했던 특별한 제의적(祭儀的) 의복이었습니다(출28:6-14). 그런데 아히야가 그 "에봇을 입고 거기 있었으니"라고 강조한 것을 우리는 주목해야 합니다.

원래 히브리어 성경에는 '거기 있었으니' 가 없는데 성경 번역자가 삽입을 해 놓았습니다. 이것은 제사장으로서 사명을 수행하지 않고 형식적인 직무 수행을 하고 있었다는 것을 강조하는 것입니다.

이 둘의 모습은 붕어빵틀에서 뽑아낸 붕어빵처럼 신앙 없는 자의 용기 없는 전형적인 패배자의 모습을 그려주고 있습니다. 이런 경우를 두고 '신앙인의 불신앙'이라는 제목으로 언젠가 설교를 한 일이 있습니다.

요나단은 이 두 사람들과는 전혀 다른 사람이었습니다. 그는 하나님을 믿는 신앙으로 환경을 초월하는 용기를 가진 사람이었습니다. 그리고 마침내 그는 굳센 신앙의 액션으로 승리의 깃발을 올리게 되었습니다.

2. 하나님의 뜻대로 행하는 신앙의 용기입니다.

구약학자들이 이 본문을 깊이 들여다보고 주석한 내용을 보면 또 한 가지 중요한 것을 발견하게 됩니다. 그것은 요나단의 삶의 내용은 전적으로 하나님의 뜻을 우선으로 하여 행동하는 신앙의 용기라는 것입니다.

다시 1절을 보면 요나단은 출전을 할 때 군대 총사령관이며 아버지가 되는 사울에게 어느 것 하나도 상의하지 않고 행동한 것을 볼 수 있습니다. 비판적으로 해석하면 돌출행동입니다. 전쟁 중에 상관에 대한 불충(不忠)입니다. 부자지간의 관계단절이기도 합니다. 위계질서를 문란케 하였을 뿐만 아니라, 해석하기에 따라서는 반역의 행위이며 불궤(不軌)로 볼 수도 있는 것입니다.

그런데 대부분의 구약학자들은 이러한 요나단의 행동을 그렇게 보지 않고 영적으로 해석을 합니다. 즉 첫째로는, 요나단이 적법한 절차

를 따라 행동하려고 했다면 거의 100% 사울의 허락을 받지 못했을 것
이라는 것입니다. 그리고 신앙인 요나단은 불신앙적인 아버지 사울
을 잘 알고 있었기 때문에 이 일에 대하여 의논하지 않았고, 오직 그
의 믿음을 따라 행동 했다는 것입니다.

이것은 무엇을 말해주는 것이겠습니까? 신앙인은 하나님의 뜻을
따라 행동한다는 것입니다.

불신앙인과 어울려 일을 꾀하면 하나님께 영광을 돌릴 일은 없습
니다. 영적으로 유익한 일 또한 없습니다. 실제로 그것을 뒷받침 하
는 내용을 성경 속에서 우리는 살펴볼 필요가 있습니다.

사무엘상 13장에서 사울은 제사장만의 직무인 분향하는 일을 자기
뜻을 따라 행한 사람입니다. 하나님의 뜻이 우선이었다면 어떤 상황
에서도 그는 기다려야 마땅했습니다. 그러나 사울은 하나님의 뜻보
다는 자기 뜻대로 행동했습니다. 뒤에 배울 15장에서도 또 비슷한 행
동을 합니다. 이것은 결정적으로 하나님께 버림 받는 계기가 됩니다.

우리 속담과 영어 속담에 '제 버릇 개 못 준다(A man can't give his
bad habits even to his dog).' 는 것이 있습니다. 이처럼 사람의 나쁜
버릇은 고치기가 힘들다는 것을 다시 한 번 생각하게 하는 사람이 사
울입니다.

오늘날 교회 안에서도 이와 같은 불신앙적인 행동을 하는 사람들
이 있습니다. 이들은 교만해진 사울같이 자기 뜻대로 모든 것을 행하
려는 사람들입니다. 그러므로 깊이 생각해야 할 교훈의 말씀이 이 장
본문입니다.

하나님을 믿는 성도는 철저하게 하나님의 뜻을 깨달아 그 뜻을 순

종하는 용기 있는 삶을 살아야 합니다. 그것이 제대로 분별이 안 되면 예수님께서 베드로에게 책망하신 것처럼 **"네가 하나님의 일을 생각지 아니하고 도리어 사람의 일을 생각 하는도다(마16:23; 막8:33)."** 라고 책망을 받게 되는 것입니다.

3. 어려움을 극복하는 신앙인의 용기입니다.

4~5절의 내용은 요나단이 블레셋을 치러 올라갈 때의 어려운 상황을 기록하고 있습니다.

"요나단이 블레셋 사람들에게로 건너가려 하는 어귀 사이 이쪽에는 험한 바위가 있고 저쪽에도 험한 바위가 있는데 하나의 이름은 보세스요 하나의 이름은 세네라. 한 바위는 북쪽에서 믹마스 앞에 일어섰고 하나는 남쪽에서 게바 앞에 일어섰더라."

'어귀 사이' 라는 말은 블레셋 군대의 주둔지인 '믹마스' 로 통하는 협곡의 양편을 가리킵니다. 협곡의 양편에 둘러선 바위 이름이 '보세스' 라고 기록되었는데 이는 '빛나다' , '미끄럽다' 라는 뜻입니다. 또 '세네' 라는 바위는 '아카시아' 또는 '가시' 라는 뜻입니다. 이는 블레셋의 주둔지인 믹마스로 뻗어있는 주변 지형이 아주 가파르고 뾰족한 바위와 절벽으로 이루어진 험준한 산악 지대임을 보여 주는 내용입니다.

그런데도 요나단은 소년 하나를 데리고 두려움 없이 이 험준한 바위 계곡을 넘어 블레셋 진영으로 들어간 것입니다.

이것이 교훈하는 바가 무엇일까요? 신앙인의 진정한 용기입니다.

믿음의 길은 순탄하지만은 않습니다. 그러나 믿음이 있으면 두려움이 없습니다. 믿음이 있으면 상황에 흔들리지 않습니다. 하나님께서 모든 범사에 승패의 열쇠를 쥐고 계심을 믿는 신앙인은 어떤 어려움도 극복할 수 있는 용기 있는 행동을 하게 되어 있습니다.

사도 바울이 그랬습니다. 고린도후서 11장 23-27에 기록된 바울의 고백이 바로 그 증거입니다. 누구보다 수고를 많이 했고 옥에 갇히기도 했습니다. 매도 수없이 맞고 여러 번 죽을 뻔하였습니다. 유대인들에게 사십에서 하나 감한, 서른아홉 대의 매를 다섯 번이나 맞았습니다. 세 번은 태장으로 맞고 한 번은 돌로 맞았습니다. 복음전도를 위해 배를 탔는데 세 번 파선하고 한 주간동안 주야를 깊은 바다에서 지냈습니다. 여러 번 여행하면서 시내의 위험과 강의 위험과 바다의 위험을 겪었습니다. 강도의 위험과 동족의 위험과 이방인의 위험과 광야의 위험과 거짓 형제 중의 위험을 당했습니다. 또 수고하며 애쓰고 여러 번 자지 못했습니다. 굶주림에 배를 움켜잡고, 목마름에 헐떡거리며, 제대로 잠도 자지 못했고, 입을 옷이 없어서 헐벗었고 추위에 떨었습니다.

그럼에도 불구하고 사도 바울의 마음속에 오직 한 가지, 오매불망, 일편단심 걱정하는 것이 있었으니 그것이 바로 예수 그리스도가 십자가에서 죽으시고 탄생시키신 모든 교회를 위한 염려였습니다. 오직 교회를 위하여.......

오늘 저와 여러분이 이러합니까? 고난을 극복하고 오직 주님의 교회를 위하여 헌신하는 신앙과 용기가 있습니까?

언제부터인가 우리는 이 숭고한 신앙을 잃어버리고 말았습니다.

권위주의와 이기주의에 빠진 바리새인들이 되어갑니다. 타협에 능한 사두개인들이 되어 갑니다. 물리적인 힘의 논리와 물량주의 헤롯의 누룩에 오염되어 갑니다.

우리는 그래서는 안 됩니다. 신앙인이라면 거룩한 용기에 살고 그 용기에 죽어야 합니다.

히브리서에 기록된 믿음의 선진들이 그랬습니다. 마틴 루터가 그랬습니다. 주기철목사님이 그랬습니다. 손양원목사님이 그랬습니다. 우리 주 예수 그리스도께서 이와 같이 하시고 우리에게 본을 보이셨습니다. 그리고 따라 오라고 하셨습니다.

오늘 저와 여러분도 이 신앙을, 이 삶을 본받는 용기 있는 사람이 되기를 바랍니다.

보이지 않아도 볼 수 있는 것은 사랑입니다. 하루를 열면서 희망의 그림을 그리는 마음에 행복의 빛이 비쳐듭니다. 나에게 있는 작은 기쁨을 나누는 것이 축복입니다.

엘리베이터에서 만난 요구르트 배달 아줌마를 보고 빙긋이 웃어주는 것도 아름다운 사랑이요 용기입니다. 무뚝뚝한 이웃들을 만났을 때 미소 띤 얼굴로 먼저 인사를 건네는 것이 사랑이며 용기입니다. 나만 힘들다고 생각지 않고 너의 아픔을 위로할 줄 아는 것이 진정한 신앙인의 용기입니다.

때로는 걸음을 멈추게 하는 유혹적인 일을 만날 때도, 그 길이 옳은 길이 아니라 생각되면 미련 없이 가던 길을 계속해서 행보하는 것 또한 신앙인의 아름다운 용기입니다.

너의 가슴의 상처를 감싸는 작은 반창고 하나만 가져도 우리네 삶의 울타리 안은 행복할 수 있습니다. 아무리 어울리지 못할 너와의 관계일지라도 너의 소중함을 알고 먼저 다가가 손을 한 번 잡아주는 것이 진정한 신앙인의 용기입니다.

요나단은 그런 사람이었습니다. 요나단의 신앙과 용기가 오늘 우리의 신앙과 용기가 되기를 바랍니다.

다윗은 시편 23:1절과 4절에서 이렇게 고백했습니다.

"여호와는 나의 목자시니 내게 부족함이 없으리로다.""내가 사망의 음침한 골짜기로 다닐지라도 해를 두려워하지 않을 것은 주께서 나와 함께 하심이라 주의 지팡이와 막대기가 나를 안위하시나이다."

아멘!

믿음으로 행동할 때

"요나단이 자기의 무기를 든 소년에게 이르되
우리가 이 할례 받지 않은 자들에게로 건너가자
여호와께서 우리를 위하여 일하실까 하노라
〈사무엘상 14:6–15 중〉."

송명희씨의 찬송시집 11번째 『그 하나님이』에 실린 시 중의 한 편
입니다.

믿음은
할 수 있는 것을 하는 것이 아니라
믿음은
할 수 없는 것을 하는 것이 믿음이라
믿음은
보이는 표적이 아니라 보이지 않는 것들의 증거니
믿음은

보이지 않는 것을 보이게 하는 증거라.

이 글에서 여러분이 느끼는 것은 무엇입니까? 제가 느끼는 것을 한 마디로 표현하라면 '행동하는 믿음' 이라는 단어로 하겠습니다.

믿음 있는 사람은 생각이 아니라 행동해야 합니다. 믿음 있는 사람의 능력은 언어가 아닌 행동에서 나타납니다. 왜냐하면 하나님의 나라는 말에 있지 않고 오직 그 능력에 있기 때문입니다(고린도전서 4:20절).

어느 목마른 사람이 있습니다. 생면부지의 사람이 물 한 컵을 건네주었습니다. 믿음이 없이 마실 수 있겠습니까? 믿음과 행동은 하나가 되는 것입니다.

몸이 아파서 병원에 갔습니다. 간호사가 큰 주사기를 들고 주사를 놓으려고 합니다. 믿음이 없이 그 주사를 맞을 수 있겠습니까? 믿음과 행동은 하나입니다.

저는 결혼생활 36년째를 살고 있습니다. 언제나 그렇듯 어제도 아주 행복하게 아내와 함께 밤을 지냈습니다. 매일처럼 갈아 주는 생과일주스를 전혀 의심 없이 감사함으로 받아 마셨습니다.

이처럼 믿음과 행동은 하나입니다. 사람 살아가는 것의 범사가 다 그렇습니다.

믿음의 히브리어 명사는 '에-문@WmaE[emun]' 이고 동사는 '아멘(@mEa[amen]' 입니다. 이 두 단어는 '참, 확신, 진실, 인정, 견고' 의 뜻을 담고 있습니다. 헬라어 명사 '피스티스(pivsti"[pistis])' 와 동사 '피스튜오(pisteuvw[pisteuo])' 도 같은 뜻을 지니고 있습니다.

이 '믿음'은 다음의 몇 가지로 정리를 할 수 있습니다.

첫째, 죽은 믿음 - 산 믿음.

같은 시간, 같은 장소에서 한 목사의 설교를 듣고 교회 생활을 하는 성도들이 있습니다. 그들 가운데 죽은 믿음을 가진 자는 발전이 없습니다. 기쁨도 없고, 평안도 없습니다. 그렇지만 산 믿음을 가진 성도는 항상 기쁘고 감사합니다. 범사에 발전을 경험하게 됩니다. 이것이 '믿음'이 '역사하는 능력'입니다.

둘째, 의심하는 믿음 - 확신하는 믿음.

마가복음 9장에 보면 병든 아들을 가진 아버지가 나옵니다. 그는 예수님께 아들을 데리고 나아와 "무엇을 하실 수 있거든 우리를 불쌍히 여기사 도와주옵소서."라고 했습니다. 그 마음에 확신이 없는 의심하는 믿음입니다.

예수님께서 그 유명한 **"할 수 있거든이 무슨 말이냐? 믿는 자에게는 능치 못할 일이 없다**(마가복음 9:23)."고 하실 때 그는 "내가 믿나이다."라고 고백했습니다. 그러자 그 순간 병든 아들이 낫게 되었습니다.

믿음으로 살아가는 사람이지만 그 믿음이 의심하는 믿음이라면 아무것도 할 수가 없습니다. 그 믿음에는 능력이 나타나지 않습니다. 그러나 확신하는 믿음은 반드시 증거가 나타납니다.

셋째, 작은 믿음 - 큰 믿음.

염려하는 것, 걱정하는 것, 두려워하는 것, 의심하는 것은 믿음을 가진 성도지만 작은 믿음의 사람입니다.

평안한 마음, 걱정이 없는 마음, 행복한 마음, 확신이 있는 마음은
큰 믿음의 마음입니다. 보이지 않는 것을 보는 것이 믿음의 눈입니
다. 들리지 않는 것을 듣는 것이 믿음의 귀입니다. 그것이 영적인 생
활입니다. 그것이 큰 믿음입니다.

넷째, 행하는 믿음 - 행치 않는 믿음.

생각만 하는 것, 말만 하는 것은 행하지 않는 믿음입니다. 믿음은
있지만 이는 죽은 믿음이라고 했습니다. 믿는 대로 행동하는 것, 그것
이 참 믿음입니다.

콜럼버스가 신대륙을 발견하여 영웅이 되어가고 있었습니다. 그
때 그를 시기하는 사람들이 '당신이 아니어도 누군가는 했을 것이
라' 고 비아냥거렸습니다. 콜럼버스는 조용히 계란 하나를 식탁 위에
올려놓고 "여러분 가운데 누가 이것을 세울 사람이 있습니까?"라고
물었습니다. 모든 사람이 그것을 세워보려고 했지만 될 리가 없었습
니다. 그 때, 콜럼버스는 계란의 한 쪽을 깨고 식탁 위에 세웠습니다.
그리고 이렇게 말했습니다.

"이렇게 계란 한 쪽을 깨야 세울 수 있다는 것은 누구나 생각하는
것입니다. 그러나 그것을 먼저 실천하는 것은 누구나 할 수 있는 것이
아닙니다. 생각을 행동으로 옮기는 것이 믿음입니다."

그렇습니다. 생각을 행동으로 옮기는 그것이 살아있는 진정한 믿
음입니다. 오늘 본문에는 그런 사람 요나단의 이야기가 이어집니다.
하나님은 오늘 본문을 통해 요나단이 믿음으로 행동할 때 어떤 일이
일어나는가를 보여주시며 우리에게 교훈하고 계십니다.

1. 하나님의 마음을 움직입니다.

6절입니다.

"요나단이 자기의 무기를 든 소년에게 이르되 우리가 이 할례 받지 않은 자들에게로 건너가자 여호와께서 우리를 위하여 일하실까 하노라 여호와의 구원은 사람이 많고 적음에 달리지 아니하였느니라."

"여호와께서 우리를 위하여 일하실까 하노라." 참으로 대단한 믿음입니다. 믿는다고 말만하고 아무 행동도 취하지 않고 앉아 있는데 무조건 도우시는 하나님이 아니십니다. 하나님은 믿음대로 실천할 때 함께 일하십니다.

요나단은 그것을 알았습니다. 그리고 확신했습니다. 그래서 병기 든 소년과 함께 단 둘이서 적진을 향해 나아갔습니다.

야고보서 2:14절을 통해 주님은 우리에게 이렇게 말씀하십니다.

"내 형제들아 만일 사람이 믿음이 있노라 하고 행함이 없으면 무슨 유익이 있으리요 그 믿음이 능히 자기를 구원하겠느냐?"

여기서 우리는 자신을 향해 스스로 질문해 봐야 합니다. 하나님이 내 기도에 응답해 주시지 않는다고 불평하고, 원망을 하기 전에 '내가 믿는 대로 실천했는가?' 라는 것을 말입니다.

하나님의 마음을 움직인다는 것, 생각하면 할수록 감동적인 사건입니다. 하나님을 감동케 하면 하나님의 마음이 움직입니다.

성도가 하나님을 감동하시게 할 수 있는 것은 많이 있습니다. 그러나 무엇보다 하나님의 뜻을 깨달아 순종하는 것이 하나님을 가장 감동하시게 하는 것입니다.

우리 교회 영성훈련원 엘림동산 2기를 수료한 어느 집사님이 reunion 모임에서 간증을 하셨습니다. 이 간증을 들은 많은 사람들이 참 많이 울었습니다.

남편 오집사님은 중풍으로 지체가 부자유하게 된 지 10년이 넘었습니다. 5년여 전에 오집사님이 은혜를 받고 저와 상담을 하게 되었습니다. 그 때 집사님은, '이제까지 십일조를 하지 못했는데 이를 어떡하면 좋으냐?'고 물었습니다. 저는 그때 지금까지 못한 것은 하나님께 회개하고, 지금부터 잘하라고 권면을 했었습니다. 그 날부터 오집사님은 매월 십일조를 드릴 때면 은행에 가서 신권으로 50만원을 바꾸어 십일조, 주일헌금, 감사헌금 등을 하게 되었습니다.

그런데 어느 날 은행 창구직원이 신권이 없다고 헌 돈을 주더랍니다. 그래서 '새 돈을 달라, 없다.' 하고 실랑이가 벌어졌습니다. 그때 지점장이 나와서 상황을 묻게 되었습니다. 오 집사님은 "아버지께 드리는 돈은 매달 새 돈으로 찾고, 마누라에게 주는 돈은 어느 것이든지 주는 대로 찾는데, 이번 달은 새 돈이 없다고 거절을 하여 이렇게 되었다."고 자초지종을 설명했습니다. 전후 사정을 듣고 난 지점장은 직원을 꾸중하고 신권으로 교환을 해 주었습니다. 그리고 집사님은 받아온 신권으로 늘 하던 대로 헌금을 드리게 되었습니다.

그 후 은행에서는 오 집사님을 두고 '비록 몸은 저리 불편해도 아버지께 드리는 돈은 달마다 새 돈을 찾아드린다.'고 '효자 중의 효자'로 소문이 났다는 것입니다. 그들은 '아버지'를 하나님 아버지인 줄 모르고 육신의 아버지로 이해한 것입니다.

이것이 하나님의 마음을 움직였습니다. 그리고 그 가정이 기적을 체험하게 되었습니다. 어떤 기적인지 궁금하시죠?

오 집사님에게 처음 중풍병이 올 때, 어떻게 뇌가 잘못 되어 간질병까지 왔습니다. 수없이 놀라고 또 당혹함을 경험하면서 하 집사님은 좌불안석으로 살아오셨습니다. 그런데 일절 깨끗한 마음으로 십일조를 드리는 그 날부터 지금까지 5년이 지나도록, 아직 한 번도 간질병 증세가 나타난 적이 없게 되었습니다. 하나님께서 지극한 오 집사님의 중심에 감동하시고 간질병을 거두어 가신 것입니다. 할렐루야!

두 분은 이번에 각각 안수집사와 권사로 피택을 받았습니다. 간증하신 하 집사님은 언제 보아도 천사처럼 밝고 아름다운 얼굴로 남편을 시중드는 것을 볼 수 있습니다. 게다가 마치 어머니가 자식을 돌보듯 우리교회 장애우 선교회 회원들을 돌봐 주며 섬기는 참으로 훌륭한 집사님이십니다.

믿음으로 행동할 때 하나님의 마음이 움직입니다. 하나님께서 감동하시면 하나님을 감동시킨 자녀들의 맺힌 것을 풀어주십니다. 막힌 것도 뚫어 주십니다. 닫힌 것도 활짝 열어주십니다. 이것이 에바다의 은총입니다.

2. 믿음의 동역자를 얻습니다.

7절입니다.

"무기를 든 자가 그에게 이르되 당신의 마음에 있는 대로 다 행하여 앞서 가소서 내가 당신과 마음을 같이 하여 따르리이다."

우리가 살아가면서 경험하는 것이지만 세상의 동역자는 한계를 넘지 못합니다. 그러나 믿음의 동역자는 목숨이 다할 때까지 함께 합니다.

요나단의 제안에 병기 든 소년이 말한 이 대답은 많은 것을 생각하게 합니다. 그는 참으로 믿음의 동역자라고 명명할 만합니다.

본문의 상황을 보십시오. 이미 말씀드린 대로 블레셋의 병거가 3만이며 마병이 6천이요 군사가 해변의 모래알처럼 많습니다. 그런데 어떻게 단 두 사람이 적진으로 들어가겠다는 것입니까? 아무리 요나단의 부관일지라도 한 번 쯤은 당연히 만류를 하고 거절을 하는 것이 상황으로 보아 정상입니다. 그런데 그는 그러지 않았습니다. 오히려 그 마음이 요나단과 합일하여 기꺼이 함께 행동했습니다. 이것이 요나단의 부관의 믿음입니다. 요나단이 믿는 하나님을 부관도 절대적으로 믿으며, 그런 상관을 절대적으로 신뢰했던 것입니다.

대부분의 목회자들이 이런 동역자를 얻기가 참 어렵다고 고백합니다. 자기에게 유익한 상황일 때는 목사를 위해 죽을 자세까지 연출하지만, 상황이 어려우면 목회자를 걸어 넘어뜨리고 밟고 넘어가는 경우를 모든 목회자들이 흔히들 경험합니다.

그런데 저는 하나님의 은혜로 목회자로서 믿음의 동역자들을 만나 늘 행복한 목회를 하게 되어 언제나 황송한 마음뿐입니다.

예수님께서 제자들에게 십자가에 못 박히실 때 제자들이 주를 버릴 것이라고 예언하셨습니다. 그때 베드로는 호언장담했습니다. **"내가 주와 함께 죽을 지언정 주를 부인하지 않겠나이다(마26:35)."** 하지만 베드로는 하루가 채 지나기 전에 **"내가 그를 알지 못하노라(마**

26:74).”고 부인했습니다. 실패하고 말았습니다.

그러나 부활하신 주님을 만난 후 성령께서 베드로와 함께하시게 되었을 때 그는 주님처럼 십자가에 못 박혀 죽을 것을 요구하며 그렇게 기쁨으로 순교를 할 수 있었습니다. 온전한 믿음이 그것을 가능케 했습니다. 오직 믿음! 그것뿐입니다.

3. 하나님의 기적을 체험하게 됩니다.

9절 이하는 하나님의 기적이 일어난 내용입니다. 먼저 9-10절을 보면, 하나님의 기적을 체험하기 전의 요나단과 그 부관의 기도하는 마음을 읽을 수 있습니다. 그들은, 하나님께서 승리하게 하실 징조를 이야기 하는 가운데 만약 블레셋 사람들이 요나단과 병기든 자를 보고 “우리가 내려가리라” 하면 이 전쟁은 하나님께서 허락하지 않은 것이고, “올라오라” 하면 이 전쟁을 하나님께서 허락하신 것으로 하자는 것입니다. 즉 하나님의 뜻을 먼저 분별하고 확인하는 마음자세를 가지고 있었습니다. 그래서 이 사건이 요나단의 만용과 무지한 행동이 아니라는 것입니다.

드디어 두 사람은 의기투합한 신앙을 가지고 적진으로 올라갔습니다. 두 사람이 적진에 모습을 드러내자 블레셋 사람들이 하는 말이 재미있습니다. 11절입니다.

“둘이 다 블레셋 사람들에게 보이매 블레셋 사람이 이르되 보라 히브리 사람이 그들이 숨었던 구멍에서 나온다 하고”

이어서 12절에서 그들이 하는 말이 있습니다.

"우리에게로 올라오라 너희에게 보여 줄 것이 있느니라."

이 순간 요나단의 마음이 얼마나 기뻤겠습니까. 하나님께서 허락하셨다는 확신이 섰습니다. 그러자 우리가 주목할 한 마디를 합니다. 12절 하반 절입니다.

"요나단이 자기의 무기를 든 자에게 이르되 나를 따라 올라오라 여호와께서 그들을 이스라엘의 손에 넘기셨느니라."

철저하게 하나님 신앙이 요나단의 마음에 있었다는 것을 나타내는 말입니다. 이런 믿음 때문에 그는 교만하지 않았습니다. 자기를 자랑하지 않았습니다. 자기를 앞세우지 않았습니다. 오직 주님의 뜻에만 관심이 가 있었습니다.

또 하나 주목할 말이 있습니다. "나를 따라 올라오라."는 요나단의 말입니다. 이것은 요나단의 지도력을 단적으로 나타내준 말입니다. 훌륭한 지도자는 비굴하게 뒤에 서지 않습니다. 항상 앞서서 인도해 갑니다.

이순신장군이 위대한 것은 막사 안에서 명령만 하고 있었던 것이 아니라 앞장서서 싸웠기 때문입니다. 원균이 치졸한 장수로 남게 된 것은 앞서지 않고 말만 했기 때문입니다.

이와 같이 요나단은 부관과 함께 갈 때 앞서 올라갔습니다. 그런데 이미 기적이 일어나기 시작했습니다. 요나단이 나아가면 앞의 적병이 그대로 쓰러지기 시작하는 것입니다. 그러면 부관은 칼로 그들을 죽였습니다. 요나단은 앞서 달려 나아가고 부관은 뒤따르며 엎드러진 적들을 죽이며 달리기를 반나절 갈이땅까지 나아가며 했습니다. 지휘관 한 사람과 부관 하나가 연합하여 죽인 적군의 수가 순식간에 20여 명이 되었습니다. 일이 이쯤 되면 당연히 어떤 결과가 나타나겠지요? 어떤 일이 일어났을까요? 15절입니다.

"들에 있는 진영과 모든 백성들이 공포에 떨었고 부대와 노략꾼들도 떨었으며 땅도 진동하였으니 이는 큰 떨림이었더라."

반전이 일어났습니다. 기고만장하던 블레셋 온 나라가 떨게 되었습니다. 들에 있는 진영과 모든 백성들이 공포에 떨었습니다. 땅도 진동을 하였습니다. 큰 떨림이 일어났습니다. 블레셋 사람들은 요나단과 병기든 자 두 사람을 두려워하게 되었을 뿐 아니라 그들이 믿는 하나님을 두려워하게 된 것입니다.

요나단과 부관, 이스라엘 백성들, 그리고 블레셋 군들까지 모두가 하나님의 기적을 체험하게 된 것입니다.

우리는 다시 여기서 또 한 가지를 주목해야 합니다. 하나님은 그 때나 지금이나 하나님을 두려워하는 사람을 사랑하시고 인도하시며 보호하십니다. 아멘!

그 뿐만이 아닙니다. 하나님은 하나님을 경외하는 사람들을 세상의 두려움이 되게 해 주십니다. 이멘! 세상이 감당치 못하는 사람으로 만들어 주십니다. 아멘!

다시 위로 거슬러 올라가 봅시다.

사울은 하나님을 두려워하지 않았습니다. 그래서 절대로 해서는 안 되는 제사를 사무엘이 오기 전에 백성들과 함께 집전하여 범죄하였습니다. 그 후 전쟁에 나갔는데, 웬걸, 블레셋 사람들은 오히려 그들을 조롱하고 무시했습니다. 하나님의 이름을 모독하는 발언을 서슴지 않았습니다.

이스라엘 백성들이 두려워하지 않는 하나님을 블레셋 사람들이 두려워하겠습니까? 말을 바꿀까요? 성도가 두려워하지 않는 하나님을 불신자들이 두려워하겠습니까?

오늘날도 교회 안에는 하나님을 두려워하지 않는 사람들이 많이 있습니다. 얼마나 많은지 모릅니다. 여러분 스스로가 자신을 살펴보십시오. 그들은 세상 사람들에게도 조롱을 받게 되어 있습니다.

그러나 하나님을 경외하며 두려워하는 사람은 세상 사람들도 그를 함부로 하지 못합니다. 오히려 세상 사람들이 그들을 두려워하도록 하나님께서 손을 잡아주시고 역사하시는 것입니다.

믿는 성도가 세상 사람들에게 가볍게 취급당하지 않고, 무시당하지 않고, 존경받으려면, 하나님을 두려워하는 경외하는 마음이 있어야 합니다.

기적은 세상적인 마술이 아닙니다. 상상할 수 없는 일의 결과를 우리는 기적이라고 합니다. 그것은 하나님의 손에서만 가능한 것입니다. 믿음으로 사는 사람은 하나님의 기적을 체험합니다. 믿음으로 행동하는 자는 하나님의 기적 속에 삽니다.

사도행전 10:34-35절입니다.

"하나님은 사람의 외모를 보지 아니하시고 각 나라 중 하나님을 경외하며 의를 행하는 사람은 다 받으시는 줄 깨달았도다."

야고보서 2:18절입니다.

"어떤 사람은 말하기를 너는 믿음이 있고 나는 행함이 있으니 행함이 없는 네 믿음을 내게 보이라 나는 행함으로 내 믿음을 네게 보이리라 하리라."

마가복음 9:23절입니다.

"예수께서 이르시되 할 수 있거든이 무슨 말이냐 믿는 자에게는 능히 하지 못할 일이 없느니라."

모세 한 사람이 거대한 애굽을 꺾고 민족을 구했습니다. 엘리야 한 사람이 바알과 아세라 선지자 850 명과 싸워 이겼습니다. 엘리사 한 사람이 거대한 아람 군대의 세력을 막았습니다. 에스더는 혼자서 멸망 직전의 민족을 구했습니다. 사도 바울 한 사람은 이방인에게 복음을 전하는 복음의 도화선이 되었습니다. 예수님은 온 인류를 하나님께로 인도하시는 구원의 길을 여셨습니다.

하나님의 기적은 하나님을 경외하는 사람에게서 일어납니다. 그 한 사람이 여러분이 되시기를 예수님의 이름으로 축복합니다.

"내게 능력 주시는 자 안에서 내가 모든 것을 할 수 있느니라(빌립보서 4:13)." 아멘!

36.
믿음으로 걷는 길

"사울이 제사장에게 말할 때에
블레셋 사람의 진영에 소동이 점점 더한지라
사울이 제사장에게 이르되 네 손을 거두라 하고
〈사무엘상 14:16–23 중〉."

"패자는 말이 없다"라는 상용구가 있습니다. 아무리 정당해도 패한 후에는 그것이 아무 힘을 발휘하지 못하는 것이 보편적인 세상사입니다. 그래서 사람들은 어떤 경우를 불문하고 싸움에서는 이기고 봐야 된다고 합니다. 때로는 정당하지 못한 방법을 써서라도 이기려고 합니다.

당연한 논리지만 승자와 패자의 경우를 분석해 보면 확실한 이유를 발견하게 됩니다.

승자는 넘어지면 일어나 앞을 봅니다. 그러나 패자는 넘어지면 일어나 뒤를 봅니다. 승자는 열심히 일하고, 열심히 놀고, 열심히 쉽니다. 반면에 패자는 허겁지겁 일하고, 빈둥빈둥 놀고, 흐지부지 쉽니다. 승자는 '예'와 '아니오'를 확실하게 하지만, 패자는 '예'와 '아니오’를 적당히 말합니다. 승자는 실수를 했을 때 내가 잘못했다고 말하지만, 패자는 실수했을 때 너 때문이라고 말합니다. 승자는 눈을 밟아 길을 만들고, 패자는 눈이 녹기만을 기다립니다.

그리스도인에게 있어서 가장 중요한 싸움은 악한 영과의 싸움입니다. 그런데 이 싸움터가 어디 외부에 있는 것이 아니라 바로 내 마음이라는 데 문제가 있습니다.

우리가 믿음의 길을 가노라면 언제나 영적 싸움이 있기 마련입니다. 그 싸움에서 지면 신앙생활의 패자가 되고 이기면 승자가 되는 것입니다.

패자가 되면 할 말이 없습니다. 할 말이 없는 것이 아니라 말을 한다 해도 그것은 아무 소용이 없습니다. 누가 지라고 해서 진 것이 아니기 때문입니다. 철저히 자기 잘못으로 진 것이기 때문입니다.

믿음의 길을 가면서 우리는 한 번쯤 자신이 하나님의 전신갑주를 제대로 입고 있는지, 스스로를 점검해 보아야 합니다. 왜냐하면, 영적 싸움의 준비도 하지 않고 싸우려 한다는 것은 총알 없는 총을 들고 전쟁터로 나가는 것과 같은 무모한 것이기 때문입니다.

모든 것을 준비했다 할지라도 믿음의 길을 가는 것은 외로운 자기와의 싸움의 길입니다. 시대의 위대한 믿음의 승리자들의 공통점은 가장 먼저 자기와의 싸움에서 승리했다는 것입니다.

모세도 40년 동안 광야에서 이스라엘 백성들을 인도해 나아갈 때 외롭고 고독했습니다. 그러나 그는 그런 자기와의 싸움을 잘 싸워 승리한 지도자였습니다.

다윗도 성군이 되기까지 말할 수 없는 대가를 지불해야 하는 자기와의 싸움이 있었습니다. 그러나 그도 역시 굴하지 않고 자기와의 싸움에서 승리한 위대한 지도자로 역사에 이름을 남겼습니다.

야곱도 브엘세바를 떠날 때부터 다시 벧엘로 올라가기까지 외삼촌 집에서 20년을 머슴으로 살면서 자기와의 싸움을 싸워야 했습니다. 그 외로운 나그네와 같은 삶이 자기와의 싸움에서 승리하여 이스라엘의 이름을 부끄럽지 않게 역사에 남겼습니다.

솔로몬도 일천번제를 드릴 때 수많은 어려움이 있었겠지만 자기와의 싸움에서 승리하여 하나님의 부귀영화를 얻은 지혜의 상징이 되었습니다.

가장 외롭고 고독했던 지도자는 바로 우리 주 예수님이셨습니다. 그 분은 그 누구에게도 자신을 의탁하실 수 없었습니다. 여우도 굴이 있고 공중의 새도 집이 있건만 예수님께서는 머리 둘 곳조차도 없으셨습니다. 참으로 고독하고, 참으로 극명하게 외로우셨습니다. 자신의 제자들이 자기를 모른다고 외면하고 버리고 떠날 줄도 모두 알고 계셨습니다. 뻔히 다 알고 계셨습니다. 그 외로움은 그 무엇에도 비교할 수 없는 외로움이었습니다. 고독함이었습니다. 그러나 주님은 무섭도록 외롭고 고독한 당신과의 싸움을 싸우시고 이기셨습니다.

지나온 목회의 걸음, 돌아보니 참으로 외롭고 고독한 길이었습니다. 무엇보다 힘든 것은 저 자신과의 싸움이었습니다.

서울 대형교회의 청빙, 내면에서 끌어 오르는 인간적인 분노, 지극히 사랑하던 사람들로부터의 배반, 가르쳐도 깨닫지 못하는 사람들로 인한 좌절감....... 일일이 다 열거할 수 없는 수많은 일들이 엮어지면서 정말 힘들었습니다. 그럴 때마다 자신과의 싸움을 싸울 수밖에 없었습니다. 이 모든 싸움이 영적인 싸움이었습니다. 이 영적 싸움에서 성령의 도우심을 입어 오늘 여기까지 왔습니다.

언제나 그렇지만, 믿음으로 걷는 길은 주님께서 함께 하시는 길입니다. 그렇기에 오늘도 십자가만 바라보고 나아가면 주님께서 인도하신다는 것을 확신합니다. 아멘!

마태복음 7:22-23절에는 정신이 번쩍 드는 말씀이 있습니다. 가슴에 불어치는 서릿발 같은 날카로움이 온 영혼을 파고드는 주님의 말씀입니다.

"그 날에 많은 사람이 나더러 이르되 주여 주여 우리가 주의 이름으로 선지자 노릇 하며 주의 이름으로 귀신을 쫓아내며 주의 이름으로 많은 권능을 행하지 아니하였나이까 하리니, 그 때에 내가 그들에게 밝히 말하되 *내가 너희를 도무지 알지 못하니* 불법을 행하는 자들아 내게서 떠나가라 하리라."

오늘 본문도 믿음으로 걷는 길에는 다양한 일들이 전개되는 장면이 기록되어 있습니다.

1. 믿음으로 걷는 길에는 문제 해결의 은혜가 있습니다.

16절입니다.

"베냐민 기브아에 있는 사울의 파수꾼이 바라본즉 허다한 블레셋 사람들이 무너져 이리 저리 흩어지더라."

앞서 6절의 "전쟁의 승패는 사람의 많고 적음에 있지 않다."는 요나단의 믿음으로 걷는 길에 수많은 블레셋 진영은 무너지고 흩어지면서 대패(大敗)하는 모습이 전개되었습니다. 이미 우리가 알고 있는 대로, 이스라엘은 그 전력(戰力)이 블레셋에 비하여 상대적으로 비교도 안 될 열세한 상황입니다. 그러므로 이 상황이 이스라엘이 군사적인 맞대결로 블레셋을 이긴 것이 아님을 우리는 알게 됩니다.

무엇 때문이었습니까? 예, 옳습니다. 믿음 있는 요나단과 그의 부관의 행동하는 믿음 때문이었습니다. 그들의 믿음이 하나님의 마음을 움직였습니다. 하나님의 도우심의 손이 블레셋을 치셨습니다. 앞장에서 우리는 이것을 배웠습니다.

여기서 깨닫는 것이 무엇입니까? 우리가 걷는 믿음의 길에도 본문의 사건과 동일한 일들이 일어난다는 것입니다. 그러나 우리의 힘으로, 우리의 상황으로는 도저히 극복할 수 없고 해결할 수 없는 수많은 일들이 우리 앞에 버티고 있을지라도, 그것을 대적할 때 인간적인 방법을 사용하지 않고 믿음으로 나아가면 반드시 하나님께서 해결해 주신다는 것입니다. 이것을 은혜라고 하는 것입니다. 즉 내 힘이 아닌 전적인 하나님의 복주심이라는 것입니다.

은혜라는 단어는 구약 성경에서는 3가지로 사용됩니다. 첫째 '핸(חֵן)' 이라는 단어가 있는데, 이것은 하나님께서 경건한 자, 의로운 자에게 베푸시는 호의로써 ' 권고하심 '입니다. 둘째 '라하밈(רָחֲמִים)' 이라는 단어가 있습니다. 이것은 죄의 사유하심을 의미합니다. 셋째 **헤세드(חֶסֶד)** 라는 단어는, '의를 배제하지 않는 하나님의 사랑' 을 뜻합니다.

신약 성경에서는 '은혜'가 헬라어로 **카리스**($\chi\acute{\alpha}\rho\iota\varsigma$)' 라는 명사가 사용되었는데, 기쁨, 매력, 아름다움, 호의, 사랑, 감사, 풍성함 등으로 다양하게 사용되었습니다. 이를 한 마디로 요약하면 이렇습니다. 우리가 일평생 살아가는 동안 **'필요한, 좋은, 모든 것'** 입니다. 이것을 다시 요약하면 바로 **'예수 그리스도'** 이십니다.

이 모든 것은 하나님으로부터 오는 선물입니다. 이 선물은 아무에게나 주어지는 것이 아니라 믿음이 있는 자에게 주시는 하나님의 축복입니다.

믿음으로 가는 길에는 문제가 해결 되는 하나님의 은혜가 있습니다. 그러므로 상황에 흔들리지 말고 믿음의 길을 계속 가야 합니다. 고린도전서 15:58절입니다.

"그러므로 내 사랑하는 형제들아 견실하며 흔들리지 말고 항상 주의 일에 더욱 힘쓰는 자들이 되라 이는 너희 수고가 주 안에서 헛되지 않은 줄 앎이라."

2. 믿음으로 걷는 길에는 기회주의적인 불신앙의 동역자도 있습니다.

기회주의적인 불신앙의 동역자! 앞에서 말씀 드린 믿음의 동역자와는 반대되는 동역자입니다. 믿음으로 걷는 길에는 믿음의 동역자가 있는 반면 불신앙의 동역자도 있습니다.

사울의 파수꾼들이 사울에게 보고를 했습니다. 블레셋 진영에 소동이 나고 자기들끼리 자중지란이 일어나 서로 죽이고 죽고 야단이 났다는 것입니다. 이 일은 요나단과 그 부관의 행동하는 믿음에서 비롯된 하나님의 싸움이었지만, 이것을 알 길이 없는 사울은 엉뚱하게도 원인규명에 인간적인 방법을 동원합니다.

이것이 바로 믿음으로 걷는 길에는 언제나 기회주의자인 불신앙의 동역자도 있다는 것을 깨우쳐주는 영적 교훈입니다.

17절에서는 사울이 블레셋 진영의 궤멸을 보고 받고 아군을 점호하게 됩니다. 누가 나가서 일을 벌인 것이 틀림없다는 인간적인 판단이 앞섰기 때문입니다.

그리고 18절에서는 하나님의 뜻을 묻겠다고 법궤를 가져오라는 명령을 내립니다. 전에 아벡 전쟁 당시에도 하나님의 법궤를 빼앗긴 경험이 있는데 또 다시 법궤를 가져오라는 것입니다. 외적으로는 신앙적인 것 같습니다. 그렇지만 실상은 그것이 불신앙적인 처사였습니다.

19절에서는 블레셋 진영이 점점 소란해지고 대패(大敗)의 상황이 전개되는 것을 보고 제사장에게 손을 거두라고 합니다. 즉 법궤 가져오는 것을 중지하라고 명령했다는 것입니다. 철저히 인본주의적이요, 불신앙적이며, 기회주의적인 모델입니다.

위기의 상황에 처하자 제사장만이 할 수 있었던 제사를 드렸던 사울이 이번에는 하나님의 뜻을 물으려는 듯 법궤를 가져오라고 하더니 상황이 좋아지자 하나님의 뜻을 묻기를 포기하고 있습니다.

오늘날도 교회 안에는 이런 사람들이 의외로 많이 있습니다. 그들의 모든 생활 중심이 철저하게 인간적입니다. 겉으로는 미사여구(美辭麗句)를 사용하며 신앙인임을 자처하지만, 그 내면에는 무서운 불신앙으로 가득 차 있습니다. 이들은 상황에 따라 간에 붙었다 쓸개에 붙었다 하는 기회주의자들입니다.

이런 사람이 신앙과 인생의 승자는 될 수 없다고 성경은 교훈합니다. 그런 것들에서 자신을 깨끗하게 하라고 야고보서 4:8절을 통해 말씀하십니다.

"하나님을 가까이하라. 그리하면 너희를 가까이하시리라. 죄인들아 손을 깨끗이 하라. 두 마음을 품은 자들아 마음을 성결하게 하라."

3. 일치와 연합을 통한 역전(逆戰)의 승리가 있습니다.

20절은 블레셋 사람들의 자중지란으로 인한 혼란상황입니다. 이어지는 21절은 블레셋 진영의 히브리 사람들과 사울이 지휘하는 이스라엘 사람들이 연합전선을 구축한 내용입니다. 그리고 22절은 일찍이 블레셋 군대를 보고 놀라 도망갔던 사람, 숨었던 사람들이 다 나와서 연합하여 싸우는 장면입니다. 23절은 오늘 본문의 마지막 절로, 하나님께서 이스라엘에 큰 구원을 주셔서 전쟁이 승리로 끝나는 내용입니다.

이것은 행동하는 믿음의 사람 요나단과 그 병기를 든 자, 곧 부관의 신앙적 결단이 이루어낸 엄청난 역사의 결과입니다.

지금도 믿음의 동역자들은 하나님의 교회에서 일이 진행될 때 항상 '함께' 라는 개념으로 일치와 연합을 이루어 일을 성취해 나갑니다. 그러나 불신앙적인 동역자는 멀리 섰거나 함께 있으면서도 항상 불평입니다. 비판입니다. 꼬투리를 잡을 기회만 노립니다. 인간적입니다.

그러나 아무리 그런 세력들이 들끓어도 믿음으로 걷는 길에는 언제나 신앙의 동역자들의 일치와 연합을 통한 승리가 있습니다.

이쯤에서 21절의 말씀을 주의하여 살펴보도록 하겠습니다.

"전에 블레셋 사람들과 함께 하던 히브리 사람이 사방에서 블레셋 사람들과 함께 진영에 들어왔더니 그들이 돌이켜 사울과 요나단과 함께 한 이스라엘 사람들과 합하였고"

'히브리 사람' 과 '이스라엘 사람' 이라는 용어입니다. 히브리 사람은 누구며 이스라엘 사람은 누구라는 말입니까? 이 둘이 같은 민족인데 왜 구분해서 사용했을까요?

신학적인 입장에서는 '이스라엘' 이 주로 종교적, 사회적 개념인 경우가 많습니다. 반면에 '히브리' 는 주로 민족적, 인종적 개념입니다.

우리나라의 경우를 비교한다면, 종교적 사회적 개념으로는 '한국인' 으로 통용되지만, 민족적, 인종적 개념으로는 '한민족' 으로 통용되는 것으로 이해하면 쉽습니다.

그러나 본문에서 사용된 '히브리 사람' 이란, 일반적인 통용의 범위가 아닌 일찍이 블레셋 진영에 포로로 끌려와 그 지역에서 생활하던 백성들로 이해할 수 있습니다.

여기서 중요한 것은 그런 개념의 차이보다는, 한 민족이 하나님께서 주신 은혜 안에 일치와 연합을 통해 승리를 얻은 것입니다.

이것을 통해 우리가 깨닫게 되는 것은, 우리가 그리스도 안에서 한 형제자매가 되어 하나님 나라의 한 백성이 되었다는 것입니다. 그런 우리 중에 천국에 먼저 가 있는 선배들도 있지만 우리는 아직 이 세상에서 영적 싸움을 하고 있습니다. 이 세상에서 영적 싸움을 하는 우리는 그리스도 안에서 일치와 연합을 통해 악한 마귀 사단과 싸워 이겨야 할 절체절명의 영적 사명이 있습니다.

그런데 우리끼리 싸워서야 되겠습니까? 한국교회의 약점이 바로 여기에 있습니다. 국내교회나, 해외 교회나, 한인교회는 잘 싸우는 교회로 세상 사람들이 안다는 글을 읽은 적이 있습니다. 참으로 가슴 아픈 일이 아닐 수 없습니다.

거두절미하고 이러한 일은 믿음으로 걷는 길에 있어서는 안 될 일입니다. 믿음으로 걷는 길에는 반드시 일치와 연합을 통한 승리만 있습니다. 그러므로 힘들고 어려워도 걱정하지 마시기 바랍니다. 오직 믿음으로 나아가시기를 바랍니다.

고린도후서 4:7절 이하의 말씀 내용입니다. 우리는 질그릇이지만 그 질그릇에 보배로운 예수님을 가졌습니다. 그렇기에 심히 큰 능력은 우리에게 있는 것이 아니라 하나님께 있습니다. 그러므로 우리가 사방으로 우겨쌈을 당하여도 싸이지 아니합니다. 답답한 일을 당하여도 낙심하지 아니합니다. 박해를 받아도 버린바 되지 아니합니다. 거꾸러뜨림을 당하여도 망하지 아니합니다.

그 이유가 무엇이겠습니까?

우리 주 예수를 다시 살리신 하나님께서 예수와 함께 우리도 다시 살리시기 때문입니다. 그리고 은혜가 더하여 넘쳐서 하나님께 영광을 돌리게 하려 함이라고 했습니다. 이것이 믿음으로 인생길을 가는 사람들의 삶입니다.

〈믿음으로 걷는 길에는!〉

1. 모든 문제 해결의 은혜가 있습니다.

2. 불신앙적인 기회주의 동역자도 있습니다.

3. 일치와 연합을 통한 역전(逆戰)의 승리가 있습니다.

37.

인품(人品)과 언품(言品)

"이 날에 이스라엘 백성들이 피곤하였으니
이는 사울이 백성에게 맹세시켜 경계하여 이르기를
저녁 곧 내가 내 원수에게 보복하는 때까지
아무 음식물이든 먹는 사람은 저주를 받을지어다 하였음이라
〈사무엘상 14:24-30 중〉."

선거철만 되면 단골메뉴로 등장하는 것이 있습니다. 그것이 정적(政敵)에 대한 인신공격입니다. 이러한 것을 뉴스로 보고 들을 때면 늘 고소(苦笑)를 금치 못합니다. 언제나 반복되는 이 치졸한 저질 정치행태가 언제쯤 끝이 날지, 성숙하지 못한 우리의 정치사를 돌아보면서 언제나 국민의 한 사람으로서 통한을 느낍니다.

이미 우리는 노무현 대통령의 일로 인하여 나라가 기막힌 결과를 초래하는 날을 지나왔습니다. 그럼에도 불구하고 또 다시 지난 일을 들추며 검증이라는 것을 앞세워 국민들에게 계속 지리멸렬한 소식들을 듣게 만듭니다.

우리가 지금까지 경험한 것입니다만 천만번이라도 국가 지도자는

물론 정치 지도자들에 대한 정확한 검증은 분명히 필요합니다. 그것은 국민들 그 누구도 반대하지 않습니다.

그러나 그 진위를 떠나서 씁쓸한 마음을 갖게 되는 것은, 언제나 그런 핵폭탄적인 비사(秘事)를 폭로하는 사람들 대부분이 검증을 위해 조사를 받는 그 대상자들의 가장 가까웠던 사람들이라는 것입니다. 같은 집안의 한 솥 밥을 먹다가 어느 날 갑자기 자리다툼의 힘겨루기 상대가 되어 서로가 갖가지 불미스러운 일들을 들추어냅니다. 그렇게 상대방을 좌초시키고서라도 그 자리에 자기가 앉아야 되겠다는 것입니다.

가장 가까운 측근으로 사랑 받고 도움을 받으며, 때로는 부자지정으로, 형제자매의 지정으로 생활했던 사람들이, 이해관계의 손익계산을 하고 난 후에는 인정사정 볼 것 없이 배은망덕의 행동을 합니다. 그런 모습들의 결국이 함께 공멸하는 것이라는 것을 우리는 너무도 많이 보아왔습니다. 그럼에도 불구하고 왜 그리도 치졸한 일들이 계속 이어지는 것일까요?

인간에게는 인격(人格)이라는 소중한 것이 있습니다. 그래서 짐승과 그 근본을 달리합니다. 인격이란 말이나 행동 등에 나타나는 사람의 품격을 말합니다.

인격을 가진 인간의 언어에는 언품(言品)이 있습니다. 언품이란, 말의 품격, 품위입니다. 그 사람의 말을 통해 그 사람의 인격과 품위를 가늠할 수 있습니다.

중국의 후당(後唐)시대 재상을 지낸 풍도(馮道)의 저서 『설시(舌詩)』에는 '구시입화문 설시참신도(口是入禍門 舌是斬身刀)' 라는 말이 있습니다. "입은 화를 불러들이는 문이고, 혀는 몸을 베는 칼이라."는 뜻입니다.

비슷한 우리 속담에는 "침묵은 금이요 웅변은 은"이라는 것이 있습니다. "남아일언 중천금"(男兒一言 重千金)이라는 말도 있고, "말 한마디에 천 냥 빚을 갚는다."는 격언도 있습니다. 이는 모두가 말을 할 때는 신중하게 하라는 뜻입니다. 그래서 말에 관한 고사성어가 의외로 많습니다.

역대 대통령들의 말을 살펴보면 그 분들의 인품과 언품을 금방 가늠할 수가 있습니다. 그것에 관하여는 일일이 말하지 않아도 대부분의 국민들은 다 알고 있습니다.

2003년 11월에 열린 우리당 창당 3주년 기념대회 뉴스를 듣던 저는 그 다음 주일예배를 통해 드린 말씀이 있었습니다.

"말을 함부로 하면 안 되는데....... 더군다나 이 나라 정치 중심인 여당 지도자들의 입에서 너무 쉽게 말이 나옵니다. 말을 쉽게 함부로 하는 것은 두 가지의 경우입니다. 하나는 무지의 경우이고, 다른 하나는 교만의 경우입니다."

그 때 중점적으로 보도 된 뉴스의 내용은 100년 정당을 지향하면서 30년 집권을 호언한 것이었습니다. 그런데 정확하게 3년 만에 탈당 사태가 전개되었고, 잔류파와 탈당파의 말하는 것을 들어보면 '그 나물에 그 밥' 이라는 생각뿐이었습니다.

희한한 것은 탈당의 주인공들이 창당의 주역들이라는 것이었습니다. 그리고 그들의 탈당 변명이 공개되었는데, 그 변명이라는 것이 짐승들도 웃을 수밖에 없는 말을 마구잡이로 쏟아내는 것이었습니다.

그것을 보면서 그분들의 인격과 언품을 새삼 가늠해 보게 되었습니다.

아직도 국민들을 바보로 아는지, 앞뒤도 맞지 않는 감언이설과 속내를 감추는 말에 대하여 언론에서는 '정치소극(政治笑劇)'이라는 가혹한 표현을 사용했습니다. 국민들 대부분이 이맛살을 찌푸리던 대통령의 언품에 대하여 침이 마르도록 칭찬하던 그 사람들이, 이제는 차마 들어줄 수조차 없는 욕을 해대는 코미디 정치를 우리는 기막혀하며 보고 있어야만 했습니다.

이런 일이 어디 정치와 경제, 사회에서만 일어나고 있는 일이겠습니까? 인격과 언품에 관해서만은 그래도 중심 균형을 잃지 말아야 할 교회에서 난무하는 언품은 어떻습니까?

입에 침이 마르도록 "우리교회가 너무 좋아요"라고 말하던 사람들이 이해관계를 따져보다가 별 유익이 없다 싶으면 그만 교회를 떠납니다. 그럴 때는 차마 들어주기조차 민망스러운 말들을 쏟아내고 떠나는 경우도 있습니다.

앞 장의 강해에서도 말씀을 드린 것입니다만, 믿음으로 걷는 길에는 다양한 하나님의 은혜와 승리의 축복이 있습니다. 그러나 불신앙적인 동역자들 또한 있게 마련이어서, 그와 같은 힘든 산을 넘어야 진정한 믿음의 감동과 행복과 은혜를 경험하게 된다고 하였습니다.

그런데 이제는 예전처럼 십자가를 지고 주님을 따르는 신앙인의 근간도 찾아 볼 수가 없습니다. 교회를 위한 아름다운 희생이나 헌신도 따져보면 자기 자신과의 이해관계를 두고 행합니다. 이런 모습은 참으로 슬픈 것입니다. 그런데 이런 것을 요즈음 너무 많이 보고 있습니다.

절규하듯 가르치는 신앙생활의 의무수행과 권리개념의 밸런스가 조화를 이루지 못하고 있습니다. 그런 가운데 신기루를 쫓는 듯한 교회관에 함몰되어 현실적인 교회관을 쓸모없는 기왓장 부수듯 깨어버리고 신앙의 삶을 이리저리 방황하는 사람들의 여러 가지 현실들을 봅니다. 이런 일들을 보면서 목사인 제가 이렇게 가슴이 아픈데 주님은 어떠시겠습니까? 십자가를 짊어지고 채찍에 맞아 피범벅이 되시면서 우리를 살리시고 교회를 탄생 시키신 예수님의 마음은 어떻겠습니까? 우리의 주님께서 '얼마나 고통스러우실까? 를 생각합니다.

그러면서 목사로서 주님이 원하시는 교회를 세워가려는 몸부림이 때로는 과유불급이 되는 경우도 있습니다. 그럴지라도, 이상과 현실에서 영적인 판단을 하지 못하는 성도들을 인도해야 할 목자의 사명을 가진 목사로서, 때로는 당근과 채찍을 통해 건강한 성도들을 주님 앞에 세워가기를 소망하면서 오늘도 높고 낮은 산, 깊고 거친 시냇물을 건너고 있습니다.

우리의 삶에서 떼어 놓을 수 없는 것이 그 사람의 인격과 언품입니다. 그것은 그 사람의 됨됨입니다. 오늘 본문의 말씀은 이 문제를 교훈하고 있습니다.

본문은, 믹마스 전쟁에서 대승을 거둔 후 사울의 경솔한 금식령과 함께 그에 대한 아들 요나단의 판단이 어우러져 있는 내용입니다. 여기서 이 두 사람의 인격과 언품을 가늠해 볼 수 있습니다.

1. 공명심으로 가득한 인격과 언품의 사람

24절입니다.

"이 날에 이스라엘 백성들이 피곤하였으니 이는 사울이 백성에게 맹세시켜 경계하여 이르기를 저녁 곧 내가 내 원수에게 보복하는 때까지 아무 음식물이든지 먹는 사람은 저주를 받을지어다 하였음이라 그러므로 모든 백성이 음식물을 맛보지 못하고"

이 말씀에서 사울의 인격과 언품의 몇 가지를 정리해 볼 수 있습니다. "이 날에 이스라엘 백성들이 피곤하였으니"라고 본문이 시작되었습니다. 그리고 이어서 그 이유가 나오는데, 전쟁으로 지쳐 있는 백성들에게 사울이 자기를 위하여 금식령을 선포했기 때문이라는 것입니다. '사울을 위한 금식령' 이라는 근거는, 중반 절의 "내가 내 원수에게"라는 구절입니다.

다윗과 요나단은 블레셋을 칭할 때 "내 원수"라는 단어를 사용하지 않았습니다. 언제나 "할례 없는 족속" 이라고 했습니다. 그 이유는 단어 하나도 하나님과의 관계 아래에서 정의하여 사용한 그들의 중심을 볼 수 있는 부분이기도 합니다.

사람이란 그 말하는 것을 보면 그 사람의 인품과 언어의 품격을 볼 수 있다고 했습니다. 그러므로 다윗과 요나단의 중심은 우리가 충분히 미루어 짐작하고도 남음이 있는 것이지요.

교회생활에서도 항상 '내' 가 중심이 되는 언행을 하는 사람이 있습니다. 그런가 하면 언제나 '주님' 혹은 '오직 교회' 가 언행의 중심에 있는 사람도 있습니다. 그러면 그 사람의 신앙과 인격과 삶을 금방 가늠할 수 있습니다.

헌금을 해도 '내 이름' 을 내야하고, 물건을 봉헌해도 '내 이름' 을 내야하며, 그 무엇을 하더라도 주님이 아닌, 교회가 아닌, '내가' 앞서야 직성이 풀리는 사람이 있습니다. 그런 사람들의 삶이 결코 아름다운 경우를 우리는 아직 보지 못했습니다.

요나단의 인품과 언품은 사울의 반대입니다. 앞서 공부했지만 요나단은 자기를 희생해서라도 하나님의 이름을 높이기를 원했습니다. 나라를 안정시키고 백성들에게 평화를 주기 위한 언행을 했습니다. 이것이 사울과 요나단의 차이였습니다.

2. 불평과 저주로 채워진 인격과 언품의 사람

요나단의 마음은 항상 하나님으로 가득 차 있었습니다. 그런 그는 언제나 감사와 축복의 언행을 했습니다.

전쟁에서 승리를 하면 가장 먼저 하나님께 영광을 돌리고 백성들의 노고를 치하하는 것이 지도자로서의 바른 자세입니다. 그러나 사울은 그렇지 못했습니다.

전쟁의 승리에 대한 감격으로 만백성들이 하나님께 영광을 돌릴 수 있는 다시없는 좋은 기회를 사울은 악용했습니다. 자기를 위한 금식령을 선포하고 그 위에 해서는 안 될 무서운 말을 하고 말았습니다. **"아무 음식물이든지 먹는 사람은 저주를 받을지어다."** 이것이 사울의 인격이며 언품입니다.

훌륭한 사람들의 공통점은 공동체 생활에서 불평과 원망의 말보다는 감사와 기쁨의 말이 더 많은 데 있습니다. 저주보다는 축복의 언어를 더 많이 합니다.

불평과 원망을 잘하는 대부분의 사람들의 삶이 행복하고 아름다운 경우를 보지 못했습니다. 그것은 마음의 생각이 어떠냐에 따라 그 삶이 열매로 그 품에 돌아가기 때문입니다.

자주 드리는 이야기지만, 어떤 일이 있었다는 것은 상황이고 이미 상황이 끝난 경우에 그 사건 자체에 대해 감사한 것을 찾으면 감사할 내용이 불평할 내용보다는 훨씬 많습니다. 그럼에도 불구하고 굳이 100에 하나 되는 불평꺼리를 찾아서 말을 하고 행동을 한다면, 그것을 어찌 신앙인의 삶이라 할 수 있겠습니까. 말은 그 사람의 인격과 사상과 삶이 옷을 입은 것입니다.

병원에서 흰 가운을 입은 것을 보고 의사라는 것을 압니다. 성의를 입은 것을 보고 목사라는 것을 압니다. 남루한 옷을 입은 것을 보고, 물론 다는 아니지만 보편적으로 걸인이라고 압니다. 법복을 입은 것을 보고 법관이라는 것을 압니다. 교복을 입은 것을 보고 학생이라는 것을 압니다. 어떤 옷을 입었느냐에 따라 그 사람의 신분과 상황을 가늠할 수 있습니다. 언품은 바로 그런 것입니다.

그리스도인이 사용하는 언어는 다듬어진 아름다운 말, 곧 아로새긴 은쟁반의 금 구슬 같은 말을 할 줄 알아야 합니다.

3. 하나님의 말씀에 대하여 상대적인 인격과 언품의 사람

요나단은 사울의 선포된 명령을 알지 못했습니다. 그래서 꿀을 먹었습니다. 그리고 그의 원기가 회복되어 눈이 밝아 졌을 때 신하가 왕의 명령을 알려줍니다. 그것이 27절입니다. 그러자 바로 요나단은 아버지가 참으로 잘못했다는 것을 판단하고 안타까워하는 내용이 28절에 이어집니다.

여기서 우리가 깨닫는 것은 사울이 통치자로서 지은 두 가지 잘못입니다. 하나는 '하나님의 말씀 보다는 자기 생각을 절대화 한 것' 입니다. 맹세는 하나님 앞에서도 쉽게 시켜서는 안 되는 것입니다. 그런데 사울은 자기를 위하여 백성들에게 맹세를 시켰습니다. 다른 하나는 '하나님의 말씀을 절대적으로 순종하지 못하고 부분적으로 순종한 것' 입니다. 그것은 15 장에서 더욱 자세하게 강해할 것입니다.

기억하시기 바랍니다. 상대화해야 할 인간은 절대화 하고, 절대화해야 할 하나님은 오히려 상대화 하는 죄는 무서운 것입니다.

이미 사무엘상 1편 '하나님의 섭리' 에서 강해하였습니다만 3:1절을 다시 한 번 보겠습니다.

"아이 사무엘이 엘리 앞에서 여호와를 섬길 때에는 여호와의 말씀이 희귀하여 이상이 흔히 보이지 않았더라."

중요한 내용 아닙니까?

"아이 사무엘이 엘리 앞에서 여호와를 섬겼다"는 말씀입니다. 그러나 오늘날 대부분의 신앙인들은 여호와 앞에서, '사람을 섬기는 죄' 를 범합니다.

지금도 '사람 앞에서 하나님을 섬기는 사람' 은 보기 힘들고 하나님 앞에서 '사람을 섬기는 사람' 은 얼마든지 볼 수 있습니다. 슬픈 일입니다.

사울과 다윗의 차이가 바로 여기에 있습니다. 사울은 하나님 앞에서 사람 중심으로 살았습니다. 그러나 다윗은 사람 앞에서 하나님 중심으로 살았습니다. 삶의 승패는 여기서 확연하게 갈라지는 것을 우리는 성경에서 뿐만 아니라, 역사에서도 얼마든지 볼 수 있습니다.

4. 상식과 이성이 파괴된 인격과 언품의 사람.

29-30절은 사울의 금식령에 대한 백성의 이야기를 들은 요나단의 반응입니다. 그의 마음이 한 마디로 함축되어 기록된 내용입니다.

"요나단이 이르되 내 아버지께서 이 땅을 곤란하게 하셨도다. 보라 내가 이 꿀 조금을 맛보고도 내 눈이 이렇게 밝아졌거든, 하물며 백성이 오늘 그 대적에게서 탈취하여 얻은 것을 임의로 먹었더라면 블레셋 사람을 살육함이 더욱 많지 아니하였겠느냐."

요약하면 사울의 행한 일─이 땅을 곤란하게 하다─은 상식과 이성을 잃어버린 행위였다는 탄식입니다.

'곤란하게' 라는 원문은 '아카르(עָכַר)' 가 사용되었는데, 이 단어는 '물을 휘젓다', '괴롭히다', '곤란케 하다' 라는 뜻입니다. 그 내용은 개인의 어리석은 행위가 공동체에 미치는 해악이라는 참으로 무서운 뜻입니다.

'이 땅' 의 원문 '에레츠(אֶרֶץ)' 는 문자적으로는 '그 땅' 입니다. 그러나 여기서는 그 땅의 사람들, 즉 이스라엘 백성을 뜻합니다.

한 사람의 상식과 이성을 잃어버린 행동으로 인하여 많은 사람들이 고통을 당한다는 것입니다. 그래서 사울은 이성과 상식이 파괴된 사람입니다. 그의 하는 행동과 말이 그것을 증거 하고 있습니다.

이런 경우가 생겨나는 것은 영적으로 깨어있지 않으면 오늘날도 마찬가지로 일어나는 일입니다. 자기가 하는 일은 모두 옳은 것으로 판단됩니다. 자기가 하나님보다 앞서게 됩니다. 그렇게 되면 그 때는 이성과 상식이 파괴되어 함께 하는 공동체 전체를 괴롭게 합니다. 그래서 인격과 언품이 그토록 중요한 것입니다.

올바른 신앙이란 믿음과 상식이 조화를 이룬 것입니다. 그런데 지극히 이성적이며 상식적인 말을 하는데도 비신앙적이라고 폄하하는 사람들이 있습니다. 믿음 없는 사람으로 매도하는 경우도 그리 어렵지 않게 종종 봅니다. 하지만, 실은 그것보다 무지한 것이 없다는 것을 알아야 합니다.

병원에 가서 의사의 진료를 통해 얼마든지 회복할 수 있는 병도 기도원에 가서 기도하고 안수하면 된다고 그곳으로 데리고 갑니다. 그리고는 환자를 때리고, 치고 하다가 그만 숨지게 하는 웃지 못 할 일들이 종종 방송 매체를 통해 보도되는 것이 그런 경우입니다.

기도하기 좋은 교회시설이 갖추어져 있는데도 꼭 산꼭대기에 올라가 기도해야 한다고 하다가 이상하게 되는 경우도 있습니다. 그런가 하면, 기도원에 가야만 기도가 된다는 이상한 신앙인의 자세 또한 그렇습니다. 교회 생활의 기준을 공동체에 두지 않고 자기에게 두고서는 쉽게 판단하고, 쉽게 정죄하며 교회를 어지럽게 하는 경우도 그렇습니다.

훌륭한 인격이란, 최소한의 기본적인 이성과 상식을 갖춘 데서 시작됩니다. 신앙도 예외가 아닙니다. 왜 사이비가 나오고 이단이 나옵니까? 올바른 이성과 상식이 파괴된 가운데서 나옵니다. 편견과 아집이 불러온 결과입니다. 그것이 종교적 비판을 초래하고, 올바른 신앙을 흐리게 하는 것입니다.

인간에게는 인격이 있습니다. 어떤 인격인가에 따라 그 언품이 연출됩니다. 그래서 고린도전서 14장 19절에서 이렇게 교훈합니다.
"깨달은 마음으로 다섯 마디 말을 하는 것이 일만 마디 방언으로 말하는 것보다 나으니라." 아멘.

우리 모두 훌륭한 인격과 언품의 신앙인으로 오늘을 살아가기를 예수님의 이름으로 축복합니다. 아멘.

38.
믿음이 연약할 때(1)

"백성이 이에 탈취한 물건에 달려가서
양과 소와 송아지들을 끌어다가
그것을 땅에서 잡아 피째 먹었더니
〈사무엘상 14:31-35 중〉."

요즈음 이것저것 생각이 많아지니 마치 믿음이 약해진 듯 잡념이 마음을 지배하고 부정적인 생각이 마음에 용트림하는 것을 느끼며 깜짝 놀랍니다.

"이렇게 신앙생활하면 정말 주님이 나를 천국에 들어보내 주실까? 교회 봉사 헌신한다고 하면서 왜들 그렇게 싸울까? 저 사람은 날 배신하지 않을까? 우리 교인들이 정말 나를 좋아할까? 하나 같이 주님을 위하여 헌신한다고 하는데 정말 주님을 위한 것일까? 자기 유익을 위한 건 아닐까? 믿는다고 하면서 왜 화목하지 못할까? 예배시간에는 하나같이 거룩하고 아름다운 성도 같은데 왜 일상에서는 불신자보다 못한 일들을 예사로 할까......?"

이런 생각들을 하다보면 무엇이 진짜고 무엇이 가짜인지도 모를 헷갈리는 일들이 정치권만의 이야기가 아니라는 생각이 듭니다.

믿었던 사람이 180도로 돌아서는 배반의 정치판 소용돌이 현상을 보면서 "세상에 믿을 사람이 없다."하며 탄식하는 이야기들을 듣습니다. 슬픈 일이지만, 그래도 '세상의 가장 최후의 믿음의 보루' 라 일컫는 교회에서마저도 이와 같은 현상은 비일비재하게 일어나는 것을 보고 듣습니다.

이러한 일은 주님과 나와의 관계에서도 마찬가지입니다. 주님을 감동시키는 믿음을 가진 사람이 있는가 하면 잘못된 확신으로 자기 자신도 망하게 하는 믿음을 가진 사람도 있습니다. 자기 자신만 망하는 것이 아니라 공동체 전체를 패망케 하는 이상한 믿음의 사람도 있습니다. 물론 정직한 표현으로는, 그것은 믿음이 아닌 자기 오신(誤信)에 불과하지만, 믿는다는 관계에서 펼쳐지는 일이기에 간과할 수만은 없는 아픔이 됩니다.

올바른 믿음에 대해서는 여러분의 이해가 쉽겠지만, 잘못된 믿음(誤信)에 대해서는 이해가 쉽지 않으리라 생각되어 한 가지 이야기를 들려 드리겠습니다.

카르타고(Carthago)의 명장 한니발(Hannibal)은 언제나 자신의 부장 가운데 한 사람인 피로스(Pyrrhus)장군을 최고의 영웅으로 생각했다고 합니다. 그런데 피로스란 장군이 아르고스(Argos)라는 지방을 침공했을 때에, 도시 중앙에 늑대와 황소가 싸우는 모습의 조각을 보았습니다. 그 순간 마치 그는 실성한 사람처럼 우왕좌왕 하다가 적군의 화살에 맞아 죽었습니다.

도대체 이해가 안 되는 것은, 그런 전쟁의 영웅이 무엇에 홀려 그

런 결과를 초래했을까 하는 것입니다. 이유는 젊었을 때 들었던 신탁
(神託) 때문이었습니다.

피로스는 "그대 피로스는 늑대와 황소가 싸우는 것을 보는 날에 죽
으리라."는 신탁을 그대로 믿고 살아왔던 것입니다.

그것은 잘못된 믿음입니다. 그런데도 그는 그것 때문에 죽었을 뿐
아니라 공동체 전체를 어렵게 한 주인공이 되었습니다. 이런 경우를
맹신(盲信), 또는 오신(誤信)이라고 합니다. 믿음은 믿음인데 잘못된
믿음이라는 뜻의 단어입니다.

오늘 말씀의 주제가 되는 '약한 믿음' 이 있습니다. 이것은 믿음이
없는 것이 아니라 약해진 믿음입니다.

주님을 믿는다고 하면서 주님을 부끄러워합니다. 믿음의 지도자
라고 하면서도 상황에 흔들립니다. 기름부음을 받은 항존직분자라고
하면서도 이해관계를 따지고 손익계산을 통한 타협을 합니다. 공의
를 행하면서도 불의의 눈치를 봅니다. 마음으로는 아니라고 저항하
면서도 그럴듯하게 포장하며 자기 자신마저 속입니다. 이것이 바로
약한 믿음입니다.

그래서 있는 척, 하는 척, 아닌 척 하는 사람이라는 용어가 성도의
일상생활에 꼬리표처럼 붙어 있게 되는지도 모릅니다.

요한복음 9장에는 날 때부터 소경된 사람의 이야기가 있습니다.
이 사람이 예수님을 만나 눈을 뜨게 되어 세상을 보게 된 이야기입니
다. 그런데 이때에 공회에서 바리새인들이 예수님을 책잡으려고 소
경이었다가 보게 된 그를 몰아붙이면서 출교의 협박을 합니다. 그 때
드러나는 세 종류의 사람의 모습이 그림처럼 기록으로 그려져 있습

니다. 이 모습들은 오늘날 성도들에게서 나타나는 세 종류의 모습이기도 합니다. 그것을 정리하면 다음과 같습니다.

첫째는 출교를 각오하고 담대히 주님을 증거 하는 소경의 믿음 있는 모습입니다. 둘째는 공회로부터 협박을 받을 때 눈치를 보며 두려워하는 부모의 모습입니다. 셋째는 겉으로는 거룩한 척, 믿음 있는 것 같지만, 실제로 그 이면에서는 악한 짓을 골라 행하는 바리새인들의 모습입니다.

이 가운데 두 번째 사람의 믿음이 바로 오늘 말씀의 주제가 되는 믿음이 약해질 때의 모습입니다. 이 모습은 오늘 우리의 모습이기도 합니다.

이것을 보다 구체적으로 사울을 통해 언제 믿음이 약해지며, 믿음이 약해질 때 어떤 일이 일어나는가, 그 내용을 정리해 가겠습니다.

1. 성공한 후에 믿음이 약해지기 쉽습니다.

31-32절을 보면 이스라엘 백성들이 믹마스에서 아얄론에 이르기까지 블레셋을 치고 승리를 합니다. 그 후 그들은 탈취한 물건으로 달려가서 양과 소와 송아지들을 끌어다가 잡고 피 째 먹었다고 기록하고 있습니다.

이것은 명백히 하나님의 말씀을 어긴 것입니다. 레위기 17장 14절에서 하나님은 이렇게 말씀하셨습니다.

"모든 생물은 그 피가 생명과 일체라. 그러므로 내가 이스라엘 자손에게 이르기를 너희는 어떤 육체의 피든지 먹지 말라 하였나니 모든 육체의 생명은 그것의 피인즉 그 피를 먹는 모든 자는 끊어지리라."

물론 백성들이 이 지경이 된 일차적인 원인은 지도자 사울에게 있습니다. 전쟁에 지친 백성들에게 먹고 마시며 쉬도록 한 것이 아니라 금식령을 내렸기 때문입니다. 그 후에 더 이상 참아내지 못한 백성들이 결국 이런 범죄 행위를 저지르고 말았습니다.

그렇다고 백성들의 이런 행위가 죄가 되지 않는다고 할 수는 없습니다. 범죄의 동기를 부여한 사람은 분명히 사울입니다. 그럴지라도 범법행위를 한 것은 백성들이기 때문에 그 잘못에 대한 책임을 면할 수는 없습니다.

잘못된 지도자의 말을 신뢰하고 따랐다가 낭패를 당한 집사님이 이런 고백을 했습니다.

"너무나도 억울하고 속상하고 분합니다. 어떻게 지도자가 연약한 성도를 이렇게 잘못되게 합니까? 이래도 되는 것입니까?"

그에게 들려준 저의 답변입니다.

"이제 더 이상은 이렇다 저렇다 말하지 마시고 기도하는 지혜를 얻으세요. 그리할 때 누구를 원망하기보다 나 자신의 허물을 발견하게 됩니다. 그것을 발견하고 하나님 앞에 나아갈 때 하나님은 용서와 사랑의 은혜를 베푸시는 법입니다."

그렇습니다. 우리의 일상에서 얼마든지 경험하는 것이지만 성공한 후에, 잘 된 후에 인간은 넘어지기 쉽습니다. 특히 신앙인의 넘어짐은 믿음이 약해질 때라고 표현합니다.

언제? 왜? 믿음이 약해지는가? 답은 아주 간단합니다. 성공한 후에 교만하게 되고 하나님의 말씀보다 내 생각이 앞서기 때문입니다.

교통사고는 초보 운전 때보다 익숙하여 갈 무렵 더 많고, 가파른

비탈길에서보다 시원한 고속도로에서 더 많이 발생한다는 것을 우리는 잘 압니다.

사람이 살아가는데도 가난하고 어려울 때보다는 부요하고 평안할 때 실패의 기회가 더 많다는 것을 경험합니다.

실제로 다윗의 경우에도 사울에게 쫓기고 아들에게 배반당할 때가 아니라 태평성대를 누릴 때 간음과 살인이라는 중죄를 저질렀습니다.

웃시야가 실패한 이유는 단 하나입니다. 그것을 역대하 26장 16절에서 분명하게 기록하고 있습니다.

"그가 강성하여지매 그의 마음이 교만하여 악을 행하여 그의 하나님 여호와께 범죄 하되 곧 여호와의 성전에 들어가서 향단에 분향하려 한지라."

웃시야가 원래 교만한 사람이 아니라는 말입니다. 약할 때 겸손하던 웃시야가 강성하여지매 교만해졌다는 말입니다. 그리고 곧 넘어진 것입니다.

오늘까지 목회를 하는 동안 보아온 분명한 것 한 가지는, 대부분 성도들의 실패와 몰락은 성공한 후에 일어난다는 것입니다.

전도사 시절의 겸손함이 목사 된 후에도 유지된다면 절대로 실패하는 목회자는 되지 않습니다. 집사 시절의 겸손함이 장로 된 후에도 유지된다면 절대로 신앙생활의 실패자는 되지 않습니다. 그런데 이분들의 대다수가 하나 같이 직분 받은 후에 실패의 길로 내려가는 것을 봅니다.

개척교회의 개척 멤버였던 겸손한 집사님이 있었습니다. 어느 날부터 사업이 잘되어 십일조도 많이 하게 되었습니다. 그래서 목사님을 잘 대접했습니다. 그러더니 어느 날부턴가 서서히 목사님의 목회 영역을 이것저것 간섭하기 시작했습니다. 급기야는 보필하는 목사님에게 자기 말을 잘 들어야 한다고 돌변한 모습을 드러냈습니다.

말씀을 하시는 목사님의 이어지는 이야기는, '얼마나 충격을 받았는지 정신 분열증까지 느끼게 되더라.' 는 것입니다. 사람이 변해도 그렇게 변할 수 있을까? 도대체 이해가 안 되더랍니다.

이 목사님은 개척 할 때부터 오직 하나님 중심의 목회를 결심하고 사람 중심의 목회를 하지 않으리라는 확고부동한 목회 철학을 갖고 계셨습니다. 그래서 그 집사의 말을 수용하지 않았습니다. 비록 교회가 부채가 있고 예산이 어려운 상황에 이르렀지만, 계속해서 흔들리지 않는 주님 중심의 목회를 해 나갔습니다. 그랬더니 결국 그 집사님 가정이 몇 가정을 충동질하더니 다른 교회로 떠났다며 이야기를 마쳤습니다. 그리고 덧붙이는 씁쓸한 말미는, 어렵고 힘들 때는 그토록 충성스럽던 사람이, 돈이 많아지고 힘이 붙게 되자 믿음이 아닌 자기 완력으로 무엇인가를 하려고 하다가 결국 넘어지더라는 것입니다.

하나님은 사도 바울을 통해 고린도전서 10장 12절에서 말씀하셨습니다.

"그런즉 선줄로 생각하는 자는 넘어질까 조심하라."

천만 번 생각해도 진리의 말씀입니다. 교회도 부흥하고 평안할 때, 성도도 잘되고 형통할 때, 그 때 더욱 조심하고 기도해야 합니다.

2. 믿음이 약해질 때 말씀이 멀어집니다.

이스라엘 백성들은 믿음이 있을 때는 항상 하나님의 말씀이 앞에 있었습니다. 대부분의 범죄의 경우 나타나는 공통점은 말씀이 없을 때였습니다.

오늘 본문의 백성들이 피 째 고기를 먹었다는 것은 말씀이 없어서가 아니라 말씀이 그들의 마음에서 멀어졌기 때문입니다. 왜 말씀에서 멀어질까요? 믿음이 약해지면 말씀에서 멀어집니다. 그리고 말씀에서 멀어지면 죄를 범하게 됩니다.

로마서 10장 17절에서는 믿음의 원리를 이렇게 가르칩니다.
"그러므로 믿음은 들음에서 나며 들음은 그리스도의 말씀으로 말미암 았느니라."

그리스도의 말씀을 들어야 믿음이 있게 됩니다. 믿음이 약해지면 말씀이 들려오지 않습니다. 설교를 하는 사람은 한 사람입니다. 듣는 사람은 수천, 수만 명입니다. 믿음이 있는 사람은 설교자의 말씀을 하나님의 말씀으로 듣습니다. 그러나 믿음이 약해지면 그 말씀이 자꾸만 사람의 말로 들려집니다. 그러다가 믿음 없는 자가 되면 어떤 천사의 말도 그 때부터는 들리지 않습니다.

한 번 깊이 생각해 볼까요? 예수님은 언제나 우리에게 말씀하셨습니다. **"너희 믿음대로 되라 하시니(마태복음 9:29)."** 수많은 병자를 고치실 때도, 죄를 사하실 때도 그러셨습니다.

우리가 살아가면서 이 문제를 명쾌하게 이해하기란 여간 어려운 것이 아닙니다.

사업에 성공한 사람들 대부분의 간증내용이 믿음으로 했더니 하나님의 복 주심으로 성공했다고 합니다. 그럼 사업에 실패한 성도는 믿음으로 사업을 하지 않았기 때문일까요?

병에서 놓임을 받은 대부분의 성도들의 간증이요 고백이 믿음으로 기도했더니 하나님께서 고쳐주셨다는 것입니다. 그리고 우리가 아주 많이 사용하는 성경 구절이 마가복음 9장 23절 **"믿는 자에게는 능치 못할 일이 없느니라."**는 주님의 말씀입니다.

12년을 혈루증으로 앓던 여인도 간절히 기도했습니다. 그 여인의 믿음을 보시고 예수님은 그녀를 고쳐주셨습니다. 백부장의 하인이 병들었을 때 백부장도 간절히 예수님께 간구했습니다. 예수님은 백부장의 믿음을 보시고 하인을 고쳐 주셨습니다.

회당장 야이로의 딸이 죽었을 때 회당장은 간절히 주님을 찾았습니다. 주님은 그 믿음을 보시고 그 딸을 살려주셨습니다.

모든 성경의 내용이 그렇게 전개 되었습니다. 그런데 간절히 기도했는데도 낫지 않은 성도는 믿음으로 기도하지 않았기 때문일까요?

보다 현실적인 이야기를 해 볼까요? 목사의 아내가 폐암 환자가 되었습니다. 그 아내는 오직 주님밖에 모르는 아름다운 마음과 정직한 생활과 오직 남편을 내조하고 교회를 돌아보면서 마리아처럼 사모의 자리에서 살아왔습니다. 그런데, 담배 한 대도 피우지 않은 깨끗한 폐를 가진 그 사모님이 폐암진단을 받았습니다.

의사는 주님의 왼손인줄 믿고 의사에게 맡겨 수술을 받았습니다.

항암치료를 받았습니다. 가족들과 교인들의 눈물겨운 기도의 힘을 입어 회복이 되었습니다. 그런데 다시 재발하여 입원했습니다. 말할 수 없는 고난 가운데서도 오직 믿음으로 고침받기를 기도했습니다. 그러나 하나님은 그 사모님을 치료해주시지 않고 야속하게도 천국으로 불러가셨습니다.

그 목사님이 믿음으로 기도하지 않았을까요? 그 자녀가 정말 믿음으로 기도하지 않았을까요? 그 교회 성도들이 정말 믿음으로 기도하지 않았을까요?

우리가 추정할 수 있는 분명한 것 한 가지는 오직 주님께 모든 것을 맡기고 믿음으로 기도했을 것이라는 사실입니다.

그런데 왜 하나님은 야이로의 딸은 살리셨는데, 그리고 그 아비의 믿음을 보시고 살려주셨다고 하셨는데, 목사의 기도는, 성도들의 기도는 들어주시지 않으셨을까요? 예수님을 원망해야 합니까? 누구의 딸은 살려주시면서 왜 내 아내는, 내 어머니는 안 살려주시냐고 따져야 합니까?

믿음이 약하다는 말은 여기서 정의되어야 합니다. 이럴 때 믿음이 약해지면 말씀이 들리지 않습니다. 말씀이 멀어지고 인간적인 생각과 판단이 앞서게 됩니다. 그래서 믿음이 파선한다고 성경은 가르칩니다.

여기서 깨닫는 것은 병이 나았다는 사실과 낫지 않았다는 사실을 가지고 그 믿음이 진짜였는지 가짜였는지를 판단하는 것은 옳지 않다는 결론입니다. 즉 하나님의 생각과 인간의 소망이 만나는 지점, 거기서 믿음의 강함과 약함이 정의 되는 것입니다. 이럴 때 인간의 의지와 감정과 생각을 앞세우지 말고 하나님의 표준에 맞추는 것이 바로 믿음입니다.

그러나 대부분의 많은 사람들은 이럴 때 결정적으로 내 생각에 하나님의 표준을 끌어당겨 맞추려고 합니다. 그러다가 실패하고 믿음이 파선되어 하나님과 멀어지는 것입니다.

대표적인 이야기가 히브리서 11장의 믿음의 선진들의 예로 기록되어 있습니다. 예수님을 믿었기 때문에 그들은 온갖 고난을 당했습니다. 희롱과 채찍질을 당했습니다. 결박과 옥에 갇히는 고통을 당했습니다. 돌로 치는 것과 톱으로 켜는 것과 칼에 죽는 것을 당하고, 양과 염소의 가죽을 입고 유리하며, 궁핍과 환난과 학대를 받았습니다.

그런데도 주님은 왜 그들을 살려주시지 않으셨을까요? 그렇다고 그들이 주님을 배반했습니까? 원망했습니까?

그들은 구원을 소망했지만 하나님의 의도는 순교하게 하시는 것이었고 구원하실 의도는 없으셨습니다. 그것이 인류를 구원하는 복음 사역의 하나님의 비밀입니다.

믿음의 선진들은 하나님의 그 뜻을 깨달았고, 하나님의 의도에 자기들의 의지와 생각을 맞추었습니다. 그래서 성경은 히브리서 11:38 절에서 분명하게 기록하고 있습니다.

"이런 사람은 세상이 감당하지 못하느니라."

이것이 바로 믿음입니다.

병 나은 것을 감사하며 기뻐하는 것도 믿음입니다. 그러나 고통가운데서 주님을 바라고 죽는 것도 아름다운 믿음입니다. 사업에 성공해서 감사하며 기뻐하는 것도 믿음입니다. 그러나 실패한 가운데서도 좌절하지 않고 나아가는 것도 신실한 믿음입니다. 내가 소망하는 뜻대로 되어서 축복이라고 간증하는 것도 믿음입니다. 그러나 내 뜻대로 되지 않았지만 원망하거나 불평하지 않고 동일하게 하나님을 사랑하는 것, 이것이 참으로 굳센 믿음입니다.

기억하시기 바랍니다.

예수님을 믿었기 때문에 복 받고, 예수님을 믿었기 때문에 잘되는 것만은 아닙니다. 예수님을 믿기 때문에 손해를 보고, 예수님을 믿기 때문에 어려움을 당하며, 예수님을 믿기 때문에 낭패를 당하기도 합니다. 이 모든 근간이 하나님의 말씀입니다.

믿음이 약해지면 말씀이 멀어집니다. 말씀이 멀어지면 인간의 생각과 의지가 앞섭니다. 그것이 실패로 가는 길이 됩니다. 주님은 지금도 우리에게 누가복음 8:25절로 말씀하십니다.

"너희 믿음이 어디 있느냐?"

우리는 겸손한 마음으로 주님께 이렇게 기도해야 합니다.

"내가 믿나이다. 나의 믿음 없는 것을 도와주소서(마가복음 9:24절)."

아멘!

39.
믿음이 연약할 때(2)

앞장에 이어지는 내용입니다. 믿음이 연약할 때 나타나는 현상을 앞에서는 2 가지로 말씀 드렸습니다. **첫째, 성공한 후에는 믿음이 약해지기 쉽습니다. 다른 말로 표현하면 믿음이 약해질 때 교만하게 되는 것입니다. 둘째, 믿음이 약해지면 하나님의 말씀에서 멀어집니다. 말씀에서 멀어지면 마귀가 다가옵니다.** 그리고 그 가는 길은 스스로의 멸망 길이 됩니다.

오늘은 이어서 몇 가지를 더 생각해 봅니다.

3. 믿음이 연약해질 때 자신의 잘잘못이 보이지 않습니다. 동시에 타인의 잘못만 보입니다.

개인이든, 단체든 문제는 어디나 누구에게나 있기 마련입니다. 문제에는 또한 반드시 답도 있기 마련입니다. 어려운 것은 문제가 발생했을 때 답을 찾기가 쉽지 않다는 것입니다. 그렇지만 답을 찾는 첩경 또한 있습니다. 그것은 문제가 발생한 공동체에 있는 사람이 그 답을 자기 자신에게서 찾는 것입니다. 그러면 문제는 간단하게 해결됩니다. 참 쉽습니다.

그러나 대부분은 그렇지 못합니다. 문제가 발생할 때 그 문제의 제 1 원인이 나에게 있다고 생각하는 사람은 거의 없습니다. 상대방에게서 그 문제의 원인을 찾기 때문에 답도 역시 거기서 찾으려고 합니다.

31-32절을 보면 이스라엘 백성들은 허기에 지쳤습니다. 그래서 블레셋이 물러가게 되자 백성들은 허기를 면하려고 탈취한 전리품 가운데 양과 소와 송아지를 잡아 피째 먹어버렸습니다. 그것은 하나님 앞에서 명백한 범죄 행위였습니다. 창세기 9:3-4절의 하나님의 말씀을 비추어보면 그렇습니다.

"모든 산 동물은 너희의 먹을 것이 될지라. 채소 같이 내가 이것을 다 너희에게 주노라. 그러나 고기를 그 생명 되는 피째 먹지 말 것이니라."

레위기 22:28절 말씀도 이들의 행위가 범법임을 말씀하고 있습니다.

"암소나 암양을 막론하고 어미와 새끼를 같은 날에 잡지 말지니라."

그런데 백성들은 굶주림에 허기가 져서 말씀이 멀어지면서 죄를 짓게 된 것입니다. 문제가 발생한 것입니다. 문제가 발생했는데 문제를 풀어야 할 당사자인 사울에게서 나타나는 행태가 오늘 말씀의 주안점입니다. 그것은 문제가 발생했을 때 그 문제의 제 1 원인이 사울 자신에게 있음을 발견하지 못하고 있다는 것입니다. 33절입니다.

"무리가 사울에게 전하여 이르되 보소서 백성이 고기를 피째 먹어 여호와께 범죄 하였나이다. 사울이 이르되 너희가 믿음 없이 행하였도다. 이제 큰 돌을 내게로 굴려 오라."

맞습니다. 백성이 믿음이 없이 행했습니다. 그러나 한 번 더 생각해 보면 믿음이 없이 행한 것은 사울이 먼저였습니다. 자기 영광과 자기의 뜻을 이루기 위하여 앞의 28절에서 맹세를 시키면서 무리한 요구를 백성들에게 행했던 것입니다.

이렇게 믿음 없이 행한 아버지의 행위를 보고 아들 요나단이 탄식했던 것을 우리는 이미 살펴보았습니다.

백성들이 이 지경이 된 것을 보았다면 사울은 자기 자신의 잘못을 돌이켜 회개하고 문제의 제 1 원인이 자기에게 있음을 깨달아야 합니다. 그리고 하나님 앞에서 문제의 답을 받아야 했습니다. 그런데 참으로 유감스럽게도 그는 그렇지 못했습니다. 오히려 백성들에게 "믿음이 없이 행했다"고 책망을 했습니다. 이것이 바로 믿음이 연약해질 때 나타나는 현상의 하나입니다. 즉 자기 자신의 잘못은 보이지 않고 남의 잘못만 보이는 것입니다. 안타까운 것은, 남의 잘못이라는 것이 자기에게서 비롯된 것인데도 그것의 책임이 자기에게는 전혀 없고 문제의 제 2 원인이 된 너에게로 책임을 전가한다는 것입니다. 이런 경우를 두고 예수님은 마태복음 7:3절에서 이렇게 교훈하셨습니다.

"어찌하여 형제의 눈 속에 있는 티는 보고 네 눈 속에 있는 들보는 깨닫지 못하느냐"

그리고 5절에서 이렇게 말씀이 이어졌습니다.

"외식하는 자여 먼저 네 눈 속에서 들보를 빼어라 그 후에야 밝히 보고 형제의 눈 속에서 티를 빼리라."

에덴동산에서 아담과 하와가 범죄 했습니다. 그 때 하나님께서 왜 그랬느냐고 물으셨을 때 그들의 대답이 꼭 그랬습니다.

"아담이 이르되 하나님이 주셔서 나와 함께 있게 하신 여자 그가 그 나무 열매를 내게 주므로 내가 먹었나이다(창3:12)."

"여호와 하나님이 여자에게 이르시되 네가 어찌하여 이렇게 하였느냐 여자가 이르되 뱀이 나를 꾀므로 내가 먹었나이다(창3:13)."

'내' 가 문제였는데 '너' 에게 문제의 원인을 전가시키는 전형적인 모델입니다. 여기서 발전되면 창세기 4장 9절의 하나님의 질문에 대한 가인의 항변으로 이어집니다.

"여호와께서 가인에게 이르시되 네 아우 아벨이 어디 있느냐?"

"내가 내 아우를 지키는 자니이까?"

이런 경우를 일컬어 적반하장이라고 하는 것입니다.

오늘날도 믿음이 연약해지는 사람들의 공통점은 거짓말을 예사롭게 한다는 것입니다. 딱 잡아떼면서 화를 낸다는 것입니다. 자기가 행하고 아니라고 하는 것, 그것은 믿음이 연약해 질 때 나타나는 현상입니다. 그것은 진짜 자기의 모습과 가짜 자기의 모습의 혼돈입니다.

옳고 그름의 분별력의 혼돈, 가치판단의 상실, 정사(正邪)구분의 판
단력 부재현상입니다. 이것이 믿음이 연약해질 때 일어나는 자연적
인 현상으로 곧 자기 자신의 잘잘못을 보지 못하는 영적, 인격적 무능
의 현상입니다.

이런 사람 때문에 사회가 혼란스럽습니다. 공동체가 무질서하게
됩니다. 하나님의 교회가 빛을 잃어버리게 되는 것입니다.

4. 시험에 빠져 형식적인 신앙생활이 됩니다.

34절입니다.

"또 사울이 이르되 너희는 백성 중에 흩어져 다니며 그들에게 이르기
를 사람은 각기 소와 양을 이리로 끌어다가 여기서 잡아먹되 피째로 먹
어 여호와께 범죄하지 말라 하라 하매 그 밤에 모든 백성이 각각 자기의
소를 끌어다가 거기서 잡으니라."

대수롭지 않게 그냥 읽으면 넘어가버릴 수 있는 구절입니다. 그러
나 이 구절 안에는 중요한 메시지가 숨어 있습니다. 바로 올바른 신앙
에서 행해지는 예배 행위가 아닌 형식적인 예배 행위를 경계하는 메
시지입니다.

전쟁에 지친 백성들이 허기진 배를 채우려고 소를 잡아 피째 먹게
되었습니다. 그때 사울은 너무나 황당했을 것입니다. 그래서 자신의
잘못으로 인해 백성들이 하나님 앞에서 범죄하게 된 상황을 벗어나
고자 한 모습을 34-35절에서 볼 수 있습니다.

사울은 급히 백성들에게 큰 돌을 굴려오게 합니다. 그리고 거기서 소를 잡게 합니다. 그것은 거기서 잡으면 자연스럽게 피가 땅으로 흘러내리게 되고 백성들은 피째 고기를 먹지 않게 되기 때문입니다.

그리고 이어지는 35절을 보면 거기서 여호와를 위한 제단을 처음 쌓았다고 기록하고 있습니다. 물론 이것은 거기서 제단을 쌓음으로 승전에 대한 감사와 피째 고기를 먹은 백성들의 죄를 속죄하고자 하는 의미를 찾을 수 있습니다.

그러나 그것이 진정한 의미의 행동이 아니라는 것을 35절에서 발견하게 됩니다. 그래서 35절은 우리가 심각하게 주목할 구절입니다.

"사울이 여호와를 위하여 제단을 쌓았으니 이는 그가 여호와를 위하여 처음 쌓은 제단이었더라."

사울이 왕이 된지도 상당한 기간이 지났습니다. 그럼에도 이 재단이 사울로서는 처음 쌓은 제단이라고 기록하고 있습니다. 이것은 사울이 하나님을 향해 제단을 쌓는 일을 게을리 하다가 백성들이 피째 고기를 먹는 범죄를 저지르자 일종의 긴급조치의 한 형태로 제단을 쌓은 것입니다.

대부분의 성경 주석가들은 사울의 이러한 행위를 형식적인 행위로 간주하고 주석을 쓰고 있습니다. 그 까닭은 이후의 사울의 생활에서 나타납니다.

15장에서 나타나는 사울의 모습은, 말씀을 순종하되 온전한 순종이 아닌 형식적인 순종이 나타납니다. 28장에서는 사무엘이 죽자 엔돌의 무당을 찾아간 것이 증거가 됩니다.

이와 같은 사울의 형식적인 신앙의 마지막은, 자신은 물론 국가와 가정도 몰락하게 되는 것을 31장에서 생생하게 기록하고 있습니다.

이 문제는 오늘을 살아가는 우리에게 참으로 놀라운 교훈으로 남아 있습니다.

요즘 우리나라 그리스도인의 수가 자꾸만 줄어들고 있어 안타까움을 더해 주고 있습니다. 이런 가운데 여러 채널을 통해 나타난 조사결과를 보면, 일천 만에 이르는 기독교인들의 범죄와 그 부패지수는 상당히 높습니다. 이와 같은 사실은 우리에게 참으로 많은 것을 시사하고 있습니다. 곧 믿음이 연약해짐으로 인해 나타나는 형식적인 신앙생활의 단면을 보게 되는 또 다른 아픔이기 때문입니다.

하나님은 오늘도 우리에게 이사야 선지자를 통해 이사야 29장 13절 말씀으로 경계하십니다.
"주께서 이르시되 이 백성이 입으로는 나를 가까이 하며 입술로는 나를 공경하나 그들의 마음은 내게서 멀리 떠났나니 그들이 나를 경외함은 사람의 계명으로 가르침을 받았을 뿐이라."

그렇습니다. 성공한 후에는 믿음이 약해지기 쉽습니다. 믿음이 약해지면 말씀에서 멀어집니다. 그러면 자신의 잘잘못을 보지 못합니다. 그리고 필연적으로 시험에 빠지기 쉽고 그렇게 되면 스스로도 힘든 형식적인 신앙생활을 하게 됩니다.
실상은 아무 것도 아닌 일도 믿음이 약해지면 시험의 소지가 됩니다. 얼마든지 극복하고 넘어갈 수 있는 일도 믿음이 약해지면 그것이 넘어갈 수 없는 높은 산이 되고 건널 수 없는 강이 되어 시험에 빠집니다. 그리고는 온전한 신앙생활을 하지 못하게 됩니다.
헌금 이야기 하나로 시험이 들어 교회를 떠나는 사람도 있습니다.

그런가하면 그것을 축복의 기회로 알고 감사함으로 순종하여 행복한 교회 생활을 하는 사람도 있습니다. 전도 이야기 하나로 시험이 들어 짜증스럽게 교회 정책을 비판하고 불평하면서 교회 생활을 억지로 하는 사람도 있습니다. 그러가하면 그것이 더 없는 축복의 기회인 줄 알고 순종으로 행하여 영혼구원의 감격을 경험하면서 교회 부흥의 주역이 되는 사람도 있습니다. 교회 봉사도, 성경 공부도, 모든 것이 다 마찬가지입니다. 믿음이 약해지면 모든 것이 힘이 들고 신앙생활이 형식적이 되기 쉽습니다.

우리 속담에 혹 떼려다가 혹 붙인다는 말이 있습니다. 문제가 더 가중되었다는 표현입니다.

발이 삐었을 때는 가만히 있는 게 최선입니다. 섣불리 사용하거나 잘못 만지면 악화되는 것을 우리는 많이 경험합니다. 긴급조치가 얼음찜질이고 다음이 의사의 정확한 진단과 치료입니다.

신앙생활의 시험도 마찬가지입니다. 모든 사람이 은혜를 받게 된 교회 행사를 두고 자기 혼자 시험이 들면 결국 힘든 것은 자신입니다. 그 때는 1차적으로 가만히 있어야 합니다. 불평하고 원망하면서 자기 생각을 관철시키려고 하다가는 더욱 깊은 시험에 빠집니다. 그 시간이 힘이 들지만, 찬송과 묵상의 찜질 시간을 먼저 가져야 할 때입니다. 그 후에도 어려우면 지도하시는 목사님의 심방을 통해 정확한 진단을 받으시고 함께 치유를 해 나가면 모두가 행복할 수 있습니다.

시험에 드는 사람들을 향해 하나님은 야고보사도를 통해 야고보서 1장 14절 말씀으로 이렇게 깨우치고 계십니다.

"오직 각 사람이 시험을 받는 것은 자기 욕심에 끌려 미혹됨이니"

다른 말로 바꾸면, 믿음이 약해지면 자기 욕심에 끌려 하나님보다 자기 자신이 앞서게 된다는 것입니다. 그래서 예수님도 마가복음 14장 38절에서 교훈하셨습니다.

"시험에 들지 않게 깨어 있어 기도하라."

기도하는 것은 하나님과의 관계를 튼튼히 하는 것입니다. 그러므로 기도할 때 하나님께서는 각 사람이 시험에 들지 않도록 지켜주십니다.

그래서 아브라함은 무슨 일이든 행할 때마다 여호와 앞에서 제단을 쌓았습니다. 이삭도 그랬고, 야곱도 그랬습니다.

믿음의 선진들의 공통점이 바로 어떤 상황에서도 항상 하나님 앞에서 제단을 쌓고 예배를 드렸다는 것입니다. 그것은 자신들의 믿음이 약해지지 않기 위한 거룩한 헌신이었습니다. 믿음이 약해지지 않는 가장 좋은 방법이 하나님 앞에서의 예배이기 때문입니다. 우리는 이것을 욥을 통해서도 배울 수 있습니다.

우리는 언제나 '주님'이 우선이어야 합니다. 장경동 목사님이 부흥회를 인도하시면서 탄식하셨던 것이 하나 있습니다. 바로 오늘 우리의 신앙생활에 진정한 '주여!'가 없다는 것이었습니다. 입술로는 '주여!' 하는데 마음은 '나여!' 한다는 것입니다. 그것이 가중되면 행위는 '내여'로 돌변하게 된다는 것입니다.

서울 명성교회 김삼환 목사님은 언제나 어디서나 신앙도, 삶도, 목회도 '오직 주님'입니다.

그렇습니다. 교회생활이나 개인 생활에서나 '오직 주님' 이어야 합니다. 교회에서 항상 '내가' 라는 것 때문에 시험에 듭니다. 그것이 공동체의 아름다움을 파괴하고, 그것 때문에 스스로 멸망하는 것도 아픈 일인데, 그것이 공동체를 힘들게 하고 모든 사람을 피곤하게 하는 것은 더욱 서글픈 일입니다. 그것이 바로 믿음이 약해진 증거입니다.

믿음이 없다는 말이 아닙니다. 믿음 있는 자처럼 생활하지만 믿음이 약해지기 때문에 문제의 제 1원인의 주인공이 되면서 스스로 파멸하고 공동체 전체도 힘들게 하는 것입니다.

믿음이 약해질 때 사람은 교만하게 됩니다. 하나님의 말씀에서 멀어집니다. 자신의 잘잘못을 보는 눈도 감기어 집니다. 쉽게 시험에 빠져 신앙생활을 형식적으로 합니다. 그리고 마지막은 하나님께 버림을 받고 저주의 울타리에 갇히게 됩니다.

히브리서 11장 1절에서는 **"믿음은 바라는 것들의 실상"**이라고 했습니다. 내가 무엇을 바라느냐가 나의 미래를 결정하는 것입니다. '오직 주님' 이어야 미래가 주님과 함께 행복합니다.

'오직 내' 가 될 때, 그 순간부터 마귀가 다가와 함께 하게 됨으로 멸망으로 치닫게 됩니다.

여러분의 믿음이 약해지지 않기를 기도하시기 바랍니다. 믿음 없는 것을 도와달라는 백부장의 기도가 우리의 기도가 되기를 바랍니다(막9:24).

예수님도 죽음의 쓴잔을 마셔야 하는 고통을 눈앞에 두고 그 마음이 약해지지 않기 위해 기도하셨습니다. 하물며 우리겠습니까? 여러분의 믿음이 약해지지 않기를 예수님의 이름으로 기도합니다. 아멘!

하나님이 침묵 하실 때

> "사울이 요나단에게 이르되 네가 행한 것을 내게 말하라
> 요나단이 말하여 이르되 내가 다만
> 내 손에 가진 지팡이 끝으로 꿀을 조금 맛보았을 뿐이오나
> 내가 죽을 수밖에 없나이다〈사무엘상 14:36–46 중〉."

오래 전에 한 집사님이 목양실로 저를 찾아 왔습니다. 앉자마자 손수건을 꺼내서 소리 없이 울기 시작한 집사님의 이야기를 들으면서 저의 마음도 안타까움과 분노가 뒤엉켜 눈물이 강물이 되었습니다. 13년을 살아온 남편과의 세월을 이야기로 들으면서 저도 한 여인의 남편이지만 남자로서 자존심이 너무도 상하고, 미안스럽고, 화가 나서 견딜 수가 없었습니다.

결혼 전에 사랑의 고백이 너무도 순수하였고, 교회를 충성스럽게 봉사하는 직분자의 아들이었습니다. 괜찮은 직장 생활을 하고 있었고, 외모도 좋아 결혼을 했습니다. 그런데 1년이 채 못 되어 남편이 정상인이 아님이 드러났습니다. 시집식구들의 만류에도 불구하고 결혼

을 했기 때문에 누구를 원망할 처지도 못되었습니다.

시도 때도 없이 까닭 없는 모진 매를 맞아야 했습니다. 세 아이들은 아버지를 짐승 보듯 하는 세월을 살았습니다. 어릴 때부터 어머니로부터 기도의 보자기에 싸여 성장한 집사님은 이혼이라는 것은 아예 생각도 해 보지 못했습니다. 더 이상 견딜 수 없다는 판단에 목양실을 찾은 집사님의 질문은 한 마디였습니다.

"왜 하나님은 제 기도에 응답이 없으십니까?"

어떤 말로도 대답하기 힘든 질문을 받고 목사인 저도 할 말이 없었습니다. 그 순간 놀랍게도 성령님은 요셉의 삶을 생각나게 하셨습니다. 저는 그 집사님의 상황과는 전혀 맞지도 않는 요셉의 이야기를 들려주기 시작했습니다.

"형들로부터 모함을 받고, 감수성 예민한 열일곱 나이에 장사꾼의 손에 넘겨졌으며, 애굽의 군대장관의 집에 노예가 되었고, 순결을 지키려다가 억울하게 감옥살이를 했으며, 감옥에서 약속했던 사람들도 긴 세월 동안 신의를 저버렸습니다. 그 세월들이 13년이었습니다. 집사님, 요셉이 하나님께 기도하지 않았을까요? 하나님이 요셉의 기도에 응답을 하셨나요? 침묵의 13년이었습니다. 집사님의 아픔과 집사님의 억울함이 요셉보다 더 클까요? 집사님도 13년 세월을 억울하게 살아왔습니다. 이제 제가 기도할 테니 큰마음으로 다시 일어서 봅시다. 하나님께서 요셉에게 은혜를 주신 것처럼 집사님에게도 은혜를 주실 것입니다."

기도하는 저도 집사도 목이 메어 울면서 기도했습니다. 그리고 일곱 달이 지난 그해 11월, 집사님과 함께 그 남편이 교회로 나왔습니다. 요즈음 교회에서 보는 집사님의 얼굴은 그야말로 천사의 모습입니다.

　우리는 종종 우리의 삶에서 답답함을 느낄 때가 있습니다. 하나님께 간구해도 하나님은 침묵하실 때가 있습니다. 그래서 쉽게 포기하는 사람도 있습니다. 그래서 내 방법대로 일을 처리해 버리기도 합니다. 그래서 하나님의 능력에 대하여 의심을 하기도 합니다. 그래서 영적생활에서 떠나버리기도 합니다.

　하나님께서 침묵하실 때, 우리는 무엇을 생각해야 하고, 무엇을 깨달아야 하며, 무엇을 어떻게 행해야 할까요?

　하나님이 침묵하실 때는 하나님이 기뻐하시지도 인정하시지도 않는다는 것을 생각해 봅니다. 하나님이 침묵하실 때는 하나님이 경고하시는 것을 생각해 봅니다. 하나님이 침묵하실 때는 하나님이 나에게 무관심 하신 것이 아닐까 생각해 봅니다. 하나님이 침묵하실 때는 가장 무서운 징계가 아닐까 생각해 봅니다. 하나님이 침묵하실 때는 내가 교만하지 않았는가 생각해 봅니다.

　여러분들에게도 이런 시간이 있으실 것입니다. 그럴 때는 깊은 묵상과 함께 다음 걸음을 옮길 때는 하나님의 뜻을 깨달아 옮겨야지 내 방식대로 옮겨서는 안 됩니다.

　오늘 본문의 사울은 그것을 깨닫지 못했습니다. 하나님께서 침묵하시는데 그 침묵의 뜻을 헤아리지 못했습니다. 그리고 제 멋대로 행했습니다. 그것이 사울의 몰락의 결정적인 원인이었습니다.

　요나단을 통해 시작된 승리의 역사는 전적인 하나님의 은혜였습니다. 그런데 사울은 마치 자기가 잘해서 승리를 한 듯 백성들 앞에서 호언을 했습니다. 36절을 보면 블레셋을 계속 추격하자고 할 때 백성들은 왕의 뜻대로 하라고 합니다.

이와 같은 사울의 행동에 제동을 건 사람이 있었습니다. 그는 바로 제사장 아히야였습니다.

"이리로 와서 하나님께로 나아가사이다."

승리감에 도취되어 앞뒤 분간을 하지 못하는 사울에게 제사장 아히야는 먼저 하나님의 뜻을 물어 보자고 하였습니다.

교회도 그렇습니다. 소위 잘 나가는 사람들이 안하무인으로 오만불손하며 모든 것이 자기 뜻대로 되는 것처럼 교만하여 앞뒤 분간을 못하고 이성을 잃어버렸을 때 제동을 걸어줄 사람이 필요합니다. 제사장 아히야는 하나님 중심이었습니다.

사울은 제 뜻대로 되었다고, 그리고 또 제 뜻대로 될 것이라고 큰 소리를 치지만 그것이 백성들에게 얼마나 괴로움이 되는 것인지 알지 못했습니다. 어느 단체, 어느 교회도 이런 일들은 비일비재하게 일어납니다.

사울은 아히야 제사장의 말을 듣고 하나님께로 나아가 기도했습니다. 그런데 놀랍게도 하나님은 사울의 기도에 응답하시지 않고 침묵하셨습니다. 그것이 37절입니다.

"사울이 하나님께 묻자오되 내가 블레셋 사람들을 추격하리이까 주께서 그들을 이스라엘의 손에 넘기시겠나이까 하되 그 날에 대답하지 아니하시는지라."

하나님께서 침묵하실 때 사울은 어떻게 행동하였으며, 그 사울을 통해 우리는 무엇을 배워야할까요?

1. 자기 자신을 성찰(省察)해야 합니다.

38절입니다.
"사울이 이르되 너희 군대의 지휘관들아 다 이리로 오라 오늘 이 죄가 누구에게 있나 알아보자."

하나님이 응답하시지 않고 침묵하신 것은 사울 때문인데 정작 사울은 자기 자신을 살펴기보다 이 죄가 누구에게 있느냐고 제비뽑기를 하였습니다.

성도의 교회생활도 그렇습니다. 어떤 상황이 전개 되었을 때 하나님의 뜻을 먼저 헤아리는 지혜가 우선 되어야 합니다. 그러고도 내가 기도하던대로 이루어지지 않았을 때는 자기 자신을 돌아보는 지혜가 있어야 합니다.
그러나 많은 사람들이 그렇지 못합니다. 마치 사울처럼 행동할 때가 많습니다. 그것이 자신의 몰락을 재촉하는 것임에도 불구하고 영적으로 타락하면 그것이 보이지 않는 것입니다.

40-41절을 보면 사울이 참으로 민망스러운 일을 저지릅니다. 자신은 아들 요나단과 함께 한 쪽에 서고 백성들은 반대편에 서게 했습니다.

이 행위에서 무엇이 느껴집니까? 사울은 자기 자신과 요나단에게 죄가 있을 것이라고는 꿈에도 생각지 못하고 있습니다. 오히려 미련하게 백성들에게 그 원인이 있다고 판단하고 있었다는 생각을 하게 합니다. 백성들이 피째 고기를 먹었다는 것을 사울은 알고 있었고, 그것이 하나님께서 사울의 기도에 응답하시지 않고 침묵하시는 원인일 것으로 생각하고 있었기 때문에 이와 같이 했던 것입니다. 그 증거를 39절에서 볼 수 있습니다.

"이스라엘을 구원하신 여호와께서 살아 계심을 두고 맹세하노니 내 아들 요나단에게 있다 할지라도 반드시 죽으리라 하되 모든 백성 중 한 사람도 대답하지 아니하매"

이 말은 자기는 물론 요나단에게는 절대 죄가 없다는 아비의 확신에서 나오는 말입니다. 그렇지만 결과는 몸서리치게도 아들 요나단이 원흉으로 뽑혔습니다.

자기를 살피지 못한 오만이 얼마나 치명적인 결과로 나타났는가를 깨닫게 합니다. 41절입니다.

"이에 사울이 이스라엘의 하나님 여호와께 아뢰되 원하건대 실상을 보이소서 하였더니 요나단과 사울이 뽑히고 백성은 면한지라."

이어지는 42절에서는 사울과 요나단을 세우고 뽑으니 요나단이 뽑히게 되었습니다. 한 마디로 자업자득입니다. 자기가 행한 죄를 깨닫지 못하고 남에게로 돌리고자 하다가 자기 자신이 만든 함정에 스스로 함몰된 경우입니다. 자기 자신을 성찰하지 못한 결과는 천금 같은 아들을 죽음으로 몰아넣는 결과를 가져왔습니다.

하나님께서 침묵하실 때는 말도, 행동도 앞서지 말아야 합니다. 그리고 자기 자신을 성찰하는 지혜를 가져야 합니다.

2. 하나님이 침묵하실 때, 정직한 마음으로 겸손해야 합니다.

43절입니다.

"사울이 요나단에게 이르되 네가 행한 것을 내게 말하라 요나단이 말하여 이르되 내가 다만 내 손에 가진 지팡이 끝으로 꿀을 조금 맛보았을 뿐이오나 내가 죽을 수밖에 없나이다."

죽음 앞에선 요나단의 마음과 태도를 볼 수 있는 구절입니다. 첫째 요나단은 정직했습니다. 둘째 요나단은 비겁하게 변명하지 않았습니다. 겸손하게 자기 자신이 행한 일을 사실대로 고백합니다. 그리고 제비뽑기를 통해 결정된 상황을 수용하며 자신이 죽을 수밖에 없다고 깨끗이 승복하였습니다.

사람이란 무엇을 하려고 하다가 뜻대로 안 되면 더욱 시행착오를 행하게 되는 것이 다반사입니다. 그러다가 그것도 뜻대로 안 되면 거짓말을 하게 됩니다. 그 거짓말이 가중되면 비겁한 행동이 연출됩니다. 그러다가 결국 자신이 죽지 않으려고 타인에게 해를 입히게 됩니다.

사울은 무섭게도 아들 요나단을 죽이라고 명령을 내립니다. 사울의 몰락이 서서히 시작되는 장면입니다.

그러나 바로 이때 하나님께서 개입하십니다. 하나님은 요나단을 그렇게 죽도록 버려두지 않으셨습니다. 제비 뽑은 결과로는 요나단이 죽어야 했지만, 요나단을 향한 하나님의 뜻은 사울의 생각과는 전혀 달랐습니다. 45절입니다.

"백성이 사울에게 말하되 이스라엘에 이 큰 구원을 이룬 요나단이 죽겠나이까 결단코 그렇지 아니하니이다 여호와의 살아 계심을 두고 맹세하옵나니 그의 머리털 하나도 땅에 떨어지지 아니할 것은 그가 오늘 하나님과 동역하였음이니이다 하여 백성이 요나단을 구원하여 죽지 않게 하니라."

요나단의 정직함과 겸손함, 그리고 공동체의 결정에 죽음까지도 거부하지 않고 순응하였을 때, 하나님은 백성들을 통하여 요나단의 생명을 구하셨습니다.

새 성전 입당 후 감사함으로 우리는 부흥 사경회를 열었습니다. 월요일 밤을 은혜 가운데 마무리 하고 다음 날 새벽기도 시간이 되었습니다. 예배 기도는 정장식 장로님이었습니다. 그런데 예배시작 5분 전인데도 장로님이 오시지 않았습니다. 예배는 진행되었고 장로님 기도 시간에는 통성기도가 진행되었습니다. 그리고 새벽기도회 역시 큰 은혜로 마무리 되었습니다.

예배 후 개인기도 시간을 한참 가진 후 나오는데 정장로님이 맨 뒷좌석에 앉아있었습니다. 얼마나 울었던지 눈이 퉁퉁 부어 있었습니다. 아무 말 없이 계단을 내려오는 저의 뒤를 따라 내려와 현관에 서서 울기 시작하였습니다. 닭똥 같이 굵은 눈물방울이 현관 바닥에 뚝뚝 떨어졌습니다. 저는 말없이 장로님을 안았습니다. 저의 품에서 장로님은 하염없이 흐느꼈습니다. 그대로 가만 두었습니다. 한참을 울던 장로님의 첫 마디입니다.

"목사님 죽을 죄를 지었습니다. 너무도 큰 은혜를 받고 감동으로 충만한 집회 첫 새벽기도 시간에 왜 이 모양이 되었는지 못 견디겠습니다."

내용인즉, 장경동 목사님이 강사로 헌신하시는 첫 새벽기도 인도자가 되었을 때 너무도 감사하고 흥분되어 정말 정성을 다해 준비를 했다는 것입니다. 그런데 한 달 전에 태어난 손자를 양육하고 있는데 영아가 밤중에도 몇 차례 깨어 울어 모두가 밤잠을 설친다는 것입니다. 지난밤도 예외가 아니어서 새벽 3시경까지 자고 깨기를 반복하다가 잠깐 눈을 붙인 것이 그만 숙면에 들었고, 전화벨 소리에 놀라 일어나 보니 벌써 5시 5분전이었다는 것입니다. 부랴부랴 일어나 달려왔을 때는 벌써 5시 6분이었고, 기도는 통성 기도로 이미 마무리가 된 뒤였으며 예배가 진행되고 있었습니다.

장로님은 항존직분자로서 하나님 앞과 많은 성도들 앞에서 본이 되지 못한 불충에 견딜 수 없는 고통으로 아파했습니다.

장로님의 고백에 담겨 있는 중요한 것 한 가지를 발견했습니다. 정장식 장로님은 정직했습니다. 결코 변병하지 않았습니다. 그리고 겸손했습니다. 그리고 더 깊은 뜻은, 교회가 새로운 출발을 하는 이즈음에 장로로서 대표 기도까지 잘 마쳤으면 인간의 본성으로 볼 때 우쭐하는 마음이 생길 수 있었겠는데, 잠깐의 실수를 통해 하나님 앞에서 더욱 겸손할 수 있게 된 것이라는 것입니다. 이것이 바로 역설적인 은총이었습니다.

하나님께서 침묵하실 때는 자기를 성찰함과 함께 정직하고 겸손해야 합니다. 그것이 복된 자세입니다.

요나단의 정직한 마음과 겸손한 자세는 백성들의 마음을 얻게 되었습니다. 백성들의 사울을 향한 공의로운 행동은 요나단의 생명을 구했습니다. 그것은 하나님의 손길 안에서 이루어진 거룩한 섭리였습니다.

하나님은 오늘날도 종종 침묵하십니다. 누가복음 18장에서처럼 때로는 응답이 늦어지는 침묵도 있습니다. 그럴 때는 성급히 나서지 말아야 합니다. 하나님께서 침묵하실 때는 먼저 자기 자신을 성찰하는 지혜를 가져야 합니다. 그리고 정직하고 겸손해야 합니다. 그것이 축복된 성도의 삶입니다. 이 지혜가 여러분의 일생에 늘 함께 계시기를 예수님의 이름으로 축복합니다. 아멘

믿음의 적(敵) 형통의 함정

사람이라면 누구든지 형통한 것을 싫어할 이는 아무도 없을 것입니다. 병든 것보다는 건강한 것이 좋고, 가난한 것 보다는 부요함이 좋습니다. 무지함 보다는 유식함이 좋고, 하찮은 존재보다는 귀한 존재로 살아가는 것이 좋습니다. 이와 같이 모든 좋은 것들로 일생을 아름답고 가치 있게 살아갈 수 있다면 그보다 더 좋은 것은 없을 것입니다.

그러나 참으로 아이러니 한 것은 세상만사 그 모든 형통함에는 불통(不通)으로 가는 함정이 도사리고 있다는 사실입니다. 그것을 알고 사전에 지혜롭게 대처한다면 더 없는 축복의 삶이라 할 수 있을 것입니다. 그런데도 유감스럽게 우리의 삶의 대부분이 그렇지 못함을 보고 들으며 또 스스로도 경험합니다.

    웃시야 왕은 하나님의 큰 은혜를 입고 형통한 사람이었습니다. 그
랬지만 문제는 그가 형통할 때 교만해서 불통의 삶을 살았습니다. 다
시 말해 실패의 나락으로 떨어져버리는 최후를 마쳤다는 것입니다.
역대기하 16: 4-5절에서는 그의 형통의 이유를 이렇게 기록하고 있습
니다.

    "웃시야가 그의 아버지 아마샤의 모든 행위대로 여호와 보시기에 정
직하게 행하며, 하나님의 묵시를 밝히 아는 스가랴가 사는 날에 하나님
을 찾았고 그가 여호와를 찾을 동안에는 하나님이 형통하게 하셨더라."

    그리고 16절에서는 그가 불통의 나락으로 떨어지는 과정과 행위를
기록하였습니다.
    "그가 강성하여지매 그의 마음이 교만하여 악을 행하여 그의 하나님
여호와께 범죄하되 곧 여호와의 성전에 들어가서 향단에 분향하려 한지
라."

    사람됨이 겸손하고 하나님을 잘 섬김으로 형통하였던 웃시야가,
형통의 축복으로 인하여 마음이 교만하여지자 하나님 앞에서 범죄
하게 된 것입니다.
    사람을 강성하게 하시는 분이 하나님이십니다. 형통하게 하시는
분도 하나님이십니다. 그런데 웃시야는 그것을 깨닫지 못하고 형통
의 함정에 스스로 함몰되어 버렸습니다.

    이런 모습이 과연 웃시야만의 것일까요? 그렇지 만은 않습니다. 오
늘을 살아가는 사람들의 대부분이 그렇습니다.
    "아무개 집사님, 부자 되더니 사람 버렸다." "아무개 권사, 남편 덕

분에 무슨 무슨 회장, 위원장 하더니 사람이 이상하게 되었다.” “아무 개 장로, 집사 때는 안 그랬는데 진짜 목에 깁스했다."

우리가 흔히 보고 들으며 또 느끼는 변질된 사람들에 대한 모습입니다.

왜 사람들은 가난했던 어제의 겸손함을 부자가 되면 잃어버리는 것일까요? 왜 사람들은 신앙생활의 초심을 잃어버리고 직분을 받으면 그렇게 안하무인이 되는 것일까요? 왜 사람들은 그와 같은 일들은 결국 스스로를 망치는 일이라는 것을 알지 못할까요?

그것은 형통함의 함정을 모르기 때문입니다. 아니 안다고 해도 그것을 바로 이해하고 자기의 삶에 적용하는 지혜가 없기 때문입니다.

오늘 본문에 기록된 사울의 업적과 그 집안을 보면 참으로 형통의 복을 받은 한 모델이라고 해도 과언이 아닙니다. 그러나 함정이 있습니다. 그것을 몇 가지로 정리해 보도록 하겠습니다.

1. 개인 성공의 함정

47~48절은 전형적인 성공 가도를 달리는 모델입니다.

"사울이 이스라엘 왕위에 오른 후에 사방에 있는 모든 대적 곧 모압과 암몬 자손과 에돔과 소바의 왕들과 블레셋 사람들을 쳤는데 향하는 곳마다 이겼고, 용감하게 아말렉 사람들을 치고 이스라엘을 그 약탈하는 자들의 손에서 건졌더라."

주변의 막강한 강대국들도 사울과의 싸움에서 패하고 사울은 계속 승리를 해 나갔습니다. 그래서 사울은 약탈하는 자들의 손에서 이스라엘을 건졌습니다. 한 마디로 승승장구(乘勝長驅)하였습니다. 싸움이 백전백승입니다. 기업으로 말하면 이윤의 극대화가 이루어져 번영의 일로를 달리는 것입니다.

이런 모습은 모든 사람이 꿈꾸는 이상적인 자화상입니다. 인간 생활의 형통의 모델입니다.

이 모습을 객관적으로 바라보는 우리가 여기서 주목할 것이 하나 있습니다. 이런 승리가 사울의 탁월함만으로 얻어지는 결과가 아니라는 것입니다. 이 상황은 오직 하나님께서 말씀하신대로 이루어져 간 것이라는 사실입니다. 사무엘상 9장 16절에서 하나님은 이렇게 말씀하셨습니다.

"너는 그에게 기름을 부어 내 백성 이스라엘의 지도자로 삼으라. 그가 내 백성을 블레셋 사람들의 손에서 구원하리라 내 백성의 부르짖음이 내게 상달되었으므로 내가 그들을 돌보았노라."

이스라엘 백성들의 고통의 부르짖음을 들으신 하나님은 사울을 택하여 지도자로 세우셨습니다. 그리고 그를 통하여 이스라엘 백성을 블레셋으로부터 구원하신 것입니다.

그런데 사울은 이런 형통이 자기의 능력으로 이루어진 줄 알고 교만해졌습니다. 이것이 형통의 함정입니다.

언젠가 제가 마음에 두고 기도하는 한 젊은 집사님과 마주 앉았습니다. 찻잔을 앞에 놓고 교훈하기를 아끼지 않았습니다.

"더욱 열심히 일하라. 세상적인 것은 조금씩 줄이고 영적으로 조금씩 깊어져라. 주관적으로는 성공한 것 같으나 객관적으로는 아직 성공의 걸음마도 못하고 있음을 알아야 한다. 지금을 성공으로 판단한다면 10년 후, 20년 후에는 황량한 사막 가운데 서게 될 것이다."

겸손하고 사리 분별력이 뛰어난 사람이기 때문에 알아들었을 것으로 믿었습니다. 그리고 남은 생애를 그렇게 멋지게 가꾸어 가도록 중보 기도를 계속 할 것입니다. 왜냐하면, 목회생활 가운데서 수없이 보아왔던 일들로, 아주 믿음직하게 성장하고 있는 그의 내일을 위해 목사로서 충정어린 충고를 했기 때문입니다.

오늘 나의 성공이 하나님의 은혜임을 잊으면 안 됩니다. 만약 그 은혜를 잊어버린다면, 그것은 실패로 가는 함정이 된다는 것을 깨달아야 합니다.

사울의 일생을 살펴보면, 그의 성공은 전적인 하나님의 은혜였습니다. 또한 그의 곁에는 사무엘이라는 훌륭한 영적 지도자가 있어서, 그의 가는 길을 하나님의 이끄심대로 인도하여 성공에 이르게 하였습니다. 그럼에도 불구하고 사울은 그것을 간과해 버리고 말았습니다. 그것이 성공의 함정입니다.

우리가 마음에 담아 둘 성경 한 구절을 소개합니다. 사무엘하 24장 11절입니다.

"다윗이 아침에 일어날 때에 여호와의 말씀이 *다윗의 선견자 된 선지자 갓에게 임하여 이르시되*".

"다윗의 선견자 된 갓." 가슴이 찡한 구절입니다. 하나님은 다윗을 인도하시고, 경계하시며, 축복하실 때 언제나 반드시 그 시대의 선견자들이었던 나단과 갓을 통해서 하셨습니다. 다윗은 그것을 알았습니다.

사울에게도 하나님은 선견자 사무엘을 붙여 주셨습니다. 하나님은 사울을 인도하시고, 경계하시고, 축복하실 때 사무엘을 통해서 하셨습니다. 그런데 사울은 그것을 깨닫지 못했습니다. 결과는, 면면히 이어지는 역사 속에 다윗은 세기의 위대한 왕으로 그 이름을 남겼습니다. 그러나 사울은 가장 실패한 왕으로 그 이름을 남깁니다.

역사는 그 때를 지나 오늘도 이어져 가고 있습니다. 그 때에 섭리하셨던 하나님은 지금도 변함없이 하나님의 종들을 통해 일하고 계십니다. 성도들을 교훈하시고, 회개케 하시며, 그리고 복주시고 계십니다. 이 하나님의 섭리를 보는 눈을 열면 오늘의 나의 성공이 오직 하나님의 은혜임을 깨닫고 감사하게 됩니다.

지금 여러분은 어떠하십니까?

2. 가정 축복의 함정

49~51절에서는 사울의 족보를 열거하고 있습니다. 그의 아들과 딸과 아내를 소개하면서 처가집안의 족보를 열거하였습니다. 그리고 나아가 아브넬을 소개하고 있는데 그는 사울의 군대 장관으로 임용된 사람입니다. 그는 사울과는 사촌지간으로서 이스라엘 군대의 장관입니다. 이는 사울가문의 번영을 기록하고 있는 것입니다. 한 마디로 사울의 가정은 복을 받은 가정이라는 것입니다. 사울 가정의 직계뿐 아니라 그 가문 전체의 번영을 기록하고 있습니다.

여기서도 우리가 주목할 내용이 있습니다. 그것은 세상적으로는 감히 견줄 자 없는 축복을 받은 사울의 가정이 영적으로는 비참할 정도로 몰락해 가고 있었다는 사실입니다. 이는 가정의 축복에 함정이 있음을 깨닫지 못한 결과입니다.

사울의 가정에 대해서는 9장 1절에서 이미 대단한 집안이었음을 설명하고 있습니다.

"베냐민 지파에 *기스라 이름하는 유력한 사람*이 있으니 그는 아비엘의 아들이요 스롤의 손자요 베고랏의 증손이요 아비아의 현손이며 베냐민 사람이더라. 기스에게 아들이 있으니 그의 이름은 사울이요 준수한 소년이라 이스라엘 자손 중에 그보다 더 준수한 자가 없고 키는 모든 백성보다 어깨 위만큼 더 컸더라."

이와 같이 복 받은 가정의 사울이 왕위에 오른 후 2년이 되면서 하나님 앞에서 교만해지기 시작했습니다.

그가 왕이 된 것은 하나님의 뜻입니다. 그는 왕이 될 때만하더라도 겸손하고 믿음이 뛰어났습니다. 외모도 이스라엘에서는 짝할 사람이 없을 만큼 훌륭한 사람이었습니다. 모든 면에서 칭찬 받는 젊은이였습니다. 그런 그가 모든 것이 형통하게 되었을 때 교만해지면서 서서히 하나님에게서 멀어져 가고 있었습니다.

아들들은 길보아 전투에서 아버지와 운명을 같이 했습니다. 남은 아들 이스보셋은 다윗과 7년 가까이 대항하면서 불신앙인의 상징으로 역사에 기록되었습니다.

결국 사울 가문의 몰락에 관하여 성경은 이렇게 기록하고 있습니다.

"내가 사울을 왕으로 세운 것을 후회하노니 그가 돌이켜서 나를 따르지 아니하며 내 명령을 행하지 아니하였음이니라(사무엘상 15:11).”

“왕이 여호와의 말씀을 버렸으므로 여호와께서 왕을 버려 이스라엘 왕이 되지 못하게 하셨음이니이다(사무엘상 15:26).”
“여호와께서는 사울을 이스라엘 왕으로 삼으신 것을 후회하셨더라(사무엘상 15:35).”

“다윗은 점점 강하여 가고 사울의 집은 점점 약하여 가니라(사무엘하 3:1).”

“왕이 이르되 사울의 집에 아직도 남은 사람이 없느냐 내가 그 사람에게 하나님의 은총을 베풀고자 하노라 하니 시바가 왕께 아뢰되 요나단의 아들 하나가 있는데 다리 저는 자니이다 하니라(사무엘하 9:3).”

차마 읽기조차도 민망스러운 사울 가정의 몰락의 과정입니다. 축복받은 가정의 몰락의 함정이 바로 여기에 있습니다. 세상에서 모든 것이 형통하고 가정생활이 남부럽지 않는 생활을 하게 되면서 가족들의 신앙은 점점 쇠퇴하게 되는 것을 봅니다.
이러한 모습은 오늘 우리들의 가정에서도 예외 없이 일어날 수 있는 일입니다. 그래서 차라리 가난했더라면, 어려웠었더라면 믿음은 잃지 않았을 것이라고 하는 가정이 많이 있습니다.
가정이 형통하고 하나님의 은혜를 입으면 입을수록 더욱 하나님을 경외하고 말씀에 순종하는 아름다운 삶이 바로 아브라함의 믿음을 가진 천대까지 복을 받는 가정의 삶입니다.

3. 목적 달성의 함정

52절입니다.

"사울이 사는 날 동안에 블레셋 사람과 큰 싸움이 있었으므로 사울이 힘 센 사람이나 용감한 사람을 보면 그들을 불러 모았더라."

앞의 사무엘상 8장 20절에는 이스라엘 백성들이 왕이신 하나님의 통치를 멀리 하고 인간 왕을 요구하게 된 목적이 기록되었습니다.

"우리도 다른 나라들 같이 되어 우리의 왕이 우리를 다스리며 우리 앞에 나가서 우리의 싸움을 싸워야 할 것이니이다."

이로 인하여 이스라엘의 왕으로 사울이 뽑히게 되었고 본문 52절의 내용은 그 성취의 기록인데, 그 내용이 참 가슴 아린 내용입니다.

"사울이 사는 날 동안에 .... 싸움이 있었으므로"

이스라엘 백성이 '열방 나라들과 같은 왕'을 요구했던 목적대로 사울은 이스라엘을 위하여 평생 전쟁을 수행했음을 볼 수 있습니다. 그 전쟁을 위하여 52절의 하반 절을 보면, 힘 센 사람, 용감한 사람들을 불러 모았다고 했습니다. 즉 보편적인 민병대가 아니라 훈련된 강한 군대를 조직했다는 말입니다. 그리고 싸우기만 하면 이겼습니다.

문제는 여기서 부터입니다. "전쟁은 여호와께 속한 것"이라고 사무엘상 17장 47절에서 가르쳤고, 사무엘상 14장 6절에서는 "여호와의 구원은 사람의 많고 적음에 달리지 않았다"고 했습니다.

우리가 기억해야 할 것은, 이 본문의 저자는 사울이 수행했던 전쟁에 관하여 하나님이 함께 하셨는지에 관해서는 전혀 언급하고 있지 않다는 것입니다. 다시 말하면, 사울은 목적 달성을 위해서는 최선을 다했습니다. 그리고 모든 전쟁에서 승승장구했습니다. 하지만, 영적인 시각으로 보면 하나님을 의존하지 않고 군사력을 의지하는 불신앙적인 자세로 살고 있었다는 것입니다. 이것이 결국 그를 서서히 쇠퇴의 길로 들어서게 하는 무서운 함정이 되었으나 그는 그것을 알지 못했던 것입니다.

'알란 레드파스' 목사가 콜롬비아 신학교에서 집회를 가졌습니다. 그 때 학생들은 많은 은혜를 받았습니다. 모임이 끝난 후 두 명의 학생이 그에게 와서 물었습니다.

"목사님, 크리스찬 리더쉽의 비결이 무엇인지 좀 말씀해 주십시오."

그러자 그는 "그것은 한 마디로 **꿇은 무릎**과 **젖은 눈**과 **깨어진 심장**이다."라고 대답했습니다.

이 세 가지를 소유한 사람은 형통하면 할수록 더욱 하나님 앞으로 나아가게 됩니다. 예수님은 언제나 기도하셨습니다. 죄인들을 긍휼히 여기셨습니다. 오직 하나님의 뜻에 맞추어 사셨습니다. 우리가 품어야 할 것이 바로 이것입니다.

어려울 때 기도하여 응답받으면 더욱 하나님 앞에 감사해야 합니다. 목적 달성을 위해 기도했으면 이룬 후에 더욱 주님 앞에 겸손해야 합니다. 그러나 그렇게 살아가기가 얼마나 어려운지 모릅니다.

형통은 좋은 것입니다. 성공도 좋은 것입니다. 가정의 평안도 좋은 것입니다. 그러나 모든 것이 형통하게 될 때 그것에 취하여 하나님에 대한 믿음과 순종을 잃어버리기 쉬운 함정이 있다는 것을 기억하시기 바랍니다. 오늘 말씀이 우리에게 이것을 깨달아야 한다고 가르치고 있습니다.

우리는 여호수아처럼 좌로나 우로나 치우치지 않는 믿음의 걸음을 행보해야 합니다. 그리할 때 아브라함의 복을 천대까지 누리게 될 것입니다.

그것이 빛에서 빛으로 가는 성도의 걸음입니다. 그것이 복에서 복으로 가는 믿음 있는 성도의 삶입니다. 이 걸음이 저와 여러분의 걸음이 되기를 예수님의 이름으로 축복합니다. 아멘!

불순종(1) - 자기 뜻대로 행하는 사람

> "사울과 백성이 아각과 그의 양과 소의 가장 좋은 것
> 또는 기름진 것과 어린 양과 모든 좋은 것을 남기고
> 진멸하기를 즐겨 아니하고 가치 없고 하찮은 것은 진멸 하니라
> 〈사무엘상 15:1~9 중〉."

인간의 범사에 우연이란 없습니다. 모든 것에는 원인과 결과가 있 듯이, 인생도 그렇습니다. 그것을 깨닫고, 겸손하게 수용하는 삶이 하 나님 앞에서 사람다운 삶입니다.

요나에게 하나님께서는 니느웨를 구원하라는 사명을 주셨습니다. 그러나 요나는 하나님의 말씀을 받고도 불순종을 합니다.

왜 그랬을까요? 대답은 아주 간단합니다. 니느웨는 이스라엘을 괴 롭혔던 앗수르의 수도였기 때문입니다. 그리고 그 사람들은 악독했 습니다. 그런데 무엇 때문에 그들을 구원하느냐 하는 것이 요나의 생 각이었던 것입니다.

이것이 바로 자기 뜻대로 행하는 사람의 전형입니다. 모든 판단의 기준이 하나님의 뜻이 아닌 나 자신입니다.

그렇다고 하나님께서 하시고자 하시는 일들이 중단됩니까? 절대 그렇지 않습니다. 하나님은 반드시 하나님의 뜻을 이루십니다. 역사는 모두 하나님의 주도권 아래 있습니다. 그러므로 내 뜻대로 행하는 불순종하는 자만 결국 불행한 사람이 됩니다.

하나님의 낯을 피하여 다시스로 가는 배에서 요나는 큰 풍랑을 만납니다. 배의 모든 사람이 그 풍랑은 요나 때문임을 알게 되었습니다. 즉 풍랑을 만났을 때 그것이 뱃사람들에게는 우연처럼 느껴졌지만 거기에는 하나님의 손길이 있었다는 것입니다. 그렇게 인간의 범사에는 하나님의 섭리가 있는 것입니다. 결국 요나는 하나님의 뜻을 이루어 가는 도구가 되었습니다.

이사야 1:19-20절입니다.
"너희가 즐겨 순종하면 땅의 아름다운 소산을 먹을 것이요, 너희가 거절하여 배반하면 칼에 삼켜지리라. 여호와의 입의 말씀이니라."

말씀을 대수롭지 않게 여겼던 롯의 아내는 불순종으로 소금 기둥이 되었습니다.

신명기 10:16절에서는 마음의 할례가 되지 않으면 목이 곧게 되고, 목이 곧게 되면 하나님의 말씀에 불순종하게 된다는 것을 경계했습니다.

예레미야 22:21절에서는 순종도 어릴 때부터 습관이 되어야 어른이 되어서도 순종하는 아름다운 삶을 통해 하나님의 복을 받게 된다는 것을 하나님은 교훈하셨습니다.

오늘 본문 15장은 하나님께 버림받게 되는 사울의 불순종의 결론이 시작되는 대목입니다. 연대기를 통해 살펴보면 사무엘이 사울을 떠난 지 23년 만에 다시 돌아와 사울에게 하나님의 말씀을 전합니다. 사울은 그 말씀을 듣고 순종하지만 이미 결론은 하나님의 말씀대로가 아닌 자기 뜻대로 행하게 되어 결국 하나님께로부터 버림을 받게 됩니다.

이 본문은 그 사울의 외적인 순종과는 달리 결론은 하나님 앞에서 불순종이 얼마나 무서운 결과를 초래하는 것인가를 교훈하고 있습니다.

본문의 사울은 '자기 뜻대로 행하는 자'의 모델을 보여주고 있는 듯합니다. 자기 뜻대로 행하는 자의 내용이 어떤 것인가를 살펴보도록 하겠습니다.

1. 불순종 – 말씀 듣기를 싫어하는 것

1절입니다.
"사무엘이 사울에게 이르되 여호와께서 나를 보내어 왕에게 기름을 부어 그의 백성 이스라엘 위에 왕으로 삼으셨은즉 이제 왕은 여호와의 말씀을 들으소서."

"여호와께서 나를 보내어"
이 말씀을 조금 깊이 묵상해 보면 사무엘이 사울에게 하는 말은 사무엘의 말이 아님을 알 수 있습니다. "지금부터 내가 하는 말은"이라는 부분입니다.

그리고 더욱 강조하는 내용이 이어집니다. "왕에게 기름을 부어 그의 백성 이스라엘 위에 왕으로 삼으셨은즉"

사울이 이스라엘의 왕이 된 배경을 아주 분명하게 짚어주고 있습니다. 즉 누가 기름을 부어 왕으로 임직케 했느냐는 것입니다. 정말 하나님을 섬기는 왕이라면 이것을 깨달아야 한다는 것을 강조하고 있습니다. 즉 "하나님께서", "사무엘을 통하여", "사울에게 기름을 부어 왕이 되게 하셨다"는 것입니다.

그러므로 1절 마무리 부분에 이렇게 강조합니다. "이제 왕은 여호와의 말씀을 들으소서."

말씀 듣기를 싫어하는 불순종하는 자에게 주시는 하나님의 말씀입니다. 이 말씀의 내용을 보면, '지금까지 왕이 하나님의 말씀에 불순종했다. 그러나 이제는 그 불순종을 버리고 하나님의 말씀을 들으라.'는 것입니다. 즉 하나님에 대한 공경도, 하나님의 사람에 대한 존경도 없이 왕이 제 멋대로 했다는 것입니다.

이것이 불순종하는 자, 곧 자기 뜻대로 행하는 자들에게서 나타나는 첫 번째 특징입니다.

지금도 마찬가지입니다. 믿음 있는 자의 특징은 말씀을 듣는 것입니다. 그래서 믿음은 그리스도의 말씀을 들음에서 난다고 했습니다.

불순종하는 자의 특징이 바로 말씀 듣기를 싫어하는 것입니다. 인간의 불행과 실패는 거기서 시작됩니다.

2-3절을 보면 사무엘이 사울에게 하나님의 말씀을 전한 내용은, 아말렉을 쳐서 하나도 남기지 말고 진멸하라는 것이었습니다. 진멸이

라는 내용은 그 무엇하나도 남기지 말라는 것입니다. 가혹하게 느껴지지만 어쨌거나 하나님의 명령은 육축은 물론 남녀노소를 무론하고 젖 먹는 아이까지 죽이라는 것이었습니다. 그러나 사울은 하나님의 말씀을 듣기 싫어하였습니다.

2. 불순종 - 사람에게도 인정받지 못하는 것

4절입니다.

"사울이 백성을 소집하고 그들을 들라임에서 세어 보니 보병이 이십만 명이요 유다 사람이 만 명이라."

특별히 이 구절을 주목해야 할 필요가 있습니다. 아말렉을 진멸하기 위하여 백성을 소집했는데 보병이 20만명이며, 유다 사람이 1만 명이었습니다. 그런데 앞선 11:8절을 보면 암몬과 전쟁할 때 백성들을 소집하니 보병이 30만 명이며, 유다 사람이 3만 명이었습니다. 30%가 줄어든 백성이 소집된 것입니다. 이스라엘 인구수가 줄었을까요? 그것은 아닙니다. 이것은 사울을 향한 백성들의 신임이 줄어든 것입니다. 즉 하나님께 불순종한 사울은 사람들에게서도 인정을 받지 못하게 되었다는 증거입니다.

그렇습니다. 하나님께 인정받는 사람은 사람에게서도 인정을 받습니다. 그러나 사람에게 인정을 받지 못하는 사람은 하나님께도 인정을 받지 못한다는 것을 자연스럽게 깨달을 수 있습니다.

요셉을 보면 그것을 알 수 있습니다. 그는 보디발의 노예로 있을 때도 주인에게 인정을 받았습니다. 감옥에 갇혔을 때도 관원들에게 인정받았습니다. 애굽의 총리가 되어서도 바로에게 인정을 받았습니다. 로마서 14:18절입니다.

"이로써 그리스도를 섬기는 자는 하나님을 기쁘시게 하며 사람에게도 칭찬을 받느니라."

잠언 16:7절입니다.
"사람의 행위가 여호와를 기쁘시게 하면 그 사람의 원수라도 그와 더불어 화목하게 하시느니라."

하나님과 하나가 되면 사람과도 하나가 됩니다. 하나님의 사랑을 받으면 사람에게서도 사랑을 받습니다. 그러나 하나님께 인정받지 못하는 사람은 사람에게서도 인정받지 못합니다. 그것은 사람에게서 인정받지 못하는 사람은 하나님께도 인정받지 못한다는 말입니다.
그래서 한국 속담에 "집안에서 새는 쪽박은 밖에서도 샌다."는 말이 있고 "제 버릇 개 못 준다"는 말도 있습니다.

하나님 앞에서의 불순종은 사람들에게서조차 버림을 받게 되는 것입니다. 그것은 은혜를 잊어버린 삶, 도리를 다 하지 못하는 삶, 믿음 없는 불신(不信)에서 오는 당연한 결과입니다.

3.불순종 - 자기 생각대로 행동하는 것.

9절입니다.

"사울과 백성이 아각과 그의 양과 소의 가장 좋은 것 또는 기름진 것과 어린 양과 모든 좋은 것을 남기고 진멸하기를 즐겨 아니하고 가치 없고 하찮은 것은 진멸 하니라."

놀라운 일이 벌어졌습니다. 아말렉의 왕 아각과 그의 소와 양의 가장 좋은 것들은 죽이지 않고 가치 없고 하찮은 것들만 진멸했습니다. 사무엘 선지자가 하나님의 이름으로 간곡히 당부를 하였건만 사울은 사무엘의 말을 듣지 않았습니다. 하나님의 말씀을 대수롭지 않게 여겼습니다. 이것이 교만입니다. 교만하면 사람은 누구나 자기 생각대로 행동합니다.

주목할 구절은 "진멸하기를 즐겨 아니하고"입니다. 다른 말로 바꾸면 제 뜻대로 했다는 말입니다. 사울에게 하나님의 말씀은 안중에도 없었습니다. 하나님의 종 사무엘의 간곡한 당부와 권고 같은 것은 대수롭지도 않았습니다. 모든 행동의 기준은 자기 생각대로입니다. 참으로 슬픈 일입니다. 가슴 아픈 역사 이야기입니다.

사울이 왜 이 지경이 되었습니까? 답은 오직 하나입니다. 교만했기 때문입니다.

왕이 되기 전의 사울은 정말 괜찮은 젊은이였습니다. 겸손하고, 하나님을 경외하며, 주의 종을 선대했던 사람입니다.

그런데 왕이 되어 2년이 되면서 사울은 제일 먼저 사무엘의 말을 듣지 않았습니다. 그것은 하나님의 말씀을 듣기 싫어했다는 말입니다. 하나님의 말씀을 듣기 싫어하면서 서서히 하나님으로부터 멀어지기 시작했습니다. 급기야는 하나님께로부터 버림을 받게 되었습니

다. 그리고 그 마지막이 인간으로서 가장 비참한 결과를 맞게 됩니
다.

한 번만 더 생각하면 모든 것이 하나님의 은혜인데, 잘되고 나면
모든 것이 "내가"가 됩니다. 잘되고서도 겸손하면 더욱 돋보이고 존
경을 받으며 하나님의 복을 받게 되는데, 세상에는 아마 이와 같은 축
복을 받는 사람이 그리 많지 않은가 봅니다. 실패자의 대부분이 이 덫
에 걸려 헤어나지를 못하는 것을 너무도 많이 봅니다.

인터넷을 통해 안방까지 들어온 재미있는 글이 있어 하나 소개합
니다.
내가 하면 로맨스, 남이 하면 불륜.
내가 하면 정복, 남이 하면 침략.
나의 검은 얼굴은 야성적, 남의 검은 얼굴은 야만적.
내가 말하면 충고, 남이 말하면 간섭.
내 남편이 설거지를 하면 애처가, 남의 남편이 설거지를 하면 공처
가.
내 자식이 어른에게 대드는 것은 자기주장이 뚜렷한 것, 남의 자식
이 어른에게 대드는 것은 버릇없이 키운 탓.
내 흰머리는 지적 연륜, 남의 흰머리는 조기 노화의 탓.
내가 각자 음식 값을 내자고 하면 합리적, 남이 각자 음식 값을 내
자고 하면 이기적.
내가 하면 투자, 남이 하면 도박.
내가 하는 인사정책은 적재적소 배치, 남이 하는 인사정책은 낙하
산.

내가 하면 문화, 남이 하면 사치.

모든 기준을 자기 자신에게 두고 하는 말입니다. 오늘 이 말씀을 읽는 우리는 이러지 말기를 바랍니다.

모든 것을 주신 분은 하나님이십니다. 주신 분을 주신 것보다 소중히 여기는 것이 옳습니다.

믿음 없는 사울은 같은 기름부음을 받은 다윗을 함부로 대했습니다. 그러나 믿음 있는 다윗은 같은 기름 부음을 받은 사울을 끝까지 선대했습니다. 둘의 상황이 전개되는 동안에는 사울이 승자 같고 다윗이 패자 같았습니다. 그러나 역사의 최종 평가는 절대 그렇게 기록되지 않습니다.

역사는 사울의 인생을 서서히 서서히 몰락해 가는 점강법으로 서술했습니다. 그러나 다윗의 인생은 굴곡이 있으나 점점 점층법의 서술로 번영과 축복의 절정으로 기록해 갔습니다.

지혜 있는 믿음의 사람은 말을 함부로 하지 않습니다. 행동도 함부로 하지 않습니다. 지금 내가 힘 있다고 큰소리치지 않습니다. 지금 내가 위에 있다고 아래 있는 사람을 함부로 대하지 않습니다. 지금 내가 성공자라고 실패자를 실패자로 대하지 않습니다. 역사는 하나님의 손에서 만들어지고 기록되어집니다.

어느 날 후배 목사님이 상담을 왔습니다. 임직도 하지 않은 피택 장로님의 행패가 이만 저만이 아니라는 것입니다. 어떻게 해 볼 도리가 없어 지혜의 말씀으로 교훈을 받고자 왔다고 했습니다. 제가 해 준 말은 한 마디였습니다.

"하나님은 지금도 살아계십니다."

이 한 마디 속에 모든 대답이 있다는 것이 그는 잘 이해가 되지 않은 듯 애타는 모습을 하고 바라보았습니다. 그래서 이야기 하나를 들려주었습니다.

목사를 대수롭지 않게 보는 장로님이 계셨습니다. 대단하기로 이름난 분이셔서 아예 목사를 호칭할 때 '님' 자는 없었습니다. 아무 잘못도 없는 목사를 자기마음에 들지 않는다고 몇 사람의 장로를 충동질하여 지능적으로 괴롭히며 사임을 종용했습니다. 하루가 멀다 하고 목사관을 찾아와 목사를 고통스럽게 했습니다. 그래도 그 목사님은 대꾸 한 마디 하지 않고 기도하면서 목회를 계속했습니다. 털 깎는 자 앞의 주님처럼 침묵으로 일관하면서 장로님들을 미워하지 않았습니다. 그렇지만 그 목사님의 가슴은 피멍이 들기 시작했습니다. 하루가 한 달이 되고, 그렇게 몇 달이 지나는 동안 목사님의 가슴은 마치 주님이 채찍에 맞으시듯 아픔으로 깊어갔습니다. 그러는 동안에 놀라운 일이 일어났습니다.

한 사람이 갑자기 암으로 죽었습니다. 또 한 사람의 아들이 미쳐버리고 말았습니다. 한 사람은 교통사고로 죽었습니다. 그러자 교회는 주의 종을 두려워하기 시작했습니다. 교회는 자연스럽게 문제가 해결이 되고 평안해졌습니다. 그리고 부흥하기 시작했습니다.

이야기를 듣던 젊은 목사는 소리 없이 눈물만 흘리다가 기도를 받고 돌아갔습니다. 목회 현장은 그 어디도 별다른 곳이 없습니다. 순종하는 사람이 아무리 많아도 100%는 아닙니다. 99%가 순종하는 사람들이면 1%의 불순종하는 자 또한 있기 마련입니다.

하나님은 지금도 살아계십니다. 하나님은 오늘도 하나님의 종들을 통하여 말씀하십니다. 그래서 기독교 TV 방송의 설교 시간의 제목이 〈말씀하시는 하나님〉입니다.

하나님의 말씀 듣기를 싫어하는 것이 불순종의 시작입니다. 말씀을 전하는 주의 종들을 대수롭지 않게 여기는 것이 불순종의 병이 깊어진 증상입니다. 그것이 교만입니다. 교만은 하나님께 버림받는 첩경입니다. 사람들에게서도 인정을 받지 못합니다. 그렇게 서서히 서서히 진행된 교만의 종착역은 하나님으로부터 버림을 받는 것입니다.
사울을 통하여 말씀하시는 하나님의 경고를, 하나님의 깨우쳐주심을 아멘으로 받으시는 축복이 있으시기를 바랍니다.

예수님은 오직 하나님 앞에서 순종의 삶을 사셨습니다. 예수님은 겸손의 왕이셨습니다. 예수님은 채찍에 맞으시고 침 뱉음을 당하며 옷을 벗기우고 십자가 사형을 당하실 아무런 죄도 없으셨습니다. 그럼에도 저와 여러분을 위하여, 우리의 죽음의 쓴잔을 대신하여 마시기까지 하나님께 순종하셨습니다. 그 예수님도 교만하지 않으셨습니다. 그 예수님께서 마태복음 11:29절을 통해 저와 여러분에게 말씀하십니다.
"나는 마음이 온유하고 겸손하니 나의 멍에를 메고 내게 배우라 그러면 너희 마음이 쉼을 얻으리니"

우리 모두 온전히 말씀에 순복함으로 복을 받는 성도가 되기를 예수님의 이름으로 축복합니다. 아멘.

불순종(2) - 하나님께 버림받는 사람

어느 늦은 밤, 불을 끄고 깊은 묵상에 잠겼습니다. '엘리 제사장이 하나님께 버림을 받았다. 사울이 그랬고, 웃시야가 그랬으며, 삼손이 그랬다. 가룟 유다는 마귀에게 넘겨짐을 당했다. 만약 그들처럼 내가 그렇게 된다면? 하고 생각을 하니 오금이 저리고 심장이 격하게 뛰며 온 몸이 후들후들 떨렸습니다.

모든 성도들이 가끔은 이런 생각들을 하며 자신을 돌아보곤 할 것입니다. 그러나 그런 생각은 잠깐이고 다시금 여전히 세상 것에 집착하며 하나님의 거룩하신 뜻을 깨닫지 못하고 제멋대로 살아가는 것이 현실인지도 모릅니다. 하나님 앞에서 바른 삶을 살아야 한다는 것을 알면서도 말입니다.

이조의 명재상 맹사성 대감을 우리는 잘 압니다. 그의 겸손과 덕은 많은 세월이 흘러도 변함없이 후대들에게 귀감이 되고 있습니다. 고불 맹사성도 나면서부터 그런 사람은 아니었습니다. 약관의 어린 나이에 군수로 발령을 받고, 어떻게 해야 바른 정치를 할까 고심하며 어느 날 선사(禪師)를 찾아갔습니다.

"어떻게 해야 올바른 정치를 할 수 있겠습니까?"

"선정(善政)을 하고 악정(惡政)을 하지 않는 것이 지고한 정치입니다."

"그 말은 삼척동자도 잘 아는 말이 아닙니까?"

"내가 일러줄 말씀은 그것뿐입니다."

별 것 아니라고 실망한 맹사성은 조금은 선사(禪師)를 무시하는 듯한 빛으로 일어났습니다. 그 때 스님이 한 마디를 했습니다.

"노승이 준비한 녹차라도 한 잔 드시고 가시지요."

다시 자리에 앉은 맹사성 앞에 녹차 잔이 놓였습니다. 그리고 노승은 그 잔에 차를 따르기 시작했습니다. 그런데 차가 찻잔을 넘쳐흐르는데도 선사는 멈추지 않고 계속 붓는 것이었습니다.

"아니, 스님, 녹차 잔이 넘치는 것이 보이지 않습니까?"

다소 불평스런 음색으로 맹사성이 한 마디를 했습니다. 그러나 스님은 그 말을 들었는지 못 들었는지 계속 차를 부어 결국은 방바닥이 다 젖어 버렸습니다. 이윽고 선사는 주전자를 내려놓으며 혼잣말로 중얼거렸습니다.

"녹차 잔의 물이 넘쳐 방바닥을 버리는 것은 알면서 지식이 넘쳐 인품을 버리는 것은 왜 알지 못할까?"

자기를 두고 한 말인 줄 모를 리 없는 맹사성은 얼굴에 불을 담는 것 같아 차마 선사를 마주할 수가 없어 황급히 밖으로 나갑니다. 그런데 절간의 승려들의 방문이라는 것이 허리를 굽혀야 나갈 수 있도록 낮은지라 미처 제대로 굽히지 못해 위 문틀에 이마를 부딪치고 말았습니다. 얼마나 아팠겠습니까. 맹사성은 손으로 이마를 감싸며 밖으로 나갔습니다. 그런 뒤통수에 대고 스님이 다시 한 마디를 했습니다.

"엎드리면 부딪치는 법이 없습니다."

바로 이 사건이 고불 맹사성으로 하여금 이조의 명재상이 되게 한 중요한 분깃점이 되었습니다.

누구나 타인의 허물은 눈에 보이지만 자신의 허물은 보이지 않습니다. 그래서 예수님은 남의 눈에 티는 보면서 어찌 자기 눈의 들보는 보지 못하느냐고 책망하며 깨우치셨습니다. 우리 모두가 깊이 마음에 새기고 순간마다 자신을 비추어 보아야 할 말씀입니다.

오늘 말씀은 사울의 불순종이 한 단계 더 깊어진 내용입니다. 첫째 불순종의 증거는 자기 생각대로 행동하는 사람이었습니다. 이제 둘째 불순종의 결과로는 하나님께 버림을 받는 것으로 귀결된다는 것을 보여주는 것이 본문의 내용입니다.

불순종, 그것은 하나님께 버림받는 자가 되는 결정적인 요인입니다. 그 구체적인 내용이 사울에게서 어떻게 전개되는가를 살펴보겠습니다.

1. 하나님께 근심이 되는 사람

10~11절입니다.

"여호와의 말씀이 사무엘에게 임하니라 이르시되, 내가 사울을 왕으로 세운 것을 후회하노니 그가 돌이켜서 나를 따르지 아니하며 내 명령을 행하지 아니하였음이니라 하신지라 사무엘이 근심하여 온 밤을 여호와께 부르짖으니라."

하나님께서 사울을 왕으로 삼으신 것을 후회하셨습니다. 그 이유를 살펴보면 참으로 민망스럽습니다. 사울은 첫째, 하나님에게서 돌이켰습니다. 둘째, 하나님을 따르지 않았습니다. 셋째, 하나님의 명령을 행하지 않았습니다. 넷째는 주의 종, 사무엘의 근심이 되었습니다.

이것이 하나님께 근심이 되었습니다. 하나님의 근심이 되는 사람은 하나님께 버림을 받습니다.

자식도 부모님께 근심이 되는 자식이 있습니다. 그야말로 기막힐 일이 그것입니다. 어떻게도 대책이 없는 행동을 할 때 부모에게는 그보다 더 큰 아픔이 없습니다.

이것은 하나님 앞에서 성도의 삶도 마찬가지입니다. 사울의 불순종으로 인하여 하나님의 근심이 되는 것과 같습니다.

성경에는 구약과 신약에 하나님이 아주 극명하게 후회하신 사람이 소개됩니다. 구약에서는 사울입니다. 세상에서 그보다 더 좋은 것이 없는 축복의 직분을 사울에게 주셨습니다. 그런데 그것에 대한 감사 없이 제멋대로 행동한 사울을 두고 하나님은 그를 왕으로 삼으신 것을 후회 하셨습니다.

신약에서는 가룟 유다입니다. 마태복음 26:24절은 유다에 대해 이렇게 말씀하셨습니다.

"인자는 자기에 대하여 기록된 대로 가거니와 인자를 파는 그 사람에게는 화가 있으리로다. 그 사람은 차라리 태어나지 아니하였더라면 제게 좋을 뻔하였느니라."

세상에서 가장 축복된 주님의 제자의 직분을 주셨는데, 그 사명을 잊어버리고 겨우 은 30에 주님을 팔아버린 가룟 유다는 차라리 태어나지 않았으면 더 좋았을 사람이라고 하셨습니다.

저와 여러분은 어떻습니까?

2. 자기를 위하여 모든 것을 행하는 사람

하나님께 버림받는 사람의 내용이 12절에 또 하나 소개되고 있습니다.

"사무엘이 사울을 만나려고 아침에 일찍이 일어났더니 어떤 사람이 사무엘에게 말하여 이르되 사울이 갈멜에 이르러 자기를 위하여 기념비를 세우고 발길을 돌려 길갈로 내려갔다 하는지라."

사울은 아말렉과의 싸움에서 승리를 거둔 후 곧 바로 승전 기념비를 세웠습니다. 그것은 하나님께 감사를 드리는 기념의 표가 아닌 자신의 승전을 기념하는 비였습니다.

가만히 생각해 보면 기념비처럼 맹랑한 게 없습니다. 생각해 보면 그야말로 아무것도 아닙니다. 그럼에도 불구하고 인간은 자기의 무엇인가를 이 세상에서 드러내려고 안달을 합니다.

뭔가 훌륭한 일을 해서 다음 세대가, 혹은 다른 사람이 그 행적을 후대의 거울처럼 세우려는 것은 그나마 필요한 일이기도 합니다. 그러나 내가 한 일을 내가 스스로 높이고자 뭔가를 하는 것보다 어리석은 것은 없습니다. 사람들은 코 방귀를 뀌면서 웃는데 자기는 자랑을 하고 싶은 것입니다.

12절의 핵심 구절이 "자기를 위하여"입니다. 하나님을 위해서는 한 것이 없다는 말입니다. 어디 전쟁이 자기 힘으로 승리를 거둔 것인가요? 자기가 힘이 있어서, 자기가 잘나서 그렇게 되었나요? 자기는 아무것도 한 일이 없습니다. 오직 하나님께서 이스라엘 백성들을 생각하시고 승전을 거두게 하신 것입니다. 그런데도 하나님의 공과를 감히 도적질하여 자기에게로 돌렸습니다. 이것이 바로 하나님께 버림을 받는 사울의 아성이 된 것입니다.

미리 17절을 잠깐 살펴보면, 사울이 스스로 작게 여길 그때에 하나님은 사울을 이스라엘 지파의 머리가 되게 하셨습니다. 그런데 왕이 된 후 사울이 스스로를 높였기 때문에 하나님께서 그를 이렇게 낮추신 것입니다.

오늘도 살아계시는 하나님은 그 때와 동일하십니다. 국가와 사회와 민족과 개인, 그 누구든지, 무엇이든지, 스스로 높이는 자를 하나님께서는 여지없이 낮추십니다.

왜 그러실까요?

참으로 신기한 것이지만, 인간 세상의 흐름은 높아지면 하나님을 떠나고, 하나님께 대하여 배은망덕합니다. 하나님께 감사하지도 않습니다. 그렇기 때문에 하나님께서 낮추실 수밖에 없는 것입니다.

성경을 깊이 묵상해 보면 모든 일의 초점이 의와 불의, 선과 악에 맞추어져 있는 것이 아니라 하나님 앞에서 교만이냐 겸손이냐에 맞추어져 있습니다.

아말렉을 이긴 것은 하나님의 은혜입니다. 그러나 사울은 자기가 이겼다고 생각했습니다.

신앙생활의 가장 무서운 적은 "내가" 입니다. 무엇을 하든지 "내 생각이다.", "내가 했다.", "내가 이겼다."라는 "내가"로 인해 하나님께 버림을 받게 되는 것입니다.

하나님께서 사울을 어떻게 버리셨습니까? 너무도 무서운 일이지만 그의 가문이 멸족을 당합니다.

교회 생활의 축복이란 자기를 위하여가 아니라 너를 위하여, 하나님을 위하여로 훈련받는 것입니다. 그래서 여러분에게 강조하는 저의 목회 철학이 "너의 유익을 위한 행동하는 나의 삶" 입니다.

많은 선교사는 지금도 자신의 모든 것을 바치면서 힘든 선교지에서 하나님을 위하여 거룩한 복음 사역을 하고 있습니다. 그러나 몇 몇 선교사는 그 한계를 극복하지 못하고 하나님의 이름을 앞세워 자기를 위하여 하나님의 사람들을 힘들게 하면서 사역을 하고 있습니다. 해외에 나가 있는 선교사를 통해 자기의 이름을 위해 협력하는 교회와 성도의 경우도 보았습니다.

사울이 하나님께로부터 버림을 받은 것은 자기를 위하여 기념비를 세웠기 때문입니다. 모든 것이 하나님의 은혜였는데 말입니다.

3. 자기 잘못을 변명으로 합리화 하는 사람

15절입니다.

"사울이 이르되 그것은 무리가 아말렉 사람에게서 끌어 온 것인데 백성이 당신의 하나님 여호와께 제사하려 하여 양들과 소들 중에서 가장 좋은 것을 남김이요 그 외의 것은 우리가 진멸 하였나이다 하는지라."

자기를 위하여 기념비를 세우려고 길갈로 내려간 사울을 사무엘이 찾아갔습니다. 그런데 사무엘을 만난 사울의 인사가 걸작입니다. 13절입니다.

"사무엘이 사울에게 이른즉 사울이 그에게 이르되 원하건대 당신은 여호와께 복을 받으소서 내가 여호와의 명령을 행하였나이다."

이미 하나님께로부터 멀어지면 잘못도, 허물도, 죄악도 느껴지지 않습니다. 잘 못 된 모든 것도 옳게, 의롭게, 선하게 생각하게 되는 것을 사울에게서 보게 됩니다. 이런 사울에게 기가 막힌 사무엘이 반문했습니다. 14절입니다.

"사무엘이 이르되 그러면 내 귀에 들려오는 이 양의 소리와 내게 들리는 소의 소리는 어찌 됨이니이까 하니라."

이에 대한 대답이 15절입니다. 모든 양도 소도 나귀도 진멸하라고 하신(3절) 하나님의 말씀을 어기고도 명령을 행했다고 하는 사울이 이제는 사무엘의 추궁에 변명으로 자기 행위를 합리화 합니다.

"백성이 당신의 하나님 여호와께 제사하려 하여 양들과 소들 중에서 가장 좋은 것을 남김이요 그 외의 것은 우리가 진멸하였나이다."

우리가 주목할 단어 하나를 사울이 사용했는데 곧 "당신의 하나님"이라는 용어입니다. 이는 하나님을 향한 사울의 신앙적인 태도를 잘 묘사하고 있습니다. 즉 하나님에게 버림받는 자의 전형적인 변명, 불순종, 불신앙의 모습입니다. 속된 말로 처녀가 아이를 낳아도 할 말이 있다는 말처럼 사울은 자기 행위를 정당하다고 변명으로 합리화하고 있는 것입니다. 이것이 하나님께 버림받은 사람들의 공통적인 변명 일변도였습니다.

'로라 슐레징어' 라고 하는 분이 쓴 책 가운데 『인생을 망치는 일곱 가지 변명』이라는 책이 있습니다. 변명이 일생을 망친다는 내용입니다.

1. "나도 알아요. 하지만 나도 사람이라고요."
2. "그게 잘못이란 건 알아요. 하지만……"
3. "그게 옳다는 건 알아요. 하지만……"
4. "나야말로 진짜 불행한 사람이라고요."
5. "나도 한때는 내 가치관이 있는 사람이었다고요."
6. "그건 특별한 사람이나 하는 거라고요."
7. "하다 보니 그렇게 됐어요."

하나님 앞에서 변명을 한다는 것은 참으로 어리석은 것입니다. 인간의 시조 아담으로부터 시작된 이 변명은 오늘날도 인간관계와 하나님과의 관계를 파괴시키는 도구로 사단이 사용하고 있습니다. 이것이 창세기 3:12-13절부터 흘러온 역사입니다.

"아담이 이르되 하나님이 주셔서 나와 함께 있게 하신 여자 그가 그 나무 열매를 내게 주므로 내가 먹었나이다."

"여호와 하나님이 여자에게 이르시되 네가 어찌하여 이렇게 하였느냐 여자가 이르되 뱀이 나를 꾀므로 내가 먹었나이다."

마태복음 25장의 한 달란트 받은 자의 변명도 있습니다. 그러나 예수님은 누가복음 21 :14절에서 이렇게 말씀 하십니다.
"그러므로 너희는 변명할 것을 미리 궁리하지 않도록 명심하라."

건강한 양은 목자가 자신의 이름을 부르면 기쁘게 달려갑니다. 그러나 병든 양은 아무리 불러도 반응이 없습니다.
성도의 가장 심각한 병은 '이기심' 과 '변명' 이라는 악성 바이러스로 인해 영혼이 병들어 버린 것입니다.

재미있는 변명도 없지 않아 있습니다.
무더운 여름날, 밤이 되어도 푹푹 찌는 열대야 현상이 이어지던 어느 날 밤 한 아이가 이불에 지도를 그리고 말았습니다. 한참을 고민하던 아이가 엄마에게 변명했습니다.
"엄마, 방이 너무 더워서 땀이 다 고추로 나왔나 봐."

이야기 하나 더 할까요?
10살짜리 꼬마가 혼자 비행기를 타게 되었습니다. 꼬마는 창 옆자리에 앉았고 바로 옆에는 덩치가 산만한 남자가 앉았습니다. 남자는 비행기가 출발하자마자 잠에 곯아 떨어졌습니다. 잠시 후에 꼬마는 멀미를 하기 시작하여 화장실을 가고 싶었지만 남자를 깨우기는 무서웠습니다. 그렇다고 넘어가기에는 너무 덩치가 컸습니다. 안절부절 하고 있는데 갑자기 비행기가 크게 흔들리면서 꼬마는 더 참지 못하고 남자의 무릎 위에 토하고 말았습니다. 하지만 남자는 깨지 않았습니다. 시간이 30분쯤 지나자 남자가 깨어났습니다. 남자가 놀라서 자신의 무릎을 보자 꼬마가 걱정스러운 눈으로 남자를 보며 말했습니다.

"아저씨, 이제 좀 괜찮으세요?"

웃자고 만든 이야기겠지만 변명은 좋은 것이 아닙니다. 두 번째 이야기는 닭 잡아먹고 아예 오리발 내민다는 이야기지요.

하나님께 버림 받는 사람은,
첫째는 하나님께 근심이 되는 사람입니다.
둘째는 자기를 위하여 모든 것을 행하는 사람입니다.
셋째는 자기 잘못을 변명으로 합리화 하는 사람입니다.

여러분과 저는 이렇게 살지 않기를 바랍니다. 사울의 불순종을 거울로 삼고, 우리의 오늘은 순종으로 하나님의 은혜와 축복 가운데 거하는 생활이 되기를 예수님의 이름으로 축복합니다. 아멘.

44.

불순종(3)-멸망을 재촉하는 사람

지난 대선을 앞두고 한나라당 대통령 후보들의 정책 토론이 광주에서 전개된 것을 끝까지 지켜보았습니다. 누가 옳고 누가 그르다는 판단을 하는 것은 무의미한 일이라 차치하고, 토론을 지켜보면서 두 가지 생각한 것이 있었습니다. 하나는 후보 5명의 공통점은 나라와 민족을 위한 정책 제안이었는데 모두가 '나의 정책이 최고요 정답이라' 는 것입니다. 다른 하나는 5명의 후보들의 좋은 점만 하나로 모아서 국가 발전에 적용한다면 이 세상 어디에도 없는 지상 낙원을 이룰 수 있겠다는 것입니다.

이즈음에 덧붙여 하고 싶은 중요한 말은, 어느 역사, 어느 정치 사회에서도 "내가" 라는 자아병에 걸린 사람의 결과는 멸망이었다는 것입니다. 반면에 수용할 줄 알고, 이해할 줄 알고, 포용할 줄 아는, 그러면서 통감과 통관의 지혜를 가진 지도자는 역사를 발전시켰고, 공동체를 행복하게 했다는 것입니다.

사울 왕은 자기주의에서 벗어나지를 못한 사람입니다. 그 결과는 멸망이었습니다. 오늘 살펴보는 본문은 사울 왕이 멸망을 재촉하는 내용입니다. 이것은 오늘을 살아가는 우리에게 무서운 교훈을 주는 부분이기도 합니다.

사울이 본래부터 그런 사람이 아니었던 것은 분명합니다. 벌써 여러 차례 살펴보고 있는 것입니다만, 사무엘이 사울에게 왕이 될 것을 처음 통보했을 때 그는 겸손하게 거절할 수 있었던 만큼 아름다운 마음을 가진 사람이었습니다. 왕이 된 후에도 반대하는 사람들을 단번에 척결하지 않고 온유함으로 포용했던 넉넉한 마음의 소유자였습니다. 그런 사울이 이렇게 멸망을 향해 달음질 하는 비참한 사람으로 전락하고 말았습니다.

이러한 일들은 우리의 생애 전체를 통해서 알게 모르게 빈번히 발생하는 일인 만큼 본문을 통해 그 내용을 꼼꼼히 살펴보며 우리의 삶에 타산지석으로 삼아 하나님의 슬픔이 되지 않기를 바랍니다. 우리는 스스로가 참담한 인생을 마치게 되지 않기를 바랍니다.

1. 스스로 높아지려는 생각

17절 상반절입니다.

"사무엘이 이르되 왕이 스스로 작게 여길 그 때에 이스라엘 지파의 머리가 되지 아니하셨나이까?"

앞서 9장을 보면 사울은 처음 사무엘을 만났을 때 얼마나 자신을 낮추었던지 행구나무 사이에 숨을 정도로 겸손한 청년이었습니다. 하나님은 그런 겸손한 사울을 사무엘을 통하여 이스라엘의 왕으로 높이셨습니다. 그것이 하나님께서 높이시는 기준입니다.

그 때나 지금이나 하나님 앞에서 교만하고도 멸망하지 않은 사람은 없습니다. 또한 하나님 앞에 겸손하고 복을 받지 않은 사람도 없습니다. 그래서 잠언 15:33절에서는 **"여호와를 경외하는 것은 지혜의 훈계라 겸손은 존귀의 길잡이니라."**고 했습니다.

그리고 이어지는 "여호와께서 왕에게 기름을 부어 이스라엘의 왕으로 삼으시고"라는 말씀은 사울이 왕이 된 것의 근간(根幹)을 일깨워주는 동시에 왕으로 세우신 하나님의 말씀에 온전히 순종해야 할 절체절명의 사명이 주어졌다는 것을 강조하고 있습니다.

그러나 사울은 이 모든 것을 무시했습니다. 그리고 왕이 된 후에는 스스로 낮아지는 것이 아니라 높아졌습니다. 그것은 스스로 멸망을 재촉하는 일이었습니다.

다윗은 스스로를 낮게 여기는 사람이었습니다. 자기 자신이 높은 자리에 있어도 언제나 하나님께서 세우셨다는 고백으로 일관된 삶을 산 사람이 다윗입니다. 사무엘하 23:1절의 고백이 이를 증명하고 있습니다.

"이는 다윗의 마지막 말이라 이새의 아들 다윗이 말함이여 높이 올리운 자, 야곱의 하나님에게 기름 부음 받은 자, 이스라엘의 노래 잘하는 자가 말하도다."

다윗은 왕으로 일생을 살았지만 항상 그 자신은 시골 촌부의 말째 아들이었음을 잊지 않았습니다. 자신이 왕이 된 것은 자기가 잘나서 된 것이 아니라 "높이 올리운 자" 즉, 하나님께서 자기를 높여 주심으로 왕이 되었음을 언제나 겸손하게 고백했습니다. 이 고백의 말은 다윗이 죽을 때 마지막으로 남긴 것이기에 더욱 의미가 깊습니다.

애석한 사울은 그렇지 못했습니다. 겸손한 마음으로 왕좌에 올랐던 사람이었지만 금방 교만해져 버리고 말았습니다. 자기가 무슨 대단한 사람인양 하는 짓마다 의기양양 스스로 높아지려고 했습니다. 그러다가 가장 철저하게 비참해진 역사의 대표가 되고 말았습니다.

좋은 일도 아닌데 벌써 몇 편째 이렇게 강조하고 있는 이유를 여러분은 아시겠습니까? 너무도 안타깝고 너무도 슬프기 때문입니다. 오늘날 교회에서 직분을 받은 우리의 모습이 바로 이 사울의 모습은 아닌가 하는 생각에 온 심령이 후들거립니다.

우리는 사울의 멸망을 재촉하는 걸음을 보면서 오늘 자신의 모습을 재발견해야 합니다. 그래서 더욱 주님 앞에 겸손해지는 은혜를 입어야 합니다. 그의 걸음을 답습하는 어리석음을 저지르지 말아야 합니다. 마태복음 23:12절의 말씀으로 다시 또 권면합니다.

"누구든지 자기를 높이는 자는 낮아지고 누구든지 자기를 낮추는 자는 높아지리라."

2. 탐심으로 어두워진 마음

19절입니다.

"어찌하여 왕이 여호와의 목소리를 청종하지 아니하고 탈취하기에만 급하여 여호와께서 악하게 여기시는 일을 행하였나이까?"

사울을 향한 사무엘의 두 번째 질문이 이어졌습니다. 이 질문을 요약하면 세 마디입니다. 왜 하나님의 말씀에 귀를 기울이지 않았습니까? 왜 탈취하느라 정신을 잃어버렸습니까? 왜 하나님께서 악하게 여기는 일을 했습니까?

이 모든 것은 탐심에서 온 결과입니다. 탐심에 빠지면 눈도 귀도 모두가 어두워집니다. 그래서 말씀이 들려오지 않습니다. 탈취하는 데 급급해서 그것이 하나님께 악한 범죄 행위가 된다는 것조차도 모릅니다. 그러므로 탐심의 열매는 만물의 주인이 하나님이라는 사실을 잊어버리는 것입니다. 권력도, 명예도, 재물도, 직분도 다 마찬가지입니다.

탐심이 무섭다는 것은 자기만 병들고 망하는 것이 아니기 때문입니다. 탐심에 병든 정신을 가진 사람이 집안에 있으면 집안을 망하게 합니다. 교회에 있으면 교회를 어렵게 합니다. 회사에 있으면 회사를 망하게 합니다.

누구나 자기 생각을 존중하지만 그리스도인은 언제나 주님 생각을 먼저 할 수 있어야 합니다. 그것이 곧 공동체 전체를 생각하는 것으로 귀결됩니다.

탐심은 탈취로 이어집니다. 자기의 유익을 위하여 다른 사람의 불행을 요구하는 마음이 탐심입니다. 결국 탈취하기 위하여 너의 것을 빼앗는 것입니다. 한 마디로 사단의 전략이며 근본입니다.

탐심은 잘못된 소유개념에서 이루어집니다. 그래서 예수님은 누가복음 12:15절에서 이를 경계했습니다.

"삼가 모든 탐심을 물리치라. 사람의 생명이 그 소유의 넉넉한 데 있지 아니하리라."

잠언 15:27절에서도 귀한 말씀으로 교훈합니다.
"이익을 탐하는 자는 자기 집을 해롭게 한다."

이 탐심이 발전되면 어떤 결과를 가져올까요? 야고보서 1:14~15절은 이렇게 말씀하십니다.
"오직 각 사람이 시험을 받는 것은 자기 욕심에 끌려 미혹됨이니 욕심이 잉태한 즉 죄를 낳고 죄가 장성한즉 사망을 낳느니라."

절망을 죽음에 이르는 병이라고 했습니다. 그러나 진짜 죽음에 이르는 병은 탐심입니다. 사울왕은 이것 때문에 스스로 멸망을 재촉한 사람이었습니다.

3. 변명으로 일관 된 언행

20~21절입니다.
"사울이 사무엘에게 이르되 나는 실로 여호와의 목소리를 청종하여 여호와께서 보내신 길로 가서 아말렉 왕 아각을 끌어왔고 아말렉 사람을 진멸하였으나, 다만 백성이 그 마땅히 멸할 것 중에서 가장 좋은 것으로 길갈에서 당신의 하나님 여호와께 제사하려고 양과 소를 취하였나이다."

대단히 뻔뻔스러운 대답입니다. 이미 사무엘은 사울의 행위를 다 알고 있습니다. 그런데 사울은 사무엘 앞에서 거짓말로 변명을 합니다.

이 대목에서 반드시 주목할 것이 하나 있습니다. 사울의 행위를 보면 딱히 악을 행한 것이 나타나지 않습니다. 그런데 19절을 보면 중요한 말을 사무엘이 했습니다.

"어찌하여 왕이 여호와의 목소리를 청종치 아니하고 탈취하기에만 급하여 여호와의 악하게 여기시는 것을 행하였나이까?"

"여호와께서 악하게 여기시는 것" 그것이 무엇일까요? 그것은 한마디로 하나님의 뜻에 역행하는 것입니다. 하나님께서 아말렉을 왜 하나도 남김없이 진멸하라고 했는가를 먼저 알아야 거기에 맞는 그 다음 행동이 진행됩니다. 그러나 사울은 그것을 알려고 한 것이 아니라 자기 뜻을 앞세워 행동했습니다.

아말렉은 이스라엘 백성의 최초의 적이며(출 17장), 그들은 하나님을 두려워하지 않았습니다. 그러므로 도말되어야 할 존재였고(신 25장), 그래서 하나님은 사무엘을 통해 사울에게 아말렉을 진멸하라고 하셨습니다. 그런데 사울은 하나님의 뜻은 전혀 안중에 없었습니다. 오직 자기 뜻, 자기 영광, 자기 기분대로 언행을 일삼았습니다. 참 불쌍한 사람입니다.

그의 변명일변도가 가히 가관인데 그것이 20절입니다. 그는 하나님의 목소리를 청종했다고 합니다. 하나님께서 보내신 길로 가서 아각왕을 끌고 왔고, 아말렉 사람을 멸했다고 합니다.

21절에서는 "다만 백성이"라고 백성을 핑계하며 앞세웁니다. 그뿐만이 아닙니다. "여호와께 제사하려고"라며 가장 거룩하고 성실한 것처럼 그럴 듯하게 포장을 하려고 합니다.

22-23절에서 사무엘의 추상같은 호령이 떨어집니다. 그러자 이제 다시 무엇이라고 변명합니까? 24절에서 일단 "내가 범죄 하였나이다"라고 고백합니다. 그런데 바로 이어지는 것이 "백성이 두려워서"라고 다시 변명을 합니다.

여기서 목회의 근간을 찾게 됩니다. 하나님의 사람이 하나님의 말씀보다 사람의 말을 더 두려워하여 사람의 말을 청종했다는 사울의 고백은 목회자의 실패의 근간을 보여주는 것입니다.

목회자만 그런 것이 아닙니다. 성도의 성공과 실패의 갈림길도 동일선상에 있다는 것을 교훈합니다. 왜냐하면 모두가 하나님의 섭리 속에 있기 때문입니다. 성공자는 하나님의 말씀을 청종합니다. 그러나 실패자는 사람의 말을 더 따릅니다.

여러분은 어떠하십니까?

드디어 하나님은 사무엘을 통하여 오늘을 살아가는 우리에게 순종과 불순종이 어떤 것인가를 정의하여 주십니다. 그리고 불순종의 결과가 얼마나 무서운 것인가를 교훈하십니다. 22~23절입니다.

"사무엘이 가로되 여호와께서 번제와 다른 제사를 그 목소리 순종하는 것을 좋아하심 같이 좋아 하시겠나이까 순종이 제사보다 낫고 듣는 것이 수양의 기름보다 나으니, 이는 거역하는 것은 사술의 죄와 같고 완고한 것은 사신 우상에게 절하는 죄와 같음이라 왕이 여호와의 말씀을 버렸으므로 여호와께서도 왕을 버려 왕이 되지 못하게 하셨나이다."

슬픈 사람 사울은 이렇게 멸망을 향해 나아가고 있었습니다. 이 사건은 하나님께서 가장 미워하시는 죄가 무엇인가를 보여줍니다.

오늘도 성령을 훼방하는 죄는 사하심을 받지 못합니다. 즉 교회를 대수롭지 않게 생각하고 교회의 일을 두려워하지 않으며 함부로 행하고, 하나님의 일과 사람의 일을 분별하지를 못하고 하나님의 교회에서 함부로 언행을 일삼으면 안 된다는 것입니다. 그러한 자는 개인이나 단체를 무론하고 하나님께서 마지막 심판의 날까지 끌고 가시지 않고 당대나 몇 대 안에 보응하시는 무서운 하나님이심을 알아야 합니다.

아말렉의 죄악이 바로 이런 것이었습니다. 사울의 죄악 또한 그런 것이었습니다. 그들의 동일한 죄가 하나님의 뜻을 무시하고 역행하는 것이었습니다.

이 죄악은 어디에서 나오는 것일까요? 교만에서 나옵니다. 교만은 하나님을 대적하는 죄입니다. 하나님께서 제일 미워하시는 죄입니다. 그래서 교만은 패망의 원인입니다.

교회에서 생활을 하다보면 화도 나고 속도 상하는 일이 있습니다. 그렇더라도 결정적일 때는 자신의 생각을 버리고 하나님의 뜻을 따르는 지혜로운 성도가 되어야 합니다. 그것이 사는 길입니다. 그것이 복을 받는 길입니다. 그것이 믿음 있는 자의 모습입니다.

사람이란 누구나 사울같이 될 본성이 있습니다. 나는 절대 아니라고 하지 마십시오. 그런 사람일수록 더욱 그러할 수 있습니다.

그렇게 호언장담 했던 베드로도 닭 울기 전에 주님을 세 번이나 부인했습니다. 그렇다면 우리라고 베드로 보다 더 나을 수 있겠습니까?

그러므로 우리는 사울의 멸망을 향한 걸음을 말씀을 통해 깊이 깨닫고, 다윗의 심정으로 주님께 겸손히 기도해야 합니다.

"여호와여 내게 정한 마음을 창조하시고 정직한 영을 새롭게 하옵소서. 나를 주 앞에서 쫓아내지 마옵시고 주의 영을 내게서 거두지 마옵소서(시편 51:1-12)."

오늘 이렇게 기도하는 여러분의 심령에 하나님의 크신 평강과 넘치는 지혜주심이 함께 계시기를 예수님의 이름으로 축복합니다. 아멘.

불순종(4)-주의 종의 옷자락을 찢는 사람

사람은 어떤 옷을 입고 있느냐에 따라 그 사람의 신분이나 실상을 가늠할 수 있습니다. 어느 시대 어느 국가도 그렇지만, 의복의 큰 특징은 사회적 신분에 따라 큰 차이를 보입니다. 그래서 의복은 그 시대의 정신과 예술, 사회, 경제, 정치적 상황에 따라 영향을 주고받습니다.

한국 민족 고유 복식의 기본형은 유(襦), 고(袴), 상(裳), 포(袍)를 중심으로 관모(冠帽)·대(帶)·화(靴)가 첨부되었습니다.

유는 상의, 고는 바지, 상은 치마이며 여기에 관모를 쓰고 허리에는 대를 띠고, 발에는 화를 신어 의복의 형태를 갖추었고, 그 위에 두루마기인 포를 더하여 몬순기후이면서도 겨울이면 찬 대륙성기후를 띠는 우리나라 기후에 적합한 의복의 조건을 모두 갖추었습니다.

오늘날 일반화된 양복은 한국에서는 1894년 갑오개혁(甲午改革)을 계기로 정부가 서양문명을 받아들여 제반제도를 개혁할 때 복제개혁에 따라 입게 된 것입니다.

옷은 이젠 보편적으로 fashion이라는 용어로 통용되는데 이는 유행, 풍조, 양식을 일컫는 말로써 그 어원은 라틴어의 '팍티오' 로 만드는 일, 행위, 활동 등을 뜻합니다.

아담과 하와가 범죄한 후 하나님께서 만들어 입히신 가죽 옷으로부터 시작하여 성도가 궁극적으로 입어야 할 예수 그리스도로 옷 입기까지(롬13:14), 인간의 복장사의 변천은 언어로 다 표현할 수 없이 다채롭게 바뀌어왔습니다.

이런 의복의 역사와 함께 분명한 것 한 가지는, 어떤 옷을 입고 있느냐에 따라 그 사람의 신분과 삶을 미루어 짐작할 수 있다는 것입니다. 옷은 곧 그의 상징과도 같다고 할 수 있겠습니다.

목회단상에서도 언급한 이야기지만 저는 청소년기에 새 옷 한 번을 제대로 입어보지 못하고 자랐습니다. 약혼식 때는 와이셔츠가 없어서 백리 길을 가서 사촌형에게 넥타이와 와이셔츠를 빌려왔고, 양복은 친구의 것을 빌려 입고 약혼식을 했습니다.

처음 양복을 입었던 때가 성경학교 시절에 전도인으로 첫 사역을 하러 가면서였습니다. 그 때 '길손사' 라는 옷 가게에서 4천원을 주고 처음으로 양복을 한 벌 사 입었습니다. 그 때의 기분은 삼십여 년의 세월이 흐른 지금도 전혀 새로운 느낌으로 다가옵니다.

제가 목사 안수식을 받을 때만 해도 요즘처럼 누가 성의를 따로 입혀주지 않았습니다. 안수를 받는 목사가 먼저 가운을 입고 입장해 있으면 식순에 따라 임직식이 거행되었습니다. 그 때는 줄곧 눈물이 예배당 바닥을 적셨습니다.

저의 큰 아들 석훈이 목사로 임직식을 하던 날, 아들에게 성의(聖衣)를 입혀주는 순간 눈물이 왈칵 솟아올랐습니다. 대를 이어 성의를 입히고 입는 부자지간에는 아마도 같은 감동과 감사가 강물처럼 심심상인으로 흘렀으리라 여겨집니다.

포항 중앙교회에 부임하고 얼마 되지 않아 모 장로님이 양복을 두 벌이나 맞춰 주셨습니다. 그 일은 지금도 여전히 제 안에 잊혀지지 않는 고마움으로 남았습니다. 그 후에도 성도님들이 옷을 맞춰 주실 때마다, 옷에 대한 특별한 추억들이 떠오르는 것은 비단 저만의 것은 아닐 것이라는 생각을 합니다.

1. 옷을 찢는 일

사람이 살다보면 옷을 찢고 찢기는 일들이 드물게 일어나곤 합니다. 싸우다가 그럴 수도 있습니다. 화가 나서 그럴 수도 있습니다. 분을 삭이지 못해 그럴 수도 있습니다. 너무도 부끄럽고 수치스러워서 그럴 수도 있습니다.

성경에도 옷을 찢는 일들이 많은데 대부분 회개를 표현하는 것입니다. 그러나 종종 억울하고 분을 이기지 못할 때도 옷을 찢었습니다.

사도행전 16장 22절을 보면 바울과 실라가 복음을 전하다가 억울하게 고소를 당했을 때, 관원들이 바울과 실라의 옷을 찢어 벗기고 매를 치는 내용이 있습니다.

시편 22편 18절에는 "내 겉옷을 나누며 속옷을 제비뽑나이다."라는 말씀이 기록되어 있습니다. 이 말씀이 응하게 된 마태복음 27장 35절에는 군병들이 예수님을 십자가에 못 박은 후 예수님의 겉옷을 찢어 제비뽑아 나누는 내용도 있습니다.

이 장 본문에도 옷이 찢겨지는 내용이 있습니다. 이 상황은 또 다른 의미를 주는 메시지가 있습니다. 하나님의 종 사무엘의 겉옷, 곧 성의(聖衣)가 사울 왕에 의하여 찢겨지는 내용입니다. 27절입니다.

"사무엘이 가려고 돌아설 때에 사울이 그의 겉옷자락을 붙잡으매 찢어진지라."

왜 사건이 이렇게 전개되었을까요? 간단하게 요약하면 사울 왕의 형식적인 회개의 결정적인 행위입니다. 이것이 하나님께 버림을 받게 되는 또 하나의 결정적인 사건입니다.

2. 거짓 된 회개

하나님 앞에서 거짓된 회개가 얼마나 비참한 결과를 가져오는가를 본문 24절은 교훈합니다.

"사울이 사무엘에게 이르되 내가 범죄 하였나이다. 내가 여호와의 명령과 당신의 말씀을 어긴 것은 내가 백성을 두려워하여 그들의 말을 청종 하였음이니이다."

회개하는 척한 사울 왕의 기막힌 변명입니다. 행동은 회개하는 것 같았는데 내용은 아니었습니다. 한 마디로 천박한 회개입니다. 회개하는 것처럼 법석은 떨었지만 사울은 하나님 앞에서 진정한 뉘우침이 없었습니다.

그런데 절박한 상황에 몰리자 사울은 사무엘을 붙잡고 늘어졌습니다. 안중(眼中)에도 없었던 사무엘에게 갑자기 애걸하게 된 것입니다.

우리가 주목할 내용은 "내가 여호와의 명령과 당신의 말씀을 어긴 것" 이라는 사울의 고백입니다. 사울은 굳이 "당신의 말씀" 이라는 용어를 써야할 이유가 없었습니다. 회개는 하나님 앞에서 하는 것입니다. 그런데 절박해진 사울 왕은 자기가 누구를 인하여 왕이 된 것을 알기 때문에 사무엘을 하나님처럼 생각하는 어투를 사용한 것입니다.

다윗이 범죄하였을 때 하나님은 나단 선지자를 통하여 다윗을 책망하셨습니다. 그 때 다윗은 오직 하나님만 의식한 고백을 했습니다. 그것이 시편 51편 4절입니다.
"내가 주께만 범죄하여 주의 목전에 악을 행하였사오니"

그런데 사울 왕은 아니었습니다. 하나님 앞에서 회개한 것이 아니라 인간적인 얄팍한 술수를 쓴 것입니다. 사무엘에게 잘 보이려고 가히 몸부림을 치고 있는 것입니다.

여기에 또 중요한 교훈이 있습니다. 이런 사람은 당면한 위기를 벗어나면 또 다시 사무엘 같은 선지자도 아무것도 아닌 것으로 치부하고 무시하며 하찮게 대한다는 것입니다. 즉 위기 때는 철저하게 기회주의자가 되고 강하게 될 때는 철저하게 자기주의에 집착하는 속성이 있다는 것입니다.

사울 왕의 회개가 거짓된 것이라는 사실은 이어지는 말씀에서 확인 됩니다.

"내가 백성을 두려워하여 그들의 말을 청종 하였음이니이다."

하나님이 두려운 것이 아니라 사람이 두려웠던 것입니다. 그런데 성경은 마태복음 10장 28절을 통해 무엇이라고 하십니까?

"몸은 죽여도 영혼은 능히 죽이지 못하는 자들을 두려워하지 말고 오직 몸과 영혼을 능히 지옥에 멸하실 수 있는 이를 두려워하라."

잠언 29장 25절입니다.

"사람을 두려워하면 올무에 걸리게 되거니와 여호와를 의지하는 자는 안전하리라."

3. 타락한 권위

지도자가 권위를 잃어버리면 그것으로 모든 것이 끝입니다. 본문은 사울 왕의 권위가 얼마나 허망한 것인가를 25절에서 보여주고 있습니다.

"청하오니 지금 내 죄를 사하고 나와 함께 돌아가서 나로 하여금 여호와께 경배하게 하소서 하니."

이어서 30절입니다.

"사울이 이르되 내가 범죄 하였을지라도 이제 청하옵나니 내 백성의 장로들 앞과 이스라엘 앞에서 나를 높이사 나와 함께 돌아가서 내가 당신의 하나님 여호와께 경배하게 하소서 하더라."

그토록 오만했던 사울, 하나님도 하나님의 종도 눈에 들어오지 않았던 사울, 모든 것이 자기 뜻대로 다 될 줄 알았던 사울의 모습이 이토록 절박하게 되었습니다.

25절의 내용은 사무엘에게 애원을 하고 있는 사울의 말입니다. 그것은 사무엘이 자기와 함께 가서 승전 기념제를 올리게 해 달라는 것입니다.

30절 내용은 가련하기까지 합니다. 온 이스라엘 앞에서 자기를 높여 달라는 절규를 하고 있습니다. 기가 막힙니다. 하나님께 버림받게 된 상황에서도 끝까지 자기를 높이려고 안달하는 모습이 처량하기까지 합니다.

중요한 것을 한 가지 또 깨달아야 합니다. 이렇게 영적 무지와 교만에 빠지면 자기를 보지 못할 뿐 아니라 더욱 멸망을 향해 달음질하는 자신의 마지막이 보이지 않는 것입니다.

이와 같은 일은 사울 당시나 지금이 다르지 않습니다. 그래서 깨닫는 것이 은혜입니다. 깨달음은 겸손에서 시작되는 것이라는 사실 꼭 기억하시기 바랍니다.

영적 권위는 낮아짐에서 옵니다. 교만하면 하나님께 버림을 받습니다. 하나님께 버림을 받으면 사람에게서도 버림을 당합니다. 권위는 자기 스스로 만드는 것이 아니라 하나님께서 세워주시는 것입니다.

4. 결정적 실수

사울왕의 결정적인 실수가 27절에서 이어집니다.
"사무엘이 가려고 돌아설 때에 사울이 그의 겉옷자락을 붙잡으매 찢어진지라."

이 장면은 은혜의 옷자락을 찢는 불순종의 절박한 장면입니다. 사무엘은 사울의 함께 가자는 간청을 거절하고 돌아가려고 했습니다. 그 이유는 간단했습니다. 하나님께서 버린 사람을 더 이상 배려할 이유가 없었습니다. 사무엘은 하나님의 선택을 따르는 선지자입니다.

사울은 하나님의 은혜를 입은 왕이었습니다. 다시 반복하지만 하찮은 존재가 이스라엘의 왕이 된 것은 전적으로 하나님의 선택하심을 입은 은혜였습니다. 하나님은 그 때나 지금이나 하나님의 종을 통하여 말씀으로 은혜를 베푸십니다. 사무엘의 겉옷은 바로 하나님의 상징입니다. 그런데 사울은 그 은혜의 옷자락을 찢어버렸습니다.
여기 "찢어진지라"의 원어는 '와익카라(וַיִּקְרַע)'로 '찢다', '베어

내다' 라는 의미를 갖고 있는 '카라(קָרַע)' 의 수동 미완료 형으로써 사무엘의 옷이 사울에 의해 "찢김 당하였다"는 의미입니다.

놀라운 사실이 이어지는데 28절입니다.

"사무엘이 그에게 이르되 여호와께서 오늘 이스라엘 나라를 왕에게서 떼어 왕보다 나은 왕의 이웃에게 주셨나이다."

사울이 사무엘의 겉옷을 찢는 사건은 사무엘을 통하여 이스라엘이 찢어지는 무서운 선언을 초래하게 된 것입니다.

그리고 사울은 버림을 받고 "사울보다 나은 사울의 이웃에게" 왕위의 권세가 넘어가게 됩니다. 그 이웃이 바로 다윗입니다. 하나님은 도무지 회개하지 않는 사울을 버리시고 새로운 선택을 하신 것입니다.

오늘날도 주의 종의 옷자락이 찢겨지는 일들이 종종 있습니다. 개인적인 욕구를 충족시키기 위하여, 자기만의 기쁨을 위하여, 하나님 앞에서 회개하지 못하여, 이중적인 교회 생활을 유지하기 위하여, 인간적인 권위를 세우기 위하여 등등의 이런 저런 이유로 종종 주의 종의 옷자락이 찢겨지는 일들이 일어납니다.

그것이 어떤 이유이든지 주의 종의 옷자락을 찢는 것은 하나님의 은혜의 옷자락이 찢어지는 것임을 깨달으시기 바랍니다.

전혀 재미있다고 할 수 없는 곰곰이 생각하면 가슴 아픈 이야기 하나를 들려드리겠습니다.

교회생활에서 불치병으로 분류되는 것 여섯가지가 있답니다. 물론 성령의 능력으로 치료가 가능한 병이지만 웬만해서는 고치기가 어렵다는 병입니다.

첫째는 습관성 주보 탐닉증입니다. 설교가 시작되면 습관적으로 주보를 뒤적이는 행위입니다.

둘째는 습관성 찬송 추월증인데 찬송 중에 망상의 나래를 펴고 이곳 저곳을 헤매는 사람이 주로 이병에 걸린다고 합니다.

셋째는 습관성 예배 지각증입니다. 이것은 모든 예배에 5분씩 늦게 오는 병으로써 특히 고치기가 힘들다는 병입니다.

넷째는 습관성 안면 철판증입니다. 하나님께 올리는 송가를 연습도 하지 않은 사람이 성가대 가운을 입고 앉아 부르는 증상이랍니다.

다섯째는 습관성 제 발 저림증으로 찔리는 설교를 들으면 "나를 씹는군!" 하고 생각하는 증상인데, 어디에 내 놔도 말이 굻리지 않는 사람에게 주로 나타난답니다.

여섯째는 만사 삐딱증인데 모든 일을 삐딱하게 받아들이는 증상으로, 마치 면이 고르지 않은 안경을 끼고 세상을 바라보면 모든 것이 굴절되어 보이는 것처럼 상황을 굽게 본다는 것입니다.

이 하나하나가 은혜의 옷자락이 찢어지는 것과 관련이 있는 일련의 증상들입니다. 은혜의 옷자락이 찢어지면 안 됩니다. 그것은 어떤 경우를 무론하고 하나님의 축복에서 멀어지는 것입니다. 그것은 불순종의 결정적인 행태이기 때문입니다.

동일한 시대의 사람이지만 다윗과 사울은 너무나 달랐습니다. 다윗은 나단의 옷자락 앞에 무릎을 꿇었지만 사울은 사무엘의 옷자락을 붙잡고 늘어져 그 옷을 찢었습니다. 다윗은 하나님 앞에 두 손을 들고 엎드렸지만 사울은 백성들 앞에서 두 손을 높여달라고 사무엘을 붙잡고 늘어졌습니다.

하나님은 엎드린 다윗을 일으켜 세우셨습니다. 그러나 서려고 했던 사울은 꺾어버리셨습니다. 불순종의 결론입니다.

옛날에 큰 부자가 살고 있었습니다. 그 부자는 개를 좋아해서 개도 족보가 있는 것을 키웠습니다. 어린 강아지 때 사다가 어느 정도 중개가 되었을 때 그만 이 개를 잃어버렸습니다. 주인은 하인을 불러서 혼을 내고는 잃어버린 개를 당장 찾아오라고 하였습니다. 그랬더니 하인이 말대꾸를 했습니다.

"나는 주인의 종이지 개의 종은 아니므로 개를 찾으러 가지 못하겠습니다."

하인이 감히 주인의 말을 거절을 하니 얼마나 화가 나겠습니까? 그러나 주인은 점잖게 다시 명령을 했습니다.

"내가 가마를 타고 어디를 가야 되겠으니 곧 가마를 대령하도록 하라."

주인이 직접 가신다고 하니 하인이 가마를 대령하였습니다. 주인이 가마를 타고 하인에게 "이제 가자!" 하였습니다. '예이~!' 하고 하인이 가마를 메고 갔습니다. 하인이 주인에게 여쭈었습니다.

"주인 영감님, 어디로 행차하시옵니까?"

주인이 점잖게 대답하였습니다.

"잃어버린 개를 찾으러 가노라!"

처음에 주인의 말을 순종하였더라면 무거운 가마를 메지 않고도 편하게 개를 찾으러 갔을 것입니다. 그런데 대꾸를 하며 불순종을 한 결과가 무거운 가마를 메고 주인까지 태우고 길을 나서게 된 것입니다. 열 배나 더 힘들게 가게 되었다는 이야기입니다.

하나님의 말씀을 온전히 순종하는 것이 축복임을 깨우치는 예화중의 하나입니다.

지금 저와 여러분은 사울처럼 살고 있지는 않습니까? 다윗처럼 제대로 살아가고 있습니까? 대답은 우리의 삶을 통해 하나님과 사람 앞에서 증거 될 거룩한 열매입니다.

하나님은 언제나 기회를 주시는 분이십니다. 또한 언제나 하나님의 마음에 합한 사람을 찾아 선택하시는 분이십니다. 여러분은 하나님의 거룩한 일에 선택하심을 입으시기에 합당하십니까? 하나님의 마음과 눈이 언제나 저와 여러분께 거룩한 일을 위하여 선택하시는 복 주심으로 머물러 계시기를 예수님의 이름으로 축복합니다. 아멘.

46. 불순종(5)-하나님이 후회하시는 사람

"사무엘이 죽는 날까지 사울을 다시 가서 보지 아니하였으니
이는 그가 사울을 위하여 슬퍼함이었고
여호와께서는 사울을 이스라엘 왕으로 삼으신 것을
후회하셨더라(사무엘상 15:32~35 중)."

공자가 제자들과 함께 채나라로 가던 중 양식이 떨어져 채소만 먹으며 일주일을 지내게 되었습니다. 걷기도 지친 그들은 어느 마을에서 잠시 쉬어 가기로 했습니다. 그 사이에 공자가 깜박 잠이 들었습니다. 제자인 안회는 몰래 일행을 빠져 나가 쌀을 구해 와 밥을 지었습니다.

밥이 다 될 무렵 공자가 잠에서 깨어났습니다. 공자는 코끝을 자극하는 밥 냄새에 밖을 내다봤습니다. 마침 안회가 밥솥의 뚜껑을 열고 밥을 한 움큼 집어 먹고 있는 중이었습니다.

"안회는 평상시에 내가 먼저 먹지 않은 음식에는 수저도 대지 않았는데 이것이 웬일일까? 지금까지 안회의 모습이 거짓이었을까?'

이런 생각을 하고 있을 때 안회가 밥상을 차려 들고 와 공자 앞에

놓았습니다. 공자는 안회를 어떻게 가르칠까 궁리하는 중에 한 가지 방법이 떠올랐습니다.

"안회야 내가 방금 꿈속에서 선친을 뵈었는데 밥이 되거든 먼저 조상에게 제사를 지내라고 하더구나."

제사 음식은 깨끗하고 아무도 손을 대지 않아야 한다는 것을 안회도 알기 때문에 공자는 이렇게 그가 먼저 밥을 먹은 것을 뉘우치게 하려고 했던 것입니다. 그런데 안회의 대답은 오히려 공자를 부끄럽게 했습니다.

"스승님 이 밥으로 제사를 지낼 수는 없습니다. 제가 뚜껑을 연 순간 천장에서 흙덩이가 떨어졌습니다. 스승님께 드리자니 더럽고 버리자니 아까워서 제가 그 부분을 이미 먹었습니다."

공자는 잠시라도 안회를 의심한 것을 후회하며 다른 제자들에게 이렇게 말했습니다.

"예전에 나는 나의 눈을 믿었다. 그러나 나의 눈도 완전히 믿을 것이 못 되는구나. 예전에 나는 나의 머리를 믿었다. 그러나 나의 머리도 역시 완전히 믿을 것이 못 되는구나. 너희들은 알아 두거라. 한 사람을 이해한다는 것은 진정으로 어려운 일이라는 것을 말이다."

그래서 예수님은 복음의 삶을 가르치셨습니다. 복음의 삶이란 이해와 관용과 용서와 사랑의 삶입니다.

인생을 살아가노라면 누구나 세가지 후회가 있다고 했습니다.
첫째는 베풀지 못한 것에 대한 후회라고 합니다. 가난하게 산 사람이든 부유하게 산 사람이든 죽을 때가 되면 나눔의 삶을 살지 못한 것을 후회하게 된답니다. 마치 물질이 세상의 전부인양 살아가는 사람들의 어리석음을 깨우치는 교훈의 첫째가 베풀지 못한 것입니다.

둘째는 참지 못한 것에 대한 후회라고 합니다. '왜 그랬던가? 조금만 참았더라면 얼마나 좋았을까? 라는 마음은 일생을 살고 인생을 마무리 할 때 하게 되는 인간의 본성적인 후회 중의 하나라고 합니다. 지나고 나니 부끄러운 일인데 그 당시에는 내가 옳았고, 그럴 수밖에 없었고, 그것이 최선이라고 생각했지만, 지나고 보면 아니라는 결론이랍니다. 이것은 기독교적인 복음의 생활, 즉 이해와 관용과 용서와 사랑이 결여된 삶입니다.

셋째는 좀 더 감사하지 못한 생활이 후회스럽다는 것입니다. '왜 그렇게 불평을 했을까? 왜 그렇게 정신적, 영적 기근과 기갈에 허덕였을까? 라는 후회입니다. 은혜 받은 성도의 삶은 항상 감사로 충만합니다. 그러나 그렇지 못할 때는 매사가 불평불만이 되는 것입니다.

한학(漢學)을 하지 않아도 주자 십회훈(朱子 十悔訓)은 대부분 잘 알고 있을 것입니다.

1.不孝父母 死後悔(불효부모 사후회) - 부모에게 효도하지 않으면 돌아가신 후에 뉘우친다.

2.不親宗族 疎後悔(부친종족 소후회)- 종족에게 친근하지 않으면 헤어진 후에 뉘우친다.

3.不接賓客 去後悔(부접빈객거후회)- 손님을 접대하지 않으면 헤어진 후에 후회한다.

4.不治垣墻 盜後悔(부치원장 도후회)- 담을 쳐놓지 않으면 도둑맞은 후에 뉘우친다.

5.春不耕種 秋後悔(춘불경종 추후회)- 봄에 심지 않으면 가을이 온 후에 뉘우친다.

6.少不勤學 老後悔(소불근학 노후회)-젊어서 부지런히 배우지 않으면 늙은 후에 뉘우친다.

7.色不謹愼 病後悔(색불근신 병후회)- 색을 조심하지 않으면 병든 후에 뉘우친다.

8.富不節用 貧後悔(부불절용 빈후회)- 부할 때 절약하여 쓰지 않으면 가난한 후에 뉘우친다.

9.숝不思難 敗後悔(념불사난 패후회)- 편안할 때 어려움을 생각지 않으면 실패 후에 뉘우친다.

10.酒中妄言 醒後悔(주중망언 성후회)- 취중에 조심 없이 한 말은 술 깬 후에 뉘우친다.

한 때 여기에 한 가지를 덧붙인 글이 회자했습니다. 그것이 무엇인지 아십니까? 불선영도 12월19일 후회〈不選領導　12月19日後悔〉- "11. 12월 대선에서 지도자를 잘 선출하지 않으면 후회한다."라는 뜻이었습니다.

웃기는 이야기지만 결코 웃고 넘어갈 수 없는 또 한 가지 '국민적 후회 교훈' 이었구나 하는 생각이 들었습니다.

다 맞는 말입니다. 저는 이 모든 것을 종합하여 딱 두 마디를 하고 싶습니다.

"예수님을 믿지 않고 인생을 마감할 때 반드시 후회한다." "예수님을 믿지만 불순종으로 신앙생활 땡땡이치면 하나님이 후회하시는 사람이 된다."

그렇습니다. 인생의 가장 큰 슬픔과 아픔은 하나님이 후회하시는 사람입니다.

오늘 사울이 그 주인공이 되었습니다. 사울의 일생을 한 마디로 요약하면 '하나님 앞에서 불순종의 삶' 이었습니다. 좋은 것으로 시작했는데, 축복으로 시작했는데, 더럽고 추한 저주로 일생을 마친 사람이 불순종의 사람 사울입니다.

하나님께서 후회하시는 사람의 삶이 어떻게 마무리 되었는지 살펴보겠습니다.

1. 잘못된 관계-비참한 최후

33절입니다.

"사무엘이 이르되 네 칼이 여인들에게 자식이 없게 한 것 같이 여인 중 네 어미에게 자식이 없으리라 하고 그가 길갈에서 여호와 앞에서 아각을 찍어 쪼개니라."

앞의 32절에서는 아각 왕이 말하기를 "사망의 괴로움이 지났도다."라고 죽음을 벗어난 듯 노래하지만 33절은 그 반대가 되었습니다.

"찍어 쪼개니라."는 말씀 '와예삿세프(וַיְשַׁסֵּף)'라는 히브리어는 "여러 조각내다. 토막토막 끊다."라는 '솨싸프(#s' v;[shaw-saf])'라는 단어의 강의형(Piel) 미완료입니다.

사울과 아각의 잘못된 관계의 마지막이 어떤 것인가를 교훈하는데, 하나님의 공의의 심판이 얼마나 무섭고 철저한가를 이 단어는 가르치고 있는 것입니다.

하나님의 말씀은 아각을 죽이라는 것이었습니다. 그리고 아말렉의 모든 것을 멸절하라고 하셨습니다. 그런데 사울은 하나님의 말씀에 순종하지 않고 제 임의대로 행했습니다.

이것은 하나님을 믿는다는 사람들의 잘못된 신앙의 모습을 반면의 거울처럼 보여 주는 내용입니다. 겉으로는 순종의 모습입니다. 그러나 안으로는 불순종입니다. 자기 생각대로 모든 것을 행하면서 하나님의 이름을 앞세웁니다. 그것이 잘못된 관계입니다.

그 때나 지금이나 하나님이 원하시는 것은 능력의 유무가 아닙니다. 오직 순종입니다. 하나님께서 능력이 없어서 못하십니까? 절대로 아닙니다. 하나님은 오늘도 하나님의 말씀에 순종하는 자를 찾으십니다. 그리고 선택하여 세우십니다.

아각은 찍어 쪼개어짐을 당했습니다. 사울은 하나님으로부터 버림을 받았습니다. 하나님의 말씀은 그 일 점 일 획도 땅에 떨어지지 않고 시행되었습니다.

믿음생활을 한다고 하면서 하나님께서 원치 않는 것과 관계를 맺으면 안 됩니다. 미련하고 어리석게 보일지라도 하나님의 말씀에 순종할 때 하나님께서 그를 존귀하게 사용하십니다.

제 7기 영성훈련을 마친 72명의 '재회모임'(reunion)이 있었습니다. 이 모임에서 간증하신 분들의 공통점이 있었습니다. 요약하면 이렇습니다. "믿는다고 하면서 너무도 잘못된 생활을 했습니다."

그 가운데 집사님 한 분이 울면서 놀라운 고백을 하셨습니다.

"믿는다고 하면서 하나님이 원치 않는 것을 행했습니다. 이제 저

는 영성 훈련을 받고 술을 끊었습니다. 단연코 끊었습니다. 그것이
하나님 앞에서 잘못된 것임을 깨달았기 때문입니다."

그렇습니다. 바로 그것입니다. 잘못된 관계의 결과적인 교훈이 사
울과 아각의 종말입니다. 오늘 성경은 그것을 교훈하고 있습니다.

2. 주의 종이 슬퍼하는 사람

34절입니다.
"이에 사무엘은 라마로 가고 사울은 사울 기브아 자기의 집으로 올라
가니라."

그리고 35절 상반 절이 이어집니다.
"사무엘이 죽는 날까지 사울을 다시 가서 보지 아니하였으니 이는 그
가 사울을 위하여 슬퍼함이었고"

하나님에 대한 사울왕의 도가 넘은 생활은 대책불가의 모습이었습
니다. 더 이상은 어떻게 할 수 없는 지경까지 갔습니다. 그러니 사무
엘의 입장에서는 더 이상 사울과의 관계를 이어갈 수 없었습니다. 결
국 사무엘은 라마로 갔습니다. 그리고 사울은 기브아로 각자 갈라서
는 모양이 되었습니다. 라마는 사무엘의 고향입니다. 기브아는 사울
의 고향입니다.
이 두 사람의 헤어짐은 단순한 이별을 넘어 엄청난 의미를 주고 있
습니다. 두 사람의 관계가 근본적으로 단절되었다는 뜻이기 때문에

그렇습니다.

슬프고 불행하고 가슴 아픈 일입니다. 사무엘과 사울이 각각 다른 길로 갔다는 것은 이어지는 무서운 마지막 결론, 즉 하나님으로부터 사울이 버림받게 되는 것을 암시하고 있습니다.

조심스러운 한 마디를 드립니다. 하나님 앞에서 불순종함으로 주의 종과 갈라서지 마십시오. 그것은 하나님과의 거리가 멀어지는 것임을 명심하십시오.

하나님을 가까이 하시기 바랍니다. 교회를 가까이 하시기 바랍니다. 주의 종과 가까이 하시기 바랍니다.

이와 같은 생활을 하려면 때로는 여러분의 마음에 들지 않습니다. 불편스럽고 속박되는 느낌을 받을 때가 있습니다. 그렇지만 그것이 여러분에게 복이 된다는 것을 믿으시기 바랍니다.

3. 하나님이 후회하시는 사람

35절 하반절입니다.

"여호와께서는 사울을 이스라엘 왕으로 삼으신 것을 후회하셨더라."

성경 66권 가운데 하나님께서 후회하시는 구절은 딱 두 절입니다. 바로 사무엘상 15장 11절과 35절입니다.

"내가 사울을 왕으로 세운 것을 후회하노니 그가 돌이켜서 나를 따르지 아니하며 내 명령을 행하지 아니하였음이니라 하신지라 사무엘이 근심하여 온 밤을 여호와께 부르짖으니라(15:11)."

"사무엘이 죽는 날까지 사울을 다시 가서 보지 아니하였으니 이는 그가 사울을 위하여 슬퍼함이었고 여호와께서는 사울을 이스라엘 왕으로 삼으신 것을 후회하셨더라(15:35)."

두 절을 가만히 들여다보면 놀라운 사실 하나를 발견하게 됩니다. 11절에서는 하나님께서 사울을 왕 삼으신 것을 후회하심과 함께 주의 종 사무엘이 근심합니다.

35절에서는 주의 종 사무엘이 사울 때문에 슬퍼함과 함께 하나님이 사울 때문에 후회하셨습니다.

하나님은 보이지 않습니다. 그러나 믿음 있는 사람은 주의 종을 통해 하나님을 봅니다. 주의 종을 통해 하나님과 만납니다. 주의 종을 통해 하나님의 사랑을 받습니다.

그렇다고 주의 종 모두는 아닙니다. 엘리 같은 주의 종은 하나님께 버림을 받았습니다. 그러나 사무엘 같은 진실한 주의 종은 하나님의 사랑을 받았습니다.

주의 종이나 주의 백성이나 모두가 하나님 앞에서 순종할 때 하나님이 함께 하십니다. 이름 가지고 능력이 나타나는 것이 아닙니다. 직분을 통해서 역사가 일어나는 것이 아닙니다. 하나님의 말씀에 순종할 때 능력과 역사가 일어납니다. 하나님의 말씀에 불순종할 때는 하나님이 후회하시는 사람이 되고 그는 버림받는 사람이 됩니다.

은퇴를 앞둔 한 건축가가 있었습니다. 건축회사의 사장이 그를 부르더니 은퇴하기 전에 집 한 채만 더 지어달라고 부탁을 하였습니다.

건축가는 하필이면 은퇴를 앞둔 내게 왜 이런 일을 맡기느냐고 불평하는 마음으로 건축을 하였습니다. 감독도 소홀히 하고 좋은 재료를 사용하지도 않았습니다. 최선을 다하지 않고 그냥 대충 지었습니다. 건물이 완공되었을 때 사장이 그를 불렀습니다. 그리고 열쇠 하나를 주면서 이렇게 말했습니다.

"당신이 건축한 이 집이 우리 회사를 위해 애써 온 당신의 은퇴를 기념하는 내 선물이요."

건축가는 몹시 후회하였습니다.

"이럴 줄 알았으면 정성을 다해 지었을 것을….'

그러나 이미 지나버린 일입니다. 건축을 시작할 때 내 집을 짓는 심정으로 건축에 임했다면 얼마나 좋은 집이 되었겠습니까.

우리 모두가 그런 마음으로 교회에서 봉사를 하면 얼마나 좋겠습니까. 하나님은 지금도 마치 건축회사 사장이 건축가에게 건축을 부탁하듯 우리에게 우리교회의 다양한 일들을 부탁하십니다. 그 일의 결국은 나의 것이 되는 교훈을 깨닫지 못하면 우리도 하나님의 말씀에 불순종하고 성실하지 못하게 되는 것입니다.

불순종의 다섯 번째의 교훈, 하나님이 후회하시는 사람 사울처럼 살아서는 안 됩니다.

15장을 강해하면서 저는 울기도 많이 울었습니다. 성도님들의 신앙생활을 지켜보면서 사무엘의 심정으로 울었습니다. 목사를 배반하고 교회를 떠난 사람도 있습니다. 아직도 하나님이 싫어하시는 것들과 관계를 끊지 못하는 사람도 있습니다.

사무엘상 15장을 통하여 강해했던 다섯 번의 교훈이 무엇인지 주제로 총정리를 합니다.

불순종(1) - 자기 뜻대로 행하는 사람

불순종(2) - 하나님께 버림받는 사람

불순종(3) - 멸망을 재촉하는 사람

불순종(4) - 주의 종의 옷자락을 찢는 사람

불순종(5) - 하나님이 후회하시는 사람

우리는 불순종의 사람 사울처럼 하나님께 버림을 받는 자의 삶을 살지 않기를 바랍니다. 언제나 하나님의 마음에 합한 사람들로 날마다 선택받고 거룩하게 쓰임 받는 하나님의 기뻐하시는 사람들이 되기를 예수님의 이름으로 축복하며 기도합니다. 아멘!

47. 수행자의 기본자세

"네가 그를 위하여 언제까지 슬퍼하겠느냐
너는 뿔에 기름을 채워 가지고 가라
내가 너를 베들레헴 사람 이새에게로 보내리니
〈사무엘상 16:1∼5 중〉."

오래 전에 오혜령 씨의 『당신 없는 인생은 빈 그물이오니』를 읽었습니다. 경기도 화성에서 〈평화의 집〉 원장으로 헌신하시는 오혜령 씨는 어릴 때부터 '걸어다니는 종합병원' 이라는 별명을 가지고 있었습니다. 공식적으로 확인된 것만으로도 39 가지의 질병을 앓았고, 지금도 수 십 가지의 병을 몸에 달고 있으면서 몇 번씩이나 찾아온 죽음의 고통 앞에서 하나님의 도우심을 순간순간 느끼며 지내고 있습니다. 지금도 그녀는 남편 권오정 목사와 함께 〈평화의 집〉에서 무의탁 노인들과 의지할 곳 없는 사람들을 돌보고 있습니다.

1964년 조선일보 신춘문예에 희곡 '흘러간 목신' 으로 데뷔한 이후 작가와 연극배우, 방송인 등의 화려한 직업을 가졌던 그녀의 여러 가지 작품 가운데 하나가 매일의 묵상집 『당신 없는 인생은 빈 그물이

오니』입니다.

이 책은 특히 손이 마비되어 전혀 글을 쓸 수 없는 상태에서 간병인의 도움을 받아 구술을 대필로 엮어 낸 책입니다.

마음에 남아있는 내용이 있어 여러분에게도 소개합니다.

"당신 없는 생의 호수에 그물을 던지고 물고기가 잡히기를 바랐던 지난 나날들은 죽은 시간이었습니다.

오, 주님! 이제 당신께서 그물을 채워 주소서. 그러면 저는 비로소 살 것입니다.

인생의 가장자리에 서 계신 부활의 주님! 당신 없이 한평생 수고해 보아야 우리 인생은 빈 그물이옵니다."

이 글을 읽으면서 요한복음 15장 5절이 떠올랐습니다.

"나는 포도나무요 너희는 가지라. 그가 내 안에, 내가 그 안에 거하면 사람이 열매를 많이 맺나니 나를 떠나서는 너희가 아무 것도 할 수 없음이라."

바로 이것입니다. "당신 없는 인생은 빈 그물입니다."

한 마디로 요약하면 하나님의 부르심을 입은 자들의 삶의 자세를 느끼고 깨닫게 해 주는 글입니다.

예수님은 포도나무이십니다. 우리는 가지입니다. 가지가 포도나무에 붙어있지 아니하면 과실을 맺을 수 없습니다. 우리는 예수님 떠나서는 아무것도 할 수 없습니다. 우리는 예수님 안에 있어야 합니다. 예수님의 몸인 교회에 붙어있어야 합니다. 교회를 떠나서는 아무

것도 할 수 없습니다. 예수님을 떠나서도 무엇인가 할 수 있다는 생각은 참으로 미련하고 어리석은 생각입니다. 그리스도인의 사명은 여기서 시작되는 것입니다.

사무엘은 사울을 떠났습니다. 항상 함께 했던 하나님의 종 사무엘과 헤어진 사울의 걸음은 캄캄한 어둠속을 걷는 걸음이었습니다. 그렇게 사울과 헤어진 사무엘 또한 마음이 편할 수는 없었습니다. 그래서 슬퍼하고 아파하며 고뇌하고 두려웠으며 힘들었습니다. 그 때 하나님께서 사무엘을 다시 찾아오셨습니다. 그리고 이렇게 말씀하셨습니다. 1절입니다.

"여호와께서 사무엘에게 이르시되 내가 이미 사울을 버려 이스라엘 왕이 되지 못하게 하였거늘 네가 그를 위하여 언제까지 슬퍼하겠느냐 너는 뿔에 기름을 채워 가지고 가라 내가 너를 베들레헴 사람 이새에게로 보내리니 이는 내가 그의 아들 중에서 한 왕을 보았느니라 하시는지라."

이 구절에서 발견하는 것은 하나님의 사람이 하나님이 주신 사명을 수행할 때 가져야 할 몇 가지 기본자세입니다.

1. 하나님의 일과 사람의 일을 분별해야 합니다.

1절 상반 절입니다.
"내가 이미 사울을 버려 이스라엘 왕이 되지 못하게 하였거늘 네가 그를 위하여 언제까지 슬퍼하겠느냐"

하나님의 일과 사람의 일이 분명하게 구분되는 말씀입니다. 하나님은 사울을 버리셨습니다. 하나님의 마음인들 편하셨겠습니까?

하나님은 다음 왕을 세우실 준비를 진행하셨습니다. 새로운 선택을 하셨습니다. 이것이 하나님의 일입니다. 그런데 사무엘은 이 일로 너무 깊은 슬픔에 빠져 있었습니다. 그래서 다음 일을 진행하지 못하고 있었습니다. 사람의 일로 심령에 깊은 근심이 있었기 때문입니다. 마치 누가복음 22장 45절의 제자들이 예수님께서 십자가에서 죽으실 것에 대하여 말씀하신 후 함께 기도하러 갔을 때 스승에 대한 염려로 깊은 슬픔 가운데 잠이 든 것처럼 사무엘도 사울로 인하여 모든 것을 망각하고 깊은 슬픔에 빠져 있었습니다.

하나님의 일을 수행하는 사명자의 기본자세는 우선 하나님의 일과 사람의 일을 분별하는 것입니다. 마태복음 16장 23절에서도 예수님은 베드로에게 이 사실을 확인시키셨습니다.

"예수께서 돌이키시며 베드로에게 이르시되 사탄아 내 뒤로 물러가라. 너는 나를 넘어지게 하는 자로다 네가 하나님의 일을 생각하지 아니하고 도리어 사람의 일을 생각하는 도다."

사랑하는 제자 베드로가 하나님의 일과 사람의 일을 분별하지 못할 때 예수님은 가차없이 책망하셨습니다. 하나님의 일과 사람의 일을 분별하지 못하고 깨어 기도해야 할 때 깊은 슬픔에 빠져 잠들어 있는 제자들을 향하여 권면하시고 책망하셨습니다.

분별하지 못하고 행하는 모든 일은 하나님의 뜻과는 아무 관계도 없는 그야말로 인간적인 일이 됩니다.

기드온이 말년에 제대로 사명을 수행하지 못하고 실패했습니다.

삼손도 나실인의 아름다운 사역을 제대로 수행하지 못하고 실패했습니다. 이들의 공통된 실패의 원인이 바로 하나님의 일과 사람의 일을 분별하지 못했기 때문이었습니다.

지금은 하나님 나라에 가셨지만 저에게는 아버지 같은 영적 울타리가 되셨던 분이 이언복 장로님입니다.

첫 담임목회 시절 시골교회를 담임하던 어느 주일이었습니다. 장로님은 예배시간에 20분을 지각하셨습니다. 설교 중이었는데 장로님이 예배당 뒷문을 열고 들어오셨습니다. 그 순간 저는 대갈일성 했습니다.

"장로님이 어떻게 예배 시간에 지각을 하실 수가 있습니까? 오늘은 그 자리에 서서 예배를 드리시기 바랍니다."

순간 회중들은 놀랐고 장로님은 그 자리에서 꼼짝 않고 예배를 드렸습니다. 전도사 시절이었는데 당시에는 예배가 끝나면 광고는 장로님이 하셨습니다. 광고시간이 되어서야 저는 장로님에게 앞으로 나와서 광고를 하시라고 했습니다. 마이크 앞에서 장로님은 울먹이면서 늦은 이유를 설명하셨습니다.

"5일장이 하필 오늘이라 시골에서 5일장 보러온 길에 나선 환자들이 줄을 이어 차마 약국 문을 닫을 수가 없어 이렇게 늦었습니다. 오늘 우리교회 예배당 출입문이 천국 문이라고 생각하니 온 몸이 떨리고, 주님 앞과 전도사님, 그리고 여러분에게 큰 죄를 지어 죄송합니다."

수 십리 길을 걸어 5일장을 보러온 산골 주민들이 약국 문을 닫으려고 할 때 하나 같이 사정하면서 간청하는 것을 차마 거절할 수 없었던 장로님의 상황 설명이었습니다. 강단에 섰던 저는 말씀을 들으면서 좀 더 넉넉지 못하고 옹졸하게 대처한 인본주의 목회에 한없이 부끄러웠습니다. 예배가 끝나고 장로님은 자식 같은 제 손을 부여잡으며 눈물을 글썽이셨습니다. 그리고 입을 열어 하시는 말씀은 "내가 하나님의 일과 사람의 일을 분별 못했습니다."라는 진실한 회한의 말씀, 용서를 구하는 말씀이셨습니다.

그 날의 기억은 아직도 잊혀지지 않고 생생히 제 가슴에 남아있습니다. 이 사건은 저의 목회의 기본 틀을 새롭게 세워주는 놀라운 계기가 된 사건이기도 합니다.

하나님의 일을 하는 사명자의 첫째 자세는 하나님의 일과 사람의 일을 분별하는 지혜를 갖는 것입니다.

2. 하나님의 일은 항상 현재 진행형임을 깨달아야 합니다.

1절 하반 절입니다.

"너는 뿔에 기름을 채워 가지고 가라 내가 너를 베들레헴 사람 이새에게로 보내리니 이는 내가 그의 아들 중에서 한 왕을 보았느니라."

아직은 사울이 이스라엘의 왕입니다. 그러나 하나님은 이미 사울을 버리셨습니다. 가시적으로는 사울이 왕이지만 이미 후계자를 찾으시고 선택하신 하나님 앞에서는 더 이상 사울은 왕이 아닙니다. 그래서 하나님은 다음 왕을 세우실 공식적인 준비를 진행하시려고 사무엘을 찾아오셨던 것입니다.

이것은 역사를 운행하시는 하나님의 섭리와 거룩한 사역은 중단될 수 없다는 것을 가르치시는 중요한 교훈입니다. 이것이 하나님의 일을 하는 사람들의 사명 수행의 기본자세가 되어야 합니다.

사울이 하나님의 버림을 받게 된 것만을 보면 이스라엘의 왕정제
도가 실패한 것처럼 보입니다. 그러나 하나님은 이미 다음 왕을 선택
하시고 세우실 준비를 하시면서 당신의 뜻을 진행하고 계시는 것을
볼 수 있습니다. 즉 하나님의 섭리와 뜻은 결코 중단되지 않는다는 것
을 보여주고 계십니다. 하나님의 일은 언제나 현재 진행형입니다. 그
래서 예수님은 누가복음 13장 33절에서 아주 의미 있는 말씀을 하셨
습니다.

"오늘과 내일과 모레는 내가 갈 길을 가야 하리니 선지자가 예루살렘
밖에서는 죽는 법이 없느니라."

십자가를 짊어지고 인류를 구원하시는 예수님의 사명 수행이 중단
될 수 없다는 결연한 의지의 말씀입니다.

사도 바울도 이것을 알았기에 빌립보서 3장 16절에서 이렇게 고백
했습니다.

"오직 우리가 어디까지 이르렀든지 그대로 행할 것이라."

'내가' 목회를 안 한다고 하나님의 복음이 중단되는 법은 없습니
다. 내가 성가대 안 한다고, 내가 교사 안 한다고, 내가 선교사 안 한
다고, 내가 직분 수행 안 한다고 하나님의 일이 중단되지 않습니다.
결코 그런 일은 일어나지 않습니다. 우리 중 누군가가 그런 어리석은
생각으로 물러선다 해도 하나님은 당신의 마음에 합한 사람을 새롭
게 선택하시고 사용하십니다. 결단코 하나님의 거룩한 사역은 중단
되는 일이 없습니다.

예배당을 건축할 때 이런저런 이유를 달며 교회를 떠난 사람들이

있었습니다. 그러나 교육선교센터와 본당은 이렇게 든든히 세워졌습니다.

항존직분자 피택 선거가 있은 후 이런저런 이유를 달고 교회를 떠난 사람들이 있었습니다. 그러나 우리교회 역사를 거슬러 올라가 보면 아름답게 임직하신 분들의 헌신과 봉사의 역사가 줄기차게 이어져 오늘의 세계적인 중앙교회가 되었습니다.

목회자의 면면이 마음에 들지 않는다고 불평하다가 교회를 떠난 사람들이 있었습니다. 그러나 교회는 더욱 부흥하고 평안하며 모든 성도들이 축복을 누리는 교회로 행복합니다.

마음 상했다고 찬양대 지휘도 하지 않고, 찬양대도 하지 않고, 교사도 하지 않고 교회를 떠난 사람들이 있었습니다. 그러나 교회학교는 더욱 발전되었고 찬양대는 더욱 영적으로 음악적인 수준이 높아가고 있습니다.

하나님의 일은 중단되지 않습니다. 오히려 박차고 나간 자의 모든 것이 중단 될 뿐입니다. 그것을 깨달아야 합니다. 그것이 지혜입니다.

이것을 알아야 하나님의 일을 할 때 인간적인 이유를 앞세우지 않습니다. 이것을 깨달으면 게으를 수 없습니다. 교만할 수 없습니다. 이것을 깨달아 아는 사람은 절대로 뒤로 물러가서 침륜에 빠지는 자가 되지 않습니다.

3. 일사각오(一死覺悟)로 하나님의 말씀에 순종해야 합니다.

2절입니다.

"사무엘이 이르되 내가 어찌 갈 수 있으리이까 사울이 들으면 나를
죽이리이다 하니 여호와께서 이르시되 너는 암송아지를 끌고 가서 말하
기를 내가 여호와께 제사를 드리러 왔다 하고"

하나님께서 사무엘에게 사울을 대신할 왕을 세울 준비를 하라고
하셨을 때 인간적인 사무엘의 고민이 드러난 구절입니다. 하나님께
서 사무엘을 통하여 사울을 폐위하셨는데 사무엘이 또 다른 왕을 세
우려고 갈 때 사울이 가만있겠느냐는 것입니다.

하나님이 주신 사명 수행보다는 자신의 생명을 우선순위에 둔 사
무엘의 마음을 읽을 수 있습니다. 하나님의 사람이지만 연약한 인간
사무엘의 성정이 나타난 말입니다. 이것은 인간의 생명의 주권이 하
나님께 있고 인간만사의 섭리가 하나님의 손에 있다는 것을 사무엘
이 잠깐 잊어버린 것입니다.

이런 사무엘에게 하나님은 자세하게 그가 행해야 할 내용을 설명
해 주셨습니다. 그것을 요약하면 이렇습니다.

**'인간의 소망은 오직 하나님뿐임을 깨닫고 끝까지 사명을 수행해
야 한다.'**

4절을 보면 사무엘의 태도가 잘 나타나 있습니다.

"사무엘이 여호와의 말씀대로 행하여"

그렇습니다. 자신의 사명을 깨달은 사무엘은 말씀에 순종했습니
다. 사울의 칼에 죽는 것이 문제가 아니라 하나님이 주시는 거룩한 사
명 수행이 우선순위가 되었던 것입니다. 이것이 사명수행의 기본자

세입니다. 사명 수행자는 어느 때든지 하나님의 선택하심을 따라갑니다.

오늘날도 교회 안에서 하나님이 일을 한다는 사람들이 이런 저런 삶의 문제들 때문에 사명을 포기합니다. 회피합니다. 불성실하게 행합니다. 하나님의 일과 사람의 일이 구별이 되지 않으니 하나님께서 일을 진행하시고 계신다는 것을 깨닫지 못합니다. 그래서 죽음을 각오하고 사명을 수행하며 나아가지 못하는 것입니다.

모세는 이것을 알았기에 죽음을 두려워하지 않고 바로 앞에 나아가 이스라엘 민족을 구원해 냈습니다.

엘리야도 이것을 알았기에 아합 앞에 나아가 담대하게 하나님의 말씀을 선포하며 기도로 하나님의 살아계심을 만천하에 드러낼 수 있었습니다. 우상을 섬기면서 백성들을 잘못된 길로 인도했던 바알과 아세라 선지자들 850명을 멸절했습니다.

나이 어렸던 다윗도 이것을 알았기에 물매 돌 하나를 무기로 블레셋의 거장 골리앗에게로 나아가 그를 넘어뜨리고 여호와 닛시를 노래했습니다.

히브리서 11장의 수많은 믿음의 선진들도 이것을 알았기에 로마의 혹독한 박해에도 굴하지 않고 하나님을 찬송하며 순교의 길을 걸어갔습니다.

하나님 앞에 일사각오의 순종하는 자세가 없다면 삶의 문제와 쉽게 타협을 하게 됩니다. 현실에 안주합니다. 일의 결정에 무지몽매(無知蒙昧)할 수밖에 없습니다.

저와 여러분의 존재 이유가 무엇입니까? 하나님의 영광을 위하여 존재합니다. 이것을 위하여 하나님의 백성으로 다시 태어났습니다. 예수 그리스도를 닮아가도록 재창조 되었습니다. 섬기기 위해 그리스도의 제자가 되었습니다. 하나님이 주신 사명을 위해 오늘에 존재합니다. 감히 하나님의 선택하심을 입은 영광의 아들 딸들입니다. 하나님의 동역자들입니다.

영어의 'mission' 이라는 단어는 'sending' 에서 유래되었습니다. 이 단어의 어원이 요한복음 20:21절입니다.
"아버지께서 나를 보내신 것 같이 나도 너희를 보내노라."

그리스도인의 최고의 사명이 여기에서 시작됩니다. 그리고 이어지는 것이 바로 마태복음 28장 19~20절과 사도행전 1장 8절입니다. 이 사명수행을 위한 기본자세는 바로 일사각오로 말씀에 순종하는 것입니다. 그것은 하나님께 소망을 두지 않고는 절대 불가능한 것입니다. 예레미야 17장 7절입니다.
"그러나 무릇 여호와를 의지하며 여호와를 의뢰하는 그 사람은 복을 받을 것이라."

시편 146편 5절입니다.
"야곱의 하나님을 자기의 도움으로 삼으며 여호와 자기 하나님에게 자기의 소망을 두는 자는 복이 있도다."

하나님은 사무엘 시대에 사무엘을 통하여 일하셨습니다. 사무엘은 사명을 성실히 수행하여 하나님의 역사를 이루는데 주인공이 되었습니다.

동 시대를 함께 산 사울은 하나님이 주신 사명을 잊어버렸습니다. 그래서 사명을 수행하지 못했습니다. 그리고 하나님께 버림을 받았습니다.

여러분은 어떠하십니까? 내가 살고 있는 이 시대에 하나님은 나를 통해 일하시기를 원하시는데 여러분의 사명 수행의 기본자세는 어떠하십니까?

하나님의 일과 사람의 일을 분별해야 합니다.
하나님의 뜻은 항상 현재 진행형입니다.
일사각오로 하나님의 말씀에 순종해야 합니다.

저와 여러분이 예수님처럼 이 시대의 진정한 하나님의 사명 수행자가 되는 축복을 누릴 수 있기를 예수님의 이름으로 권면합니다. 그래서 하나님의 착하고 충성된 종들이 다 되기를 예수님의 이름으로 축복합니다. 아멘.

48.
하나님의 선택 조건

비만 오면 지붕이 새는 교회가 있었습니다. 그럴 때면 교회로 가는 길은 언제나 빗물로 진창이 되었습니다. 비가 몹시 많이 내리던 어느 주일에 목사님이 교회에 가기 위해 길을 나섰습니다. 문을 열고 나서자 누가 깔았는지 교회당으로 닿는 길은 벽돌이 징검다리처럼 깔려 있었습니다. 목사님은 신발이 물에 젖지 않고도 교회로 갈 수 있었습니다. 길을 걸으며 목사님은 생각했습니다. "누가 이 벽돌을 깔아 놓았을까?'

다음 주일이 왔습니다. 더 많은 벽돌들이 지난주에 깔아 놓은 벽돌에 이어 깔려 있었습니다. 세 번째 주일이 되었을 때는 길의 절반이 벽돌로 촘촘히 깔려 있는 것을 보게 되었습니다. 참으로 감사했습니다. 그리고 몹시 궁금해졌습니다.

목사님은 그 다음 주일은 일찍 교회로 갔습니다. 누가 벽돌로 길을 만드는지 보기 위해서였습니다. 아직은 이른 아침에 벽돌을 깔고 있는 주인공이 나타났습니다. 이삼십 장의 벽돌을 손수레에 싣고 와 길을 내고 있는 사람, 그는 작은 고사리 손의 소년이었습니다. 이 소년은 그 교회 주일학교를 다니는 12살짜리 '존 워너 메이커' 였습니다.

존은 일찍 아버지를 여의고 벽돌 공장에서 일하며 어머니를 돕고 있는 소년입니다. 비가 내리던 주일 아침에 교회로 가는 길이 물이 괴며 진창이 되는 것을 보았습니다. 그 길을 걸으며 소년은 결심했습니다. 자신의 임금 중 일부를 벽돌로 받아 교회 앞에 길을 만들기로.

사실을 알게 된 목사님은 큰 감동을 받았습니다. 그 날 설교 시간에 소년 워너 메이커의 선행을 교회 앞에 소개했습니다. 교인들은 존의 신앙과 헌신에 감격하였습니다. 그리고 즉석에서 교회 건축을 위한 결정과 헌금을 하기로 했습니다.

이 소년이 바로 미국의 백화점 왕인 존 워너 메이커입니다.

에머슨은 "사람은 종일 생각하는 그것 자체다."라고 갈파했습니다. 이 에머슨의 말처럼 그 사람이 어떤 생각을 갖고 있느냐에 따라 그의 삶이 만들어져갑니다. 그것은 개인이나 가정이나 사회나 직장이나 국가가 모두 마찬가지입니다. 그렇게 마음 중심에 좋은 생각을 가진 사람들에 의하여 세계는 발전의 역사를 거듭해 가고 있습니다.

사람에게는 세 가지 아름다움이 있습니다. 먼저는 육체의 아름다움입니다. 즉 외모입니다. 다음은 인격의 아름다움입니다. 성품이기도 하고 '됨' 이기도 합니다. 세 번째는 영적인 아름다움입니다. 하나님께서 보시는 가장 중요한 핵심부분입니다.

물론 이 세 가지를 두루 갖추었다면 그보다 더 좋을 수는 없을 것입니다. 이 셋 중에 하나님께서 보시는 가장 중요한 것은 외모보다는 중심의 인격, 그것보다는 신령한 영적인 아름다움입니다.

압살롬은 그 외모가 뛰어나기를 당대의 최고였습니다. 그러나 안타깝게도 성품이 옥에 티로 악한 사람이었습니다. 그런 그의 인격과 신앙은 엉망이었습니다. 종국에 그는 아버지를 배반하고 결국 비참한 최후를 맞이합니다.

비록 외모는 아름답지 못해도 그 삶이 위대한 사람들은 헤아릴 수 없이 많습니다. 소크라테스가 그렇습니다. 칼빈도 그렇습니다. 우리가 사랑하는 사도 바울도 그렇습니다. 아브라함 링컨 대통령도 그렇습니다. 마더 테레사 수녀도 그렇습니다.

그러나 오늘날 사람들 대부분은 사람을 볼 때 외모 지향적인 평가를 하는 것을 부인할 수 없습니다.

교단지에 실리는 목회자 청빙 광고를 보고 있노라면 '세상 참 많이 변했구나!' 하는 생각이 듭니다. 가만히 문구를 들여다보면 그 사람의 인격과 신앙, 그리고 목회적 상황보다는 외적 상황을 요구하는 것이 더 많기 때문입니다. 물론 그것 자체를 부정할 수는 없습니다. 그러나 하나님의 목장을 이끌어갈 목자를 청빙하는 평가 기준은 있어야 합니다.

담임목사를 청빙할 때 정말 그런 방법 뿐일까요? 수십, 수백 통의 이력서를 받아놓고 한 사람씩 한 사람씩 청하여 설교를 시켜 보면서 배점을 하는 것, 어쩌면 그렇게 청빙한 목사는 거의 완벽에 가까울 정도로 좋은 목사일지도 모릅니다.

그러나 문제는 바로 이것입니다. 그렇게 평가된 목회자가 부임한 후 얼마 지나지 않아 이런저런 문제로 충돌하면서 교회가 어려워지는 일들을 수 없이 보고 듣습니다. 그럴 때면 떠오르는 것이 꼭 하나 있습니다. '하나님께서 이스라엘 왕을 선택하시는 기준이 얼마나 좋은 방법인가?' 라는 것입니다.

그런 면에서 저는 저희교회 당회를 새삼 존경하며 자랑스러워하고 또 고맙게 생각합니다. 제가 이 교회 청빙이 될 때 이력서, 설교, 가족 상황, 신앙고백서, 사모 신앙고백서, 목회 계획서, 학력과 졸업증명서 등의 기타 수십 가지의 서류들 어느 하나도 요구를 하지 않았습니다. 왜 그랬을까요? 그런 모든 것들은 이미 요즘 같이 좋은 정보사회에서 얼마든지 파악할 수 있었기 때문입니다. 속된 말로 뒷조사를 다 하고 이 교회에 가장 적합한 목사라고 평가되었을 때 청빙위원들이 저를 찾아와 청빙을 하였다는 것입니다.

목회자에 대한 정보가 없어서 그런 것을 요구하지는 않을 것입니다. 속된 말로 지금은 알려고 한다면 강아지 한 마리를 키우는 것까지도 알 수 있는 시대입니다.

그래서 지혜 있는 교회는 목회자를 청빙 할 때도 남다른 데가 있습니다. 건강하게 성공적인 목회를 하고 있는 목회자에게 자문을 받으면서 객관적인 평가를 함께 하는 경우가 그것입니다. 그렇게 하는 교회 거의 대부분이 평안하고 부흥하는 것을 봅니다. 물론 이것이 정석인 것만은 아니라는 것을 전제하고 드리는 말씀입니다.

당나라 때 관리로 등용되기 위해 갖추어야 할 네 가지 조건에는

'신언서판(身言書判)' 이라는 것이 있었습니다. '신언서판' 은 건강한 풍채, 말씨, 문필, 판단력을 가리킵니다. 여기에 '미(美)' 는 포함되지 않았습니다.

그런데 요즘은 사람을 평가하는 데 외적인 '미' 가 매우 중요한 요소로 자리했습니다. 이런 세태를 반영하며 '얼짱', '몸짱' 이라는 신조어까지 탄생이 되었습니다. 질병을 다스리고 치료하는 병원은 이제 성형외과가 선풍적인 인기를 끌며 머리끝에서 발끝까지 별별 성형 수술이 다 있습니다. 이러한 사회 풍조는 내적 성숙보다 외적인 화려함을 추구하는 '외모지상주의' 의 한 세태를 그대로 반영해 주고 있는 것이라 할 수 있습니다.

중국의 진시황 아버지 '여불위' 는 사람을 판단함에 있어서 외모나 재능만을 보지 않고 '육험론(六驗論)' 에 의해서 판단했다고 합니다. 육험론이란 사람을 판단하는 6가지 기준을 이르는 것인데 다음과 같습니다.
1. 사람을 즐겁게 하고 얼마나 깊이 빠져드는지 살핀다.
2. 사람을 기쁘게 하고 얼마나 자제하는지 살핀다.
3. 사람을 괴롭히고 얼마나 인내하는지 살핀다.
4. 사람을 두렵게 하고 얼마나 침착한지 살핀다.
5. 사람을 슬프게 하고 얼마나 삭이는지 살핀다.
6. 사람을 화나게 하고 얼마나 개의치 않는지 살핀다.
이렇게 한 후에 저 사람은 괜찮다고 판단될 때 등용하는 것입니다.

우리 속담에는 '열 길 물속은 알아도 한 길 사람 속은 모른다.' 는 말이 있습니다. 어느 목사님이 평생 목회를 잘하여 교회를 부흥시키셨습니다. 이제 은퇴를 하게 되어 후임을 청빙했습니다. 그 교회에 가장 적합하고 가장 믿을만한 사람이라고 생각된 사람을 후임으로 정하여 담임목사로 청빙하였습니다. 그런데 얼마 지나지 않아서 후임 목사님이 모든 신뢰를 배반하여 교회가 풍비박산이 났습니다. 원로목사는 담임목사를 원망하고 담임목사는 원로목사를 원망하며 그렇게 좋았던 부자지정의 관계가 원수로 변하고 말았습니다. 참으로 안타깝고 슬픈 일입니다.

인간은 중심을 보지 못하기 때문에 더러는 이런 일들이 일어납니다. 그러나 하나님은 우리의 머리털까지 헤아리시고 심령 폐부까지 살피시며 그 중심을 보신다고 했습니다.

사무엘이 베들레헴으로 갔습니다. 성읍의 장로들이 떨면서 사무엘을 영접합니다. 행여 자신들의 잘못을 책망하러 온 것은 아닌가 하는 그들의 두려움을 본문에서 엿볼 수 있습니다.

사무엘은 제사에 참여하게 된 이새의 아들을 유심히 관찰하기 시작했습니다. 맏아들 엘리압이 나아오는 것을 보고 사무엘은 마음속으로 "이 사람이구나." 생각을 했습니다. 그러나 하나님은 아니라고 하셨습니다. 하나님께서 사무엘에게 하시는 7절의 말씀입니다.

"여호와께서 사무엘에게 이르시되 그의 용모와 키를 보지 말라 내가 이미 그를 버렸노라 내가 보는 것은 사람과 같지 아니하니 사람은 외모를 보거니와 나 여호와는 중심을 보느니라 하시더라."

하나님이 보시는 중심은 무엇일까요?

1. 믿음으로 하나님을 사랑하는 진실한 마음입니다.

"나 여호와는 중심을 보느니라."는 말씀의 '중심(中心)'은 히브리어로 '레바브(bb;le [lay-bawb])'입니다. 이는 '마음'을 뜻하는 단어입니다.

마음이란 인간의 내면생활의 중심입니다. 이 마음은 감정의 자리입니다. 지식과 지혜의 자리입니다. 양심과 도덕의 특성적 자리입니다. 한 마디로 전인격적인 총칭이 마음입니다.

히브리인에게 있어서 마음은 인간의 최고 내부에 있는 것으로 이해하였습니다. 그러므로 그것은 감정적, 의지적인 힘뿐 아니라, 육체적인 힘의 근원이며, 지적 능력의 터로 이해되고 있었습니다.

하나님은 이 마음이 하나님을 사랑하는 것을 보십니다. 이 마음이 하나님을 믿는 믿음을 보십니다.

8~10절까지를 보면 이새의 아들들이 모두 다 사무엘 앞을 지나갑니다. 소위 한 사람씩 선을 보인 것입니다. 그런데 하나님은 둘째 아비나답도, 셋째 삼마도 아니라고 하십니다. 집에 있어서 제사에 참여한 일곱 아들이 다 지나가도 하나님은 아니라고 하셨습니다.

사무엘은 초조해졌습니다. 참으로 미안한 표현이지만 이새의 일곱 아들의 중심에는 하나님을 사랑하는 마음, 하나님을 믿는 믿음의 마음이 부족했습니다. 외모는 다 괜찮았습니다. 그들은 물론 하나님을 믿는 믿음의 사람들이었습니다. 그럼에도 불구하고 하나님은 그들 중에서 어느 누구도 선택하지 않으셨습니다. 이유는 그들 모두 하나님의 기준에 미달되었기 때문입니다.

여기서 우리가 꼭 기억하고 넘어갈 것이 있습니다. 어느 시대를 무론하고 하나님께서 선택하시고 쓰시는 인물은 하나님의 기준에 맞아야 한다는 것입니다. 그래서 우리의 우리 됨은 하나님의 선택과 하나님의 은혜라고 늘 강조하여 말씀드리고 있습니다.

살아가노라면 사람이란 허물도 많고 실수도 합니다. 죄도 짓습니다. 인간적으로 볼 때는 여러 가지 부족한 면면이 보입니다. 그러나 중요한 것은 하나님을 향한 사랑과 그 마음자리의 믿음이 어떠냐? 하는 것입니다. 이것이 하나님의 선택 기준입니다.

다윗도 실수를 하고 허물도 있고 죄도 지었습니다. 그러나 분명한 것은 하나님을 향한 그의 진실한 사랑과 거짓 없는 믿음이 그 중심에 있었습니다. 그것이 하나님께서 다윗을 들어 사용하시는 가장 중요한 것이었습니다.

하나님은 또 어떤 중심을 보실까요?

2. 겸손함으로 맡은 일에 최선을 다하는 마음입니다.

11절 상반 절입니다.
"또 사무엘이 이새에게 이르되 네 아들들이 다 여기 있느냐 이새가 이르되 아직 막내가 남았는데 그는 양을 지키나이다."

이 구절에서 중요한 내용은 두 가지입니다. 하나는 "막내가 남았는데"라는 것입니다. 또 다른 하나는 "그는 양을 지키나이다."라는 말입니다.

여기 '막내' 는 정관사 '하' 와 '작다', '적다' 를 뜻하는 '카탄(קָטָן)' 이 결합되어 최상급을 나타내는 단어인데 직역하면 '가장 어린 자', '가장 작은 자' 입니다.

이는 사울의 이름 속에 있는 의미의 '큰 자' 와 대조를 이루고 있습니다. 동시에 '작다' 는 뜻은 하나님 앞에서의 겸손의 뉘앙스를 지니고 있습니다. 이런 작은 자 다윗은 "양을 지키고" 있었습니다.

일곱 형들이 모두 집에 있었는데 막내가 들에서 양을 지키고 있었다는 말에서 여러분은 무엇을 느낍니까?

형들이 집에서 무엇을 하든 다윗은 개의치 않았습니다. 왜 나만 들에서 양을 지켜야 하느냐고 불평도 하지 않았습니다.

이것이 자기에게 주어진 일에 최선을 다하는 사람의 마음이며 모습입니다. 누구와 비교하면서 원망하거나 불평하지 않는 겸손한 마음입니다. 하나님은 그것을 보신 것입니다.

작은 일 하나를 해 놓고도 생색을 내는 사람이 있습니다. 누군가가 꼭 알아주기를 바랍니다. 무슨 일을 하던지 자기 이름을 높여야 직성이 풀리는 사람도 있습니다. 자기가 하는 일을 꼭 남과 비교해서 불평하는 사람도 있습니다. 어제 잘하다가도 오늘 땡땡이치는 사람도 있습니다. 무엇인가를 얻기 위해서는 눈에 띄도록 열심히 교회 일을 하다가도 그 목적을 이루고 나면 나 몰라라 하고 손을 놓는 사람도 있습니다. 관리자가 보면 교회 일을 자기 혼자 다하는 것처럼 과장을 하고 그 눈앞에서 충성을 다하는 척 하다가 관리자만 안 보이면 딴전을 피우는 사람도 있습니다. 작은 일을 해 놓았는데 칭찬을 해 주지 않으면 화를 내고 다니는 사람도 있습니다.

이런 모든 것들은 하나님이 보시는 중심이 아닙니다. 하나님이 보시는 중심은 진실무망(眞室無妄)한 마음의 책무최선(責務最善)의 모습입니다. 다윗이 바로 그런 사람이었습니다.

전국 장로수련회 설교를 하면서 저는 이런 고백의 변(辯)을 들려주었습니다.

"제가 나이 40에 목사 안수를 받고 어느 날 갑자기 언론에 오르내리며 대형집회 강사로 서게 되면서 대형교회 담임을 하게 되었을 때 대부분의 선배들이 그랬습니다. 서임중 목사 언제 저렇게 컸어?'

저는 그랬습니다. "여러분들은 제가 여기에 이르도록 쏟은 눈물을 보셨습니까? 땀을 보셨습니까? 수고를 보셨습니까? 피를 보셨습니까?'

늦은 만학의 신학을 하고, 늦은 목회 길에 들어섰습니다. 늦깎이 목사가 되었기에 가히 몸부림을 치면서 목숨을 건 목회 세월을 보냈습니다.

누가 알아주든 알아주지 않든, 누가 나를 사랑하든 배반하든, 감사하든 억울하든, 오늘에 이르도록 죽을 힘을 다해 최선의 경주를 했습니다.

정직히 고백하면 돈도, 명예도, 참으로 부끄럽지만 가정도, 세상 즐거움도 몰랐습니다. 몸이 이 지경이 되도록 앞만 보고 달려왔습니다. 돌아보니 제가 한 것은 하나도 기억나는 것이 없습니다. 모든 것이 하나님의 은혜였습니다. 하나님이 하게 하셔서 여기에 이른 것뿐입니다. 고린도전서 4장 2절의 "맡은 자들에게 구할 것은 충성이니라."는 말씀만 붙들고 앞만 보고 달음질해 왔습니다.'

그렇습니다. 원인 없는 결과는 없습니다. 하나님이 보시는 것은 진실무망한 마음, 즉 정직하고 거짓이 없는 마음입니다. 그 마음에 복을 주십니다. 그 마음에 은혜를 베푸십니다. 하나님이 은혜를 주시면 더 이상 바랄 것이 없습니다. 인간의 그 어떤 것으로도 하나님이 주시는 은혜에 견줄 수 없습니다. 하나님은 당신의 그 지극하신 은혜를 베푸실 마음 중심을 찾으십니다. 보십니다. 그 마음이 바로 항상 최선을 다하는 겸손한 마음입니다. 이를 다른 말로 하면 주어진 사명완수에 최선을 다하는 마음 중심입니다.

11절 하반 절입니다.
"사무엘이 이새에게 이르되 사람을 보내어 그를 데려오라 그가 여기 오기까지는 우리가 식사 자리에 앉지 아니하겠노라."

사무엘 또한 하나님께서 자기에게 부여하신 이새의 아들 가운데서 하나를 택하여 왕으로 기름 붓는 사명을 완수하기 전에는 먹지 않겠다는 것입니다. 이 역시 자기가 맡은 일에 최선을 다하는 마음입니다.

우리교회에는 다윗의 마음을 가진 사람들을 많이 있습니다. 찬송가 94(구 102)장을 자기 고백으로 노래하는 사람들을 많이 봅니다. 히브리서 11장의 믿음의 선진들의 아름다운 믿음을 가진 분들을 많이 봅니다. 스데반처럼, 베드로처럼, 바울처럼 열악한 환경에서도 하나님이 주신 일에 최선을 다하는 분들을 많이 봅니다. 교회가 오늘 이렇게 부흥하고 평안하며 행복한 교회가 되게 하시는 많은 분들을 봅니다.
어제도 오늘도, 그리고 내일도 하나님은 사람의 중심을 보십니다.

그리고 은혜 받을 자에게 한량없는 은혜를 베푸십니다. 하나님을 사랑하는 마음의 믿음을 보십니다. 겸손한 마음으로 맡은 일에 최선을 다하는 것을 보십니다. 그리고 그 사람을 선택하십니다.

다윗의 마음 중심이 그랬습니다. 오늘 저와 여러분의 마음 중심이 그렇기를 바랍니다.

12절입니다.

"이에 사람을 보내어 그를 데려오매 그의 빛이 붉고 눈이 빼어나고 얼굴이 아름답더라. 여호와께서 이르시되 이가 그니 일어나 기름을 부으라 하시는지라."

믿음 있는 사람의 얼굴은 아름답습니다. 최선을 다하는 사람의 눈빛은 고요하고 단정하며 따뜻합니다. 하나님을 사랑하는 사람의 마음은 눈과 얼굴과 말과 행동에서 읽을 수 있습니다.

처음과 마지막이 되시는 우리 주님의 얼굴은 해가 힘 있게 비치는 것 같았습니다(요한계시록 1:16). 우리의 얼굴이 이 주님의 얼굴처럼 하나님을 사랑하는 사랑으로 빛나기를 바랍니다.

하나님은 사무엘에게 말씀하셨습니다. "이가 그니" 참으로 감동스러운 말씀입니다. 온 몸이 신령한 충격으로 떨려오는 말씀입니다. "이가 그니……." 저와 여러분이 이 말씀의 대상이 되기를 기도합니다. 하나님의 이 영광의 선택의 말씀이 머무는 사람들이 되시기를 바랍니다.

13절 말씀입니다.

"사무엘이 기름 뿔병을 가져다가 그의 형제 중에서 그에게 부었더니 이 날 이후로 다윗이 여호와의 영에게 크게 감동 되니라."

오늘 이 거룩한 시간에 우리 모두 여호와의 영에 크게 감동되는 은혜가 있기를 예수님의 이름으로 축복합니다. 아멘.

49.
성령에 감동된 사람

"하나님께서 부리시는 악령이 사울에게 이를 때에
다윗이 수금을 들고 와서 손으로 탄즉
사울이 상쾌하여 낫고 악령이 그에게서 떠나더라
〈사무엘상 16:14~23 중〉."

요즘도 방영되는지 모르겠습니다만 한 때 '전설의 고향' 이 납량특집으로 여름이면 단골 프로그램으로 방영이 되었습니다. 시작하는 성우의 음성이 아직도 귀에 선합니다. "전설 따라~ 삼천리~!'

그러면 거의 99% 오싹해지는 영상음악과 함께 눈에 피를 흘리면서 머리를 풀어헤친 소복 입은 여자가 어둠을 배경으로 등장을 합니다. 그리고 전개되는 이야기의 대부분은 아주 황당한 것입니다. 그런 황당함 속에도 분명한 것이 한 가지 있습니다. 하나님을 믿는 사람이든 기타 종교를 믿는 사람이든 인간세상과 함께 영적 세계가 있다는 것을 전제로 하고 스토리가 전개 된다는 것입니다. 이것을 기독교적으로 표현할 때 성령과 악령으로 다시 세분하는데, 성령은 하나님이

시고 악령은 마귀입니다.

성경을 보면 마귀의 역사가 나타납니다. 마귀는 인간들로 하여금 더러운 삶을 살게 만듭니다. 수치스럽고 부끄럽게 만듭니다. 부도덕하고 음란하게 합니다. 거짓말과 사기와 살인을 저지르게 합니다. 즉 인간으로 하여금 그렇게 하게 하는 것이 바로 귀신의 역사입니다.

또한 악령은 인간으로 하여금 무질서하게 함으로 방황하게 합니다. 책임을 포기하고, 삶의 목표를 상실하게 만듭니다. 그래서 가정도 직장도 버리게 합니다. 무기력하게 만들뿐 아니라 정신적 공황에 이르게 하고 종국에는 자살을 하게도 합니다. 어떤 곳에 소속되는 것을 싫어하게 합니다. 그래서 결국은 교회도 떠나고 하나님의 품도 떠나게 만듭니다. 이것이 악령의 역사입니다.

또 악령은 인간 내부와 외부를 파괴하는 일을 합니다. 미혹하며 거짓을 통해 영광을 주겠다고 하면서 자기에게 소속하게 만듭니다. 그 후에는 철저하게 파괴하여 절망하게 하고 스스로를 파멸하게 만듭니다.

그러기에 마귀는 예수님에게까지 다가와서 "나에게 절하면 천하 만국의 모든 영광을 너에게 주겠다."고 장담하였던 것입니다.

악령은 또한 초자연적인 힘도 갖고 있습니다. 제가 청년 때 예수님을 영접하고 얼마 안 되어 마을에서 굿을 하는 집에 간 일이 있었습니다. 무당이 한참 춤을 추다가 비지땀을 흘리면서 "예수 믿는 사람이 왜 여기 왔어. 훠이~ 훠이~ 가라~." 하기에 '설마 나 보고 하는 소리이려고' 하면서 계속 구경을 했습니다. 그러자 나중에는 발악을 하며 애원을 하는 것이었습니다.

"제발 좀 가라~. 나 좀 살려줘~"

그 때 곁에 있던 어른이 저를 보고 "너 보고 하는 소리다."라고 했습니다.

그 사건으로 굿하는 무당보다 예수 믿는 제가 더 힘이 있다는 말이 동네에서 소문이 되었습니다. 소위 귀신도 초자연적인 힘을 갖고 있습니다. 이런 것에 현혹되어 악령에 사로잡히게 되면 파멸하는 것입니다.

그러나 아주 중요한 것이 있습니다. 이런 마귀 사탄도 예수님의 권세 앞에서는 100% 굴복하는 것입니다. 할렐루야! 그 어떤 귀신도, 사탄도, 하나님의 권세 앞에서는 꼼짝하지 못합니다. 그것이 악령의 정체입니다.

이 장 본문의 주안점은 악령에 시달리고 있는 사울왕도 성령에 충만한 다윗이 수금을 탈 때면 그 악령이 사울을 떠나는 것을 보여주고 있습니다.

무슨 말이겠습니까? 악령도 하나님의 권세 아래 있다는 말씀입니다. 본문 14절 말씀입니다.

"여호와의 영이 사울에게서 떠나고 여호와께서 부리시는 악령이 그를 번뇌케 한지라."

그러므로 예수님을 믿는 우리 성도들에게는 귀신이 들어오지 못합니다. 하지만 사울처럼 하나님의 성령이 떠나면 귀신이 곧 바로 들어와서 우리를 괴롭히고 파괴하고 죽입니다. 달리 설명 드리면, 성령이 충만하면 악령이 역사하지 못한다는 것입니다. 그러므로 악령이 우리 마음에 들어오지 못하도록 항상 기뻐하고, 쉬지 말고 기도하며, 범사에 감사해야 합니다.

이제 본문에 나타난 악령에게 괴롭힘을 당하고 있는 사울 왕과 성령에 감동한 다윗을 통해 하나님께서 우리에게 무엇을 말씀하시는가를 살펴보겠습니다.

1. 악령의 지배를 받는 사람

14절입니다.

"여호와의 영이 사울에게서 떠나고 여호와께서 부리시는 악령이 그를 번뇌하게 한지라."

이 구절은 성령과 악령의 영역을 분명하게 말씀합니다. "여호와의 영"이 사울을 떠납니다. 동시에 악령이 사울에게로 들어와 사울을 번뇌하게 합니다.

이것이 무슨 뜻이겠습니까? 인간의 마음에는 성령이 아니면 악령이 내주한다는 뜻입니다.

왜 사울에게서 성령님이 떠나셨을까요? 그리고 하나님은 왜 사울에게 악령이 활동하도록 허락하셨을까요?

그것은 하나님께서 사울을 버리셨다는 증거입니다. 즉 하나님께서 사울을 왕으로 선택하여 세우셨지만, 이제 사울을 그 왕위에서 폐위 시키셨음이 가시화(可視化) 되어 나타나고 있는 것입니다.

하나님이 사울을 왜 버리셨습니까? 그것은 사울이 하나님 앞에서 떠나 범죄 했기 때문입니다. 이미 앞서 공부한 15:22~23절에는 그 이유를 이렇게 설명합니다.

"순종이 제사보다 낫고 듣는 것이 숫양의 기름보다 나으니, 이는 거역하는 것은 점치는 죄와 같고 완고한 것은 사신 우상에게 절하는 죄와 같음이라 왕이 여호와의 말씀을 버렸으므로 여호와께서도 왕을 버려 왕이 되지 못하게 하셨나이다."

이 구절이 우리에게 깨우치고 있는 것은 두 가지입니다. 하나는 불순종이고 또 하나는 교만입니다. 불순종은 거역입니다. 그것은 교만에서 나오는 것입니다. 그 교만이 하나님의 말씀을 버리게 된 요인입니다. 그러니 하나님이 사울을 떠나신 것입니다.

이와 같은 범죄는 오늘도 동일하게 일어납니다. 말씀을 멸시할 때 불순종이 나타납니다. 말씀을 버릴 때 하나님께 버림을 당합니다. 하나님께서는 절대로 먼저 우리를 버리시지 않으십니다. 우리가 하나님의 말씀을 멸시하고 말씀을 버릴 때 하나님은 우리에게서 떠나십니다. 그렇게 되면 그와 동시에 악령이 우리에게로 들어와 우리를 번뇌하게 하고 고통하게 하며 우리를 파멸로 이끌어 갑니다.

성령님이 떠나시자 사울에게 악한 영이 들어왔습니다. 그리고 사울을 번뇌하게 했습니다.

'번뇌' 의 히브리어는 '바아트(בָּעַת)' 인데 '두렵게 하다', '놀라게 하다' 라는 뜻으로써 이는 극심한 정신적 고통, 또는 정신병적인 우울증이나 착란현상을 가리키는 말입니다.

바로 이것입니다 하나님이 떠나시면 우리는 악한 영에게 이렇게 시달림을 받게 되고 고통 가운데서 스스로를 파멸해 갑니다. 하나님과 멀어지면 이렇게 됩니다. 말씀을 멀리하면 이렇게 됩니다. 교만하면 이런 결과를 초래합니다.

더욱 우리가 주목할 것이 있습니다. 사울이 누구입니까? 하나님이 선택하신 왕입니다. 기름 부음을 받은 자입니다. 하나님께서 철저히 간섭하는 하나님의 종입니다. 그런데 왜 악한 영이 그를 고통하게 했을까요?

성경을 잘 살펴보아야 합니다. 하나님의 허락 없이는 마귀도 하나님의 택한 백성을 어떻게 할 수는 없습니다.

하나님의 말씀을 멸시하고 거역하면서 교만해지면 하나님께 버림을 당합니다. 하나님께서 버리시면 악한 영이 지배를 하게 됩니다. 본문 14절을 표준 새 번역에서는 이렇게 기록합니다.

"사울에게서는 주의 영이 떠났고, 그 대신에 주께서 보내신 악한 영이 사울을 괴롭혔다."

그렇습니다. 하나님의 자녀가 괴롭고 고통을 당할 때 시험을 받는다고 생각하면 안 됩니다. 하나님의 자녀에게서 성령이 떠나실 때 악한 영이 역사하는 것을 깨달아야 합니다.

성령으로 충만한 성도의 생활은 데살로니가전서 5:16~18절의 말씀이 일상생활의 표준입니다. 항상 기쁩니다. 중단 없는 기도생활입니다. 범사에 감사합니다. 할렐루야!

2. 성령에 감동된 사람

앞의 강해 48편의 본문이었던 13절입니다.

"사무엘이 기름 뿔병을 가져다가 그의 형제 중에서 그에게 부었더니 이 날 이후로 다윗이 여호와의 영에게 크게 감동 되니라."

다윗은 하나님의 선택하심을 입었습니다. 그리고 하나님의 영에 감동된 사람입니다. 성령의 인도하심과 다스림을 받는 사람입니다. 성령에 감동된 사람의 생활은 다릅니다. 자연스럽게 성령님의 도우심으로 성화(聖化)되며 영적으로 성숙해집니다. 그러므로 그 삶은 자연스럽게 성령의 열매를 맺는 삶을 살게 됩니다. 그것이 갈라디아서 5:22-23절에서 설명하고 있는 성령의 열매들 아홉 가지입니다.

"오직 성령의 열매는 사랑과 희락과 화평과 오래 참음과 자비와 양선과 충성과 온유와 절제니 이 같은 것을 금지할 법이 없느니라."

성령에 감동된 사람은 성령을 따라 행하고 육체의 욕심을 따라 행하지 않습니다. 육체의 소욕은 성도로 하여금 하나님의 뜻에 맞는 삶을 살지 못하게 합니다. 그 육체의 일에 관하여는 갈라디아서 5:20절 이하에서 이렇게 설명했습니다.

"육체의 일은 분명하니 곧 음행과 더러운 것과 호색과, 우상 숭배와 주술과 원수 맺는 것과 분쟁과 시기와 분냄과 당 짓는 것과 분열함과 이단과, 투기와 술 취함과 방탕함과 또 그와 같은 것들이라. 이런 일을 하는 자들은 하나님의 나라를 유업으로 받지 못할 것이요."

다윗은 성령에 감동된 사람이었습니다. 성령에 감동된 다윗의 삶이 어떻게 시작되는지 본문에서 아주 감동스럽게 전개하고 있습니다.

하나님이 사울을 버리시자 악령이 사울을 지배하게 되었습니다. 그 날로 사울은 고통에 빠졌습니다. 견딜 수가 없어서 대책을 강구했습니다. 그 내용이 15~22절까지 전개되는데, 수금을 잘 타는 사람을 통해 사울에게 임한 악령을 몰아내는 것입니다. 그 수금을 잘 타는 사람이 소개되는데 바로 소년 다윗이었습니다.

놀라운 것은 하나님은 이미 사울을 폐위시키셨지만 아직은 이스라엘의 왕으로 그 직임을 행하게 하신다는 것입니다. 또 한 사람 다윗은 하나님의 선택하심을 입고 기름부음을 받아 이스라엘의 왕이 되었습니다. 그러나 아직은 즉위식도 하지 못한 소년이었습니다. 이때에 다윗이 이스라엘의 왕으로서 사역을 하게 하시는 하나님의 섭리를 보게 됩니다. 그것이 바로 사울에게 임한 악령을 쫓아내는 수금 타는 소년으로 발탁되어 자연스럽게 이스라엘 왕국으로 들어가게 된 것입니다. 그렇게 궁궐의 왕 곁에서 그를 섬기면서 왕으로서의 삶이 어떤 것인가를 차근차근 익혀 갈 수 있게 된 것입니다.

23절입니다.
"하나님께서 부리시는 악령이 사울에게 이를 때에 다윗이 수금을 들고 와서 손으로 탄즉 사울이 상쾌하여 낫고 악령이 그에게서 떠나더라."

놀라운 일이 일어났습니다. 다윗이 수금을 타자 사울을 괴롭히던 악령이 떠나고 사울은 상쾌하게 병이 낫게 되었습니다.

여기서 깨닫는 것은 성령에 감동된 사람은 고통 받는 사람들을 평안하게 해 주고, 병을 낫게 해 주며, 살 맛 나게 해 준다는 것입니다.

성령의 감동을 입은 사람은 찬송이 있습니다. 다윗의 찬송 앞에 사울을 괴롭히던 마귀가 역사하지 못했습니다.

그래서 찬양대의 헌신 자들은 복을 받은 사람들입니다. 찬송은 귀신을 쫓아냅니다. 찬송은 병도 고칩니다. 찬송은 생명을 새롭게 합니다.

그런데 이런 찬양을 부를 때 입을 꽉 다물고 있는 사람이 있습니다. 가만히 그 얼굴을 살펴보면 괴로움이 깃들어 있습니다. 그 영혼이 악령의 지배를 받고 있다는 것을 금방 알 수 있습니다. 악령의 지배를 받는 사람은 만나는 사람을 괴롭히고 힘들게 하며 절망하게 합니다.

18절 말씀을 보면 하나님의 영에 감동된 다윗이 어떤 사람인가를 잘 표현하고 있습니다.

"소년 중 한 사람이 대답하여 이르되 내가 베들레헴 사람 이새의 아들을 본즉 수금을 탈 줄 알고 용기와 무용과 구변이 있는 준수한 자라 여호와께서 그와 함께 계시더이다 하더라."

이 구절을 풀어서 말씀을 드리면 다음과 같습니다.

1. 예능에 탁월 합니다.

2. 용기가 있고 싸움을 잘합니다. 무용이 있고 무술을 잘한다는 것입니다.

3. 언변이 좋습니다.

4. 용모도 준수합니다. 매력적인 모습입니다.

5. 하나님이 함께 하셨습니다. 이것은 성령이 함께 하셨다는 말입

니다.

이 말은 인격과 신앙, 그리고 신체적으로 제대로 갖추어졌다는 말입니다. 그런데 이 모든 갖춰짐이 자신을 위함이 아니라 하나님을 위함이라는데 중요한 메시지가 있습니다.

사울도 갖출 것은 다 갖춘 사람이었습니다. 그런 사울과 다윗의 차이는 딱 하나였습니다. 하나님께서 주신 것을 하나님을 위해 사용한 것과 자기를 위해 사용한 것입니다.

다윗의 일생 고백은 오직 하나님의 은혜입니다. 그래서 그가 읊은 시편 23편이 시 중의 백미인 아름다운 고백이며 송가입니다.

"여호와는 나의 목자시니 내가 부족함이 없으리로다."

다윗을 통하여 사울의 삶이 변하였습니다.

1. 사울의 더러운 영혼을 성결하게 해 주었습니다.
2. 사울의 불안과 초조함을 평안하게 해 주었습니다.
3. 사울의 절망과 좌절감을 희망으로 바꾸었습니다.
4. 죽음의 문턱에서 생명의 기쁨을 맛보게 했습니다.
5. 악령이 사울에게서 떠나게 했습니다.

명성교회 김삼환 목사님의 말씀 중에 상추와 배추 이야기가 있습니다. "상추는 제 잘났다고 하면서 잎이 꼭 하나씩 뻗어나갑니다. 절대로 상추는 뭉치는 법이 없습니다. "내가 잘났다, 내가 잘났다." 그래서 색깔도 검습니다. 시커멓든지 시퍼렇든지 둘 중의 하나입니다.

그런데 배추는 어떻습니까? 배추는 전부 서로가 모여서 잎이 전부 안으로 들어갑니다. "나는 부족하다."하며 서로 감싸주는 모습입니다. "사랑해요, 감사해요."하면서 전부 안으로 들어가서 똘똘 뭉칩니다."

참 신비합니다. 이야기를 듣고 배추를 보면 일치와 연합의 모델입니다. 배추는 서로를 생각합니다. 배추는 드러내지 않고 자꾸만 몸을 안으로 구부립니다. 겸손입니다. 자꾸만 자기를 감추려고 합니다. 나중에 보면 속이 노랗고 맛도 좋습니다. 배추 속을 보면 신비한 궁궐 같습니다. 배추는 김치를 담아 일 년 내내 먹는데 상치로는 겉저리나 할까 김치를 담는 경우가 없습니다.

상추를 보면 악령에 사로잡혀 자기를 드러내는 교만한 사람, 속도 겉도 아름답지 못한 사람이 생각납니다. 배추를 보면 성령에 감동되어 겸손하고 감싸주기를 좋아하는 사람, 서로 위로하고 순종하는 사람, 일치와 연합을 이루어 가는 성도가 생각납니다.

저와 여러분은 이 세상을 어떻게 살아야 될까요? 성령에 감동되어 하나님의 은혜의 텃밭에서 배추처럼 살아가기를 예수님의 이름으로 축복합니다. 아멘.

50. 영적 침체의 교훈

"그 블레셋 사람이 또 이르되
내가 오늘 이스라엘의 군대를 모욕하였으니
사람을 보내어 나와 더불어 싸우게 하라
〈사무엘상 17:1∼11 중〉."

무관심은 하나님 앞에서 큰 죄입니다. 그래서 예수님이 이 세상에 오셔서 사역하신 핵심 내용이 가난한 자, 소외된 자들을 돌아보시고 사랑하시며 관심 있게 보살피신 것입니다.

아프가니스탄의 한국인 인질 사건으로 온 세계가 들끓었던 일이 있습니다. 결국 이 사건의 중심도 역시 '관심'이라는 단어가 가장 크게 부각되었던 것을 알 수 있었습니다.

왜 하필이면 전쟁터와 같은 곳에 가서 온 나라를 그렇게 힘들게 했느냐고 불평하는 사람들도 없잖아 있었습니다. 그러나 정말 그 불평하는 사람들의 말처럼 '왜?'라는 말을 조금만 더 깊이 생각하면 나아갔던 그들의 그 걸음이 얼마나 숭고한 것이었는지, 감히 돈으로 환산할 수 없는 것이었다는 것을 기독교 역사는 평가할 것입니다. 왜냐하면 그들은 자신의 기쁨과 부귀영화를 위해 길을 나선 것이 아니라 예수 그리스도에게서 배운 그대로를 실천하기 위해 나선 걸음이기 때문입니다. 고난과 역경 가운데서 핍절한 생활로 죽어가는 절박한 상황에 처한, 가장 처절한 상황이 전개되는 아프가니스탄의 소외된 자들, 고통 받는 자들을 위해 '나눔'의 삶을 실천했기 때문입니다. 그런 그들의 거룩한 사역을 우리가 깨달아 알았더라면, 절로 고개를 숙여 경의를 표하지 않을 수 없었을 것입니다.

그들의 걸음은 한 마디로 '관심'이었습니다. 그리고 그것은 지금도 인류를 향한 하나님의 마음입니다.

어느 교회 어느 개인이라도 영적으로 침체된 자에게서는 아무 것도 기대할 수 없습니다. 영적 침체는 단순한 멈춤이 아니라 퇴보입니다. 교회 성장학에서는 이것보다 더 큰 낭패스러운 일이 없습니다.

기도소리가 사라지는 것, 찬송 소리가 들리지 않는 것, 복음전도의 운동이 멈추어지는 것, 교회 봉사가 어려워 행사가 진행되지 못하는 것, 거기에는 필연적으로 침체라는 용어가 자리매김을 하고 있습니다. 말하는 사람은 많은데 일하는 사람은 적은 것, 높은 자리에 있는 사람은 많은데 섬기는 사람이 적은 것, 편한 것은 좋아하는데 짐 지기는 싫어하는 것, 이 모든 것은 모두 침체의 현상입니다. 이것은 모든 것을 멸망하게 하는 것입니다. 기업이나 교회, 가정이나 국가 그 어느 곳도 예외가 없이 모두 같습니다.

하버드 대학의 경제학 교수인 '존 코더' 박사는 기업이 망하는 8가지 이유를 설명하는 책 『Leading Change』를 출간했습니다. 그 핵심내용이 다음과 같습니다.

첫째는 자만심의 방치입니다.

둘째는 혁신을 이끄는 팀웍이 없습니다.

셋째는 5분 안에 설명할 비전이 없습니다.

넷째는 비전이 있더라도 전사적(全社的)으로 파급하지 못합니다.

다섯째는 무사안일주의자의 방치입니다.

여섯째는 단기간에 가시적 효과를 내지 못합니다.

일곱째는 샴페인을 너무 빨리 터뜨립니다.

여덟째는 새로운 제도를 조직문화에 승화시키지 못합니다.

이것이 침체기업의 특징으로 꼽히는 요인들입니다. 교회도 세상에서 불러냄을 입은 예수 그리스도의 조직이기 때문에, 존 코더박사가 말하는 요소를 비켜가지는 못합니다. 이렇게 되면 어느 교회도 더 이상 부흥하지 못합니다.

오늘 본문은 그런 의미에서 아주 중요한 교훈이 있는 부분입니다.

'믹마스' 전투에서 패한 블레셋은 한동안 이스라엘을 공격하지 않았습니다. 그런데 세월이 좀 지나자 또 다시 공격을 감행해 왔습니다.

이스라엘과 블레셋은 골짜기 하나를 사이에 두고 각각 '엘라' 와 '에베스담밈' 에 진을 치고 전투가 시작되었습니다. 이 때 골리앗이라는 블레셋의 거장으로 인해 이스라엘 백성들은 싸움의 기선을 제압당한 채 전의를 상실하고 있었습니다. 뿐만 아니라 골리앗의 온갖 조롱과 하나님을 모독하는 말을 들으면서도 어떻게 해 볼 도리가 없어 지리멸렬해 손을 놓고 있는 상황입니다. 한마디로 전의(戰意)의 상실로 인해 온 이스라엘 군대가 침체의 늪에 빠졌다는 것입니다.

이 본문의 영적 침체의 사실이 오늘 우리에게 주는 교훈은 무엇일까요?

1. 영적 침체는 사단의 공격기회가 됩니다.

이스라엘 민족에게 있어서 블레셋은 언제나 최대의 적이었습니다. 마치 오늘의 성도들에게 마귀 사단과 같은 존재입니다.

사울이 하나님 앞에서 순종하며 겸손하여 사무엘과 협력 관계에 있을 때에는 블레셋이 감히 이스라엘을 공격하지 못했습니다. 그런데 이제 다시 블레셋이 이스라엘을 공격하고 있습니다.

이때가 어느 때입니까? 바로 이것이 이 본문의 중요한 포인트입니다. 사울이 하나님께 버림을 받고, 사무엘은 하나님의 뜻을 따라 어린 다윗에게 기름을 부어 사울을 대신하여 왕으로 세웠습니다. 그때에 사울이 병세가 심하여 지도력에 공백이 생겼습니다. 이런 사실에 대한 정보를 갖게 된 블레셋이 이스라엘을 가만둘 리가 없습니다. 한 순간의 침체와 방심이 블레셋의 공격을 불러오게 된 것입니다.

그러므로 오늘을 살아가는 그리스도인은 신앙생활 가운데 다음의 것을 깨달아야 합니다. 하나님의 말씀에 순종하고, 주의 종의 말씀을 경청하면서 하나님 앞에 신실하게 생활할 때는 사단 마귀가 접근하지 않습니다. 그러나 말씀을 멸시하고 주의 종의 권고를 무시하며 하나님께 불순종하면, 어김없이 마귀가 역사하는 소용돌이 속에 들게 된다는 것입니다.

성도의 영적 침체가 의미하는 것이 무엇일까요? 하나님과의 관계가 정상이 아니라는 것입니다. 즉 신앙생활이 원만하지 못한 상태가 되었다는 것입니다. 삶의 리듬도 깨어집니다. 하루하루가 지겹고 즐거움이 없습니다. 설교가 짜증스럽게 들립니다. 기도생활이 안됩니다. 찬송을 부르기도 싫고 듣기도 싫어집니다. 열심히 교회 봉사하는 사람들이 이상하게 느껴집니다. 자꾸만 세상적인 일에 매력을 느끼기 시작합니다.

왜 그럴까요? 영적 침체의 현상이 나타나고 있는 것입니다. 이럴 때 어김없이 마귀가 다가와 아주 교묘하게 공격을 개시합니다.

그래서 하나님은 베드로 사도를 통하여 오늘을 살아가는 우리에게 베드로전서 5:8절 말씀으로 권고하신 것입니다.

"근신하라 깨어라 너희 대적 마귀가 우는 사자 같이 두루 다니며 삼킬 자를 찾나니, 너희는 믿음을 굳건하게 하여 그를 대적하라."

히브리서 12:12~13절에서도 권고하십니다.

"그러므로 피곤한 손과 연약한 무릎을 일으켜 세우고, 너희 발을 위하여 곧은 길을 만들어 저는 다리로 하여금 어그러지지 않고 고침을 받게 하라."

이와 같이 영적으로 무장하여 마귀의 공격이 없도록, 영적 침체가 없기를 주님의 이름으로 축복합니다.

2. 영적침체는 범사에 무기력을 가져옵니다.

4~7절을 보면 골리앗의 모습이 웅장한 그림처럼 그려져 있습니다. 그 위용이 얼마나 대단한지 입이 다물어지지 않는 모습입니다. 키가 여섯 규빗(45.6Cm/1규빗) 한 뼘(22.8Cm)이니 2m 96Cm의 거장입니

다. 거기다가 놋 오천 세겔(11.45Kg/1세겔)의 갑옷, 즉 약 57Kg에 달하는 갑옷을 입었으며, 창날 무게만 하더라도 철 6백 세겔이니 7Kg 정도가 되는 창칼을 지녔습니다.

이런 군대 장관이 앞장서서 이스라엘 군대를 모독하는 말을 하면서 블레셋 군을 지휘하고 있었습니다. 그러니 사울을 필두로 한 이스라엘 군장과 백성들이 의기소침하고 전투력을 상실하여 그 모습이 패잔병처럼 되어 있는 상황이 불을 보듯 훤하지 않습니까? 이것이 본문의 내용입니다.

여기서 깨닫는 아주 중요한 것은, 기업이나 교회가 침체된 상황에서는 아무것도 할 수 없다는 것입니다. 완전히 무기력한 상황에서 할 수 있는 것이 무엇이겠습니까? 그 무엇도 할 수 없습니다.

오래전에 『나를 미치게 하는 예수』라는 책을 읽었습니다. '레오나드 스위트' 교수의 저서인데, 간단하게 요약하면, 교회가 영성을 잃어가는 것은 정상인가 비정상인가를 진단해 주는 좋은 책입니다. 이 책은, 책 전체에 흐르는 간단 간단한 핵심용어들 - **'거기' '모두' '함께' '있다'** -을 통해 '성육신 제자도' 와 '관계 제자도' 를 현대적으로 풀어내고 있습니다. 그러지 않고는 도무지 예수님의 뜻을 이루어 갈 수 있는 오늘의 상황이 아니라는 것을 새삼 생각하게 하는 내용이었습니다. 즉 보편적인 정상의 일상으로서는 예수님의 뜻을 이 세상에서 이루어갈 수 없다는 것입니다.

현대 교회가 영성을 잃어가는 이유가 바로 '지금이 정상' 이라는 잘못된 개념에 안주하기 때문입니다.

예수님의 교훈이 무엇입니까? 오른편 뺨을 때리면 왼편도 돌려대는 것입니다. 5리를 가자고 하면 10리를 가라는 것입니다. 겉옷을 달라하면 속옷도 벗어 주라는 것입니다. 아랫사람의 발을 씻겨주라는 것입니다. 저주하는 자에게 저주하지 말고 축복하라는 것입니다.

이게 어디 오늘 세상에서 행할 수 있는 정상인의 행동입니까? 이게 바로 '미친 영성' 입니다.

이 법칙은 무엇을 위한 것입니까? 오직 하나님의 영광을 위함이고 복음을 위함입니다. 그렇기 때문에 예수님을 믿는 그리스도인이라면 예수님의 '미친 영성' 을 소유할 수 있어야 예수님이 가르치신 삶이 가능하다는 것입니다.

구약에서나 신약에서나 오늘 현대에서도 예수의 영성에 미친 사람들을 만날 수 있습니다. 그리고 그들의 삶의 결과도 볼 수 있습니다.

나이 80에 지팡이 하나만 달랑 들고 바로 왕에게 나아간 양치기 모세도 미쳤습니다.

여리고 성을 공략하면서 모든 무기를 버리고 오직 침묵으로 6 일을 성 주위를 빙빙 돌다가 느닷없이 함성을 질러댄 여호수아와 백성들도 미쳤습니다.

지팡이 하나와 물맷돌 다섯 개를 들고 완전무장한 거장 골리앗에게로 싸우러 나간 작은 소년 다윗도 미쳤습니다.

갈멜산 꼭대기에서 850명의 바알과 아세라 선지자들과 독대하여 싸웠던 엘리야도 미쳤습니다.

부귀영화의 삶을 포기하고 광야로 나가 회개하라고 외친 세례요한도 미쳤습니다. 목 베임을 당하고 톱으로 커임을 당하며 양의 가죽을 뒤집어쓰고 사자의 밥이 되었던 사람들, 암혈과 토굴로 유리하면서 살았던 히브리서에 기록된 믿음의 선진들도 모두 미쳤습니다.

모든 부귀영화를 분토처럼 버리고, 온갖 고난과 역경과 죽음을 무릅쓰고 복음을 들고 세상을 향해 나아간 바울도 미쳤습니다.

그리고 지금도 이 미친 사람들의 행진은 계속되고 있습니다. 그 결과가 어떤 것입니까? 역사가 그들을 실패자로 기록하고 있습니까?

목회를 시작하면서 제게는 사도행전 26장의 사도 바울이 아그립바 왕과 베스도 총독 앞에서 한 변론이 심령 폐부 깊이 새겨졌습니다. 다메섹 도상에서 예수님의 음성을 듣고 180도 변화된 삶을 살게 된 바울이 예수님의 영성에 미치게 되어 아그립바 왕 앞에 끌려왔을 때, 회심하기 전의 바울과 한때 함께 했던 왕과 총독은 바울을 두고 이렇게 안타깝게 소리칩니다.

"……. 베스도가 크게 소리 내어 이르되 바울아 네가 미쳤도다(사도행전26:24)."

그렇습니다. 바울이 미치기는 미쳤습니다. 그러나 학문과 세상일에 미친 것이 아니고 예수님께 미쳤습니다. 예수님에게 미친 바울 사도 한 사람 때문에 세상은 그 판도가 달라졌습니다. 바울은 그야말로 'Jesus mania' 입니다.

저는 여기서 제 삶의 방향을 설정했습니다. 늦게 목사가 되었기 때문에 선배들보다는 배로 일에 미쳐야 했습니다. 그야말로 정신없이 살아온 세월입니다.

일에 미친 사람을 워커홀릭(Workaholic)이라고 합니다. 즉 일벌레라는 뜻이지요. 제 아내가 제게 붙여준 닉네임이기도 합니다.

어디를 가든 컴퓨터를 끌어안고 생활합니다. 24시간이 모자랄 정도로 교회를 돌아보고 사역에 미쳤습니다. 언론사 칼럼, 국내외 집회, 교회를 돌아보는 마음자리, 심지어 주보의 목회단상은 말할 것도 없지만 대형교회를 담임하면서도 주보까지도 직접 챙기는 것이 습관이 되었습니다.

이제 웬만한 것은 좀 그만 놓으라고 많은 분들이 권고를 합니다. 그러나 생명 있는 동안에 제게 주신 거룩한 하나님의 심부름을 게을리 할 수 없는 것이 제 마음입니다. 그래서 이것이 결국 제 삶이 되었습니다. 그러다 보니 쉼이 부족했습니다. 좋은 표현으로 제게는 무기력하게 앉아 있을 시간이 주어지지 않았습니다. 해도 해도 일은 끝나지 않고 계속해서 생겼습니다. 생겨나는 그 일을 쉼 없이 하다 보니 여기까지 왔습니다.

이를 두고 사람들은 성공이라고 말합니다. 그러나 정직히 말하면 성공이 아닌 예수님의 영성에 미친 걸음입니다. 영적으로 침체될 시간이 주어지지 않았기 때문에 무기력하게 앉아 있을 시간이 없는 것입니다.

오늘 우리 모두가 바울 같이 되었으면 좋겠습니다. 그래야 무기력한 삶을 살지 않기 때문입니다. 현대 교회와 성도들의 가장 심각한 문제도 역시 '무기력한 정상'입니다. 아이러니한 말입니다. 그러나 이 말이 굉장히 의미심장한 말임을 우리는 깨달아야 합니다. 왜냐하면 무기력한 정상은 우리 모두를 멸망으로 이끌기 때문입니다.

그러므로 우리는 무기력한 정상이 아닌 강력한 활동이 줄기차게 뻗어가는 예수님의 영성으로 충만해야 합니다. 이것이 그리스도인으로서 지극히 정상인 '미친 정상'입니다.

사도 바울은 고린도후서 5:13~14절에서 미쳤다는 놀라운 고백을 합니다.

"우리가 만일 미쳤어도 하나님을 위한 것이요 정신이 온전하여도 너희를 위한 것이니, 그리스도의 사랑이 우리를 강권 하시는도다."

세상 것에 미친 것이 아닙니다. 명예와 권세, 부귀와 영화, 세상적인 즐거움에 미친 것이 아닙니다. 예수님에게 미쳤습니다. 우리 모두가 본받고 따라가야 하는 걸음입니다.

3. 영적침체는 사단의 조롱을 당하게 됩니다.

8절 이하 11절까지는 골리앗에게 조롱을 당하면서도 속수무책인 이스라엘의 모습을 기록하고 있습니다. 이것은 영적으로 침체되어 있을 때에는 원수 마귀 사단에게 조롱을 당하면서도 아무 것도 할 수 없는 무기력한 성도의 모습을 연상하게 합니다.

이스라엘 민족의 실상이 어쩌다가 이 모양이 되었습니까? 첫째는 지도자의 타락 때문입니다. 사울의 타락이 백성들의 환란을 초래하게 된 것입니다. 그것은 그때나 지금이나 동일합니다. 국가나 교회가 결코 다르지 않고 동일합니다.

왜 이렇게 되었습니까? 하나님에 대한 믿음을 버렸기 때문입니다. 홍해를 가르신 하나님, 마라의 쓴 물도 달게 하신 하나님, 만나를 내려 먹여주신 하나님, 반석에서 생수를 터지게 하여 마시게 하신 하나님, 낮에는 구름기둥으로 밤에는 불기둥으로 광야 40여년을 인도하신 하나님을 순종할 때는 세계 열방이 이스라엘을 넘보지 못했습니다.

그러나 교만하고 불순종하는 죄로 인하여 하나님으로부터 버림을 받는 결과를 초래했습니다. 그것은 한 개인에만 그친 것이 아니라 함께 하는 모든 사람까지 불행하게 만드는 것이 되었습니다.

그렇습니다. 교회가 교회의 사명을 잊어버리고 세상과 타협하며 타락할 때, 교회는 세상의 조롱을 받습니다. 오늘날도 본문의 이스라엘과 같은 교회가 있습니다. 사울 왕과 같은 지도자가 있습니다. 그 결과는 조롱을 당하고 하나님의 함께 하시는 손길이 멈추어집니다. 그렇게 되고 나면 아무것도 할 수 없습니다.

본문의 상황을 통해서 우리가 꼭 기억해 둘 것이 있습니다. 제아무리 블레셋의 군사력이 강력하다고 해도 하나님을 능가할 수는 없다는 것입니다. 아무리 골리앗이 강하다 해도 믿음 있는 사람을 능가할 수는 없다는 것입니다.

10절에서는 경거망동하는 골리앗을 볼 수 있습니다. 그 골리앗은 지금 눈앞에 보이는 현상적인 이스라엘만을 보고 있습니다. 이스라엘은 영적 침체를 통해 무기력해 있습니다. 골리앗은 이것만 보고 이스라엘 민족 뒤에 계시는 하나님은 보지 못했습니다. 이것이 중요한 교훈입니다.

그랄 왕 아비멜렉이 자기 땅에 나그네로 사는 이삭을 괴롭혔습니다. 그는 이삭 뒤에서 그를 돌보시고 지키시는 하나님을 보지 못했습니다.

하만이 모르드개를 괴롭혔습니다. 그는 믿음 있는 모르드개 뒤에서 그를 보호하시고 도우시는 하나님은 보지 못했습니다.

아합 왕이 엘리야를 죽이려고 했습니다. 그는 엘리야 뒤에서 그를 지키고 인도하시는 하나님을 보지 못했습니다.

아람 왕이 엘리사를 잡으려고 했습니다. 그도 엘리사 뒤에서 불 말과 불 병거로 이스라엘을 지키시는 하나님은 보지 못했습니다.

골리앗은 다윗을 하찮게 여기고 하나님을 모독했습니다. 그도 다윗 뒤에서 다윗을 지키고 보호하시는 하나님은 보지 못했습니다. 이스라엘 백성들 뒤에는 하나님이 계셨습니다. 그런데도 믿음 없는 사울과 백성들은 골리앗의 말에 혼비백산이 되어 전의를 상실하고 의기소침했습니다. 이제 다음 시간에 공부하겠습니다만 이 난관을 극복할 수 있었던 사람이 믿음 있는 어린 소년 다윗이었습니다.

오늘도 그것은 마찬가지입니다. 믿음 없는 사람은 하나님을 보지 못합니다. 믿음 있는 사람은 어떤 상황에서도 그 상황 뒤에 계시는 하나님을 봅니다.

그것이 사는 길입니다. 그것이 축복의 길입니다. 그것이 은혜의 길입니다.

이사야 36장에는 감동스러운 사건이 있습니다. 앗수르 왕 산헤립이 랍사게를 보내어 히스기야 왕을 조롱하고 백성들을 혼란하게 합니다. 그러나 믿음 있는 히스기야는 이 문제를 성전으로 가지고 올라가 하나님 앞에 내려놓고 기도합니다. 상황은 사면초가입니다. 그러나 믿음은 그것을 역전시킵니다. 히스기야의 믿음을 보신 하나님께서 그 밤에 하나님의 군대를 보내어서 앗수르 군대 18만 5천명을 몰살시켰습니다.

하나님을 믿으십시오. 예수님을 의지하십시오. 세상을 의지하지 마십시오. 영적으로 침체되지 않기를 예수님의 이름으로 축복합니다.

영적 침체에 빠지지 않기 위하여 우리는 기도하고 찬송해야 합니다. 기뻐하고 감사하는 삶을 살아야 합니다. 긍정적이고 적극적인 삶을 실천해야 합니다. 이 모든 것은 '내게 능력 주시는 주님 안에서' 가능합니다. 이 아름다운 삶이 날마다 활기차게 여러분의 생활 속에 일어나기를 예수님의 이름으로 축복합니다. 아멘.

51. 별 볼일 없는 자일지라도…

한동안 인터넷을 후끈 달군 주인공이 있었습니다. 그는 평범한 휴대폰 외판원에서 세계적인 오페라 가수로 변신에 성공한 30대 영국 청년 '폴 포츠(Paul Potts)' 입니다. 그는 영국의 스타 발굴 프로그램인 '브리튼즈 갓 탤런트(Britain' s Got Talent)' 결승전에서 우승을 했습니다.

부러진 앞니에 펑퍼짐한 몸매, 촌스러운 외모 등으로 프로그램 참가 당시 시청자들과 심사위원들의 '관심 밖' 의 사람이었습니다. 주목을 받지 못한 별 볼일 없는 사람이었습니다.

그런데 그가 오페라 '투란도트' 의 아리아 '공주는 잠 못 이루고(Nessun Dorma)' 를 부르는 순간 행사장 분위기는 완전히 급반전을 이룹니다. 감동의 눈물과 열광적인 지지가 행사장을 압도하며 터져

나왔습니다. 스타 탄생이 예고되는 순간이었습니다.

현지 언론들도 그를 두고 '백조가 된 미운 오리 새끼'라고 했습니다. 그는 유명 음반 제작사와 18억 원의 음반 계약을 맺었고, 그 해 7월에 발매된 그의 데뷔 앨범 〈One Chance〉는 영국에서 발매 2주 만에 30만 장 이상이 팔리면서 UK차트 1위까지 오르는 기염을 토했습니다. 이 같은 열풍을 타고 우리나라에서도 즉각 그의 음반이 발매되기 시작했습니다. 국내 포털사이트에는 "노래를 듣고 있으면 저절로 눈물이 흐릅니다.", "그의 목소리를 통해 삶의 희망을 찾게 됐습니다." 등의 댓글이 쇄도했습니다. 별 볼일 없는 사람이 일약 세계적인 스타가 된 이야기입니다.

지구촌에서 '스누피'를 모르는 사람은 거의 없을 것입니다. 미국의 유명한 만화가 '찰스 먼로 슐츠(Charles Monroe Schulz, 1922년 11월 26일 ~ 2000년 2월 12일)'의 '피너츠' 시리즈의 만화 주인공인 강아지 이름입니다.

슐츠는 미네소타 주 미니애폴리스에서 태어나 세인트폴에서 자랐습니다. 그의 아버지는 이발사였습니다. 슐츠는 학창시절에 대단한 열등생이었습니다. 8학년 동안 전 과목이 낙제여서 지진아라 불리며 따돌림을 당한 아이였습니다. 그는 심약하면서도 정이 많았습니다. 2차 대전 당시에는 포병으로 참전했는데, 강아지가 다칠까봐 포격을 하지 못한 마음이 여린 군인이었습니다. 그야말로 세상에서는 '별 볼일 없는 존재'였습니다.

그러나 그에게도 꿈이 있었습니다. 그것은 만화가가 되는 것이었습니다. 그러나 그의 꿈은 수없이 외면당하고 좌절을 맛보아야 했습니다.

그는 〈피너츠〉라는 이름의 시리즈 만화를 그리기 시작했습니다. 그런데 만화에 등장하는 주인공들의 면면이 보는 이로 하여금 많은 것을 생각하게 합니다.

주인공 스누피의 주인이면서 멍청하고 인생의 비애를 한 몸에 지닌 듯한 실패를 거듭하는 '찰리 브라운', 담요 없이는 안정을 못하는 불안한 소년 '라이너스', 잘난 척을 일삼지만 사랑하는 이에게 인정받지 못하는 소녀 '루시', 똑바로 날지도 못하는 새 '우드 스톡', 스타가 되기를 꿈꾸며 늘 변장을 하지만 그저 개일 뿐인 강아지 '스누피', 공부를 가장 싫어하는 찰리 브라운의 여동생 '셀리' 등이 등장인물입니다.

이 인물들은 찰스 M 슐츠의 학창 시절에 계속되었던 자신의 모습이기도 했습니다. 그래서 이들에게 붙여진 이름이 '별 볼일 없는 신세'라는 'peanuts'였습니다.

이처럼 별 볼일 없는 외톨이 만화가 슐츠의 별 볼일 없는 외톨이 주인공들의 합작품 '피너츠'가 1950년 한 신문에 연재되기 시작하면서 세계 75개국, 2600여 신문에 50년 동안 21개 언어로 연재되었습니다.

작가 Charles M. Schulz는 2000년 1월 3일, 〈스누피〉 그 마지막 회를 싣고 연재를 중단했습니다. 그리고 지난 2001년 2월 13일 오전 12시 30분에 Santa Rosa에서 그는 눈을 감았습니다. 별 볼일 없었던 소년이 세계의 주목을 받게 된 인생 역전의 드라마 같은 실화입니다.

아브라함은 데라의 아들로서 믿음의 조상이 되었습니다. 그러나 그는 복의 근원이 되는 은혜를 입을 만한 존재가 아니었습니다. 정말 별 볼일 없는 존재였습니다.

기드온도 시골집에서 보리타작을 하는 별 볼일 없는 자였습니다. 아모스도 뽕나무 밭에서 일하는 별 볼일 없는 자였고, 엘리사도 소를 몰고 시골에서 밭갈이나 하던 별 볼일 없는 자였습니다. 다윗도 이새의 말째 아들로 태어나 들판에서 양이나 치던 별 볼일 없는 자였으며, 베드로도 갈릴리 호수에서 고기나 잡던 어부로 별 볼일 없는 자였습니다.

스웨덴 출신의 '레나 마리아'도 태어날 때 양 팔이 없고 다리 한 쪽 뿐인 별 볼일 없는 사람이었습니다. 그러나 그녀는 하나님의 은혜로 천상의 소리라는 호평을 받으며 찬양을 통해 온 세계에 하나님의 복음을 전하고 있습니다.

우리나라 송명희 시인도 태어날 때부터 뇌성마비로 지체장애를 안고 태어난 별 볼일 없는 사람이었습니다. 그러나 말할 수 없는 하나님의 은혜로 거룩하게 쓰임 받는 존귀한 사람이 되었습니다.

이 글을 쓰는 저도 경북 영주 시골의 가난한 가정에서 태어나 병약했던, 어디에도 쓸모없는 하찮은 별 볼일 없던 존재였습니다. 그런데 하나님은 이렇게 별 볼일 없는 사람을 존귀하게 하셔서 여기까지 오게 하셨습니다. 한량없는 하나님의 은혜에 오직 감사를 드릴뿐입니다. 저의 하나님은 너무도 좋으신 하나님이십니다.

그리고 오늘 다시 한 번 돌아보며 정직하게 고백하는 것은, 역시 별 볼일 없는 사람이었습니다.

여러분은 어떤 사람이었습니까? 꽤나 괜찮은 사람이었습니까? 아닙니까? 역시 별 별일 없는 사람이었습니까? 예, 우리는 그렇게 모두가 별 볼일 없는 사람이었습니다. 그런데 하나님은 우리를 목사로, 장로로, 집사로, 거룩한 성도로 직분을 주셔서 우리의 삶에 하늘의 복을 주시고 이름을 창대케 하셨습니다. 이것은 오늘도 주님 안에서 변함 없이 이루어지는 현재 진행형의 역사입니다.

본문의 주인공인 다윗은 정말 별 볼일 없는 사람이었습니다. 그런데 이 별 볼일 없는 한 소년이 세계 역사의 센터에 세워졌습니다. 이 과정을 보면 하나님의 섭리가 참으로 놀라울 뿐입니다.

이 장 본문은 블레셋과 이스라엘이 대치하고 있던 당시 다윗 가문의 형편과 다윗의 처지를 기록한 것입니다. 본 장에서는 이 하찮은 한 소년의 걸음이 어떻게 축복의 행진이 되었는지, 또 아무리 별 볼일 없는 사람이라도 하나님이 선택하시고 사용하시면 존귀한 존재가 될 수밖에 없는 일련의 과정들을 살펴보겠습니다.

1. 별 볼일 없는 자일지라도 믿음이 있으면 하나님이 선택하십니다.

12~16절까지 내용을 보면 다윗의 형들은 사울을 따라 전쟁을 하러 나갔습니다. 그리고 12절에서 기록하고 있는 대로 다윗은 **"이새는 나이가 많아 늙은 사람으로서 여덟 아이들 중 말째"**였습니다. 한 마디로 별 볼일 없는 존재였습니다.

그런데 다윗에게는 형들에게 없는 것이 있었습니다. 그것은 바로 하나님을 믿는 믿음이었습니다. 그 믿음의 자세가 하나님의 선택하심을 입는 근간이 되었습니다.

성경 인물이나 일반 역사에서 볼 수 있는 분명한 것 한 가지는, 하나님이 택하시고 사용하신 모든 사람들이 굳센 믿음의 소유자들이었다는 것입니다. 이것은 지금도 마찬가지입니다.

히브리서 11장을 살펴보면 구절마다 이렇게 시작합니다. "믿음으로 모든 세계가, 믿음으로 아벨은, 믿음으로 에녹은, 믿음으로 노아는, 믿음으로 아브라함은......."

모든 위대한 인물들의 택하심을 입은 근간이 바로 믿음이었습니다. 하나님께서 그들을 역사의 주인공들로 부르시고 사용하셨습니다. 하나님의 이 은혜는 지금도 이 역사 속에 계속 되고 있습니다.

2. 별 볼일 없는 자일지라도 하나님은 기회를 주십니다.

20~30절까지 내용을 살펴보면 하나님이 다윗에게 기회를 주시는 내용입니다. 다음에 살펴볼 내용이지만 먼저 잠깐 살펴보면, 온 이스라엘 백성들에게 높임을 받을 수 있는 기회를 하나님께서 다윗에게 주셨습니다. 곧 골리앗과 싸워 이기게 하시는 기회, 그것이 다윗에게 주어진 것입니다.

물론 골리앗과 같은 대적과 싸워 이기는 기회가 아무에게나 주어지는 것은 아닙니다. 앞서 말씀드린 대로 이 기회는 하나님에 대한 믿음이 있는 자에게 주어지는 기회입니다. 하나님은 다윗에게 큰일을 할 수 있는 기회를 주셨습니다. 그것을 놓치지 않는 것 또한 귀중한 축복입니다.

아버지의 심부름만 잘하고 돌아갔다면 다윗도 별 볼일 없는 한 사람으로 끝날 수 있었을 것입니다. 그러나 다윗은 골리앗과 싸워 이길 수 있는 기회를 놓치지 않았습니다. 자기에게 주어진 기회를 즉각 선용함으로 위대한 이스라엘의 왕으로서의 당당한 출발을 준비하게 된 것입니다.

여기서 중요한 것은 주어진 기회를 누구를 위해 사용하느냐 하는 것입니다. 대부분의 사람들은 기회가 주어져도 자기를 위해 그 기회를 사용합니다. 그러나 다윗은 아니었습니다. 오직 하나님의 이름이 우선이었습니다. 하나님의 이름이 골리앗에게 모독되는 것을 참을 수 없었습니다. 하나님에 대한 믿음이 충만한 다윗으로서는 할례 없는 이방인의 하나님을 대한 오만방자함을 도무지 그대로 두고 볼 수 없는 일이었습니다. 다윗은 이 믿음으로 골리앗에게 나아갔습니다. 그리고 마침내 승자의 노래를 부르게 되었습니다. 하나님께서 주신 기회를 적극적이고도 즉각적으로 선용함으로 위대한 하나님의 사람이 된 것입니다.

다윗은 주어지는 기회를 잘 선용하는 사람이었습니다. 회개의 기회가 왔을 때도 그 기회를 놓치지 않고 즉각적으로 하나님 앞에 나아가 깊이 회개하는 사람이었습니다. 우리가 이미 잘 알고 있는 한 사건입니다. 낮잠을 자고 일어나 궁의 옥상을 거닐던 다윗이 목욕하는 한 여인을 보게 됩니다. 음욕이 발동한 다윗이 그녀, 우리아의 아내 밧세바를 데려오게 하여 취합니다. 그리고 그녀가 임신을 하자 자신의 죄를 은폐하기 위해 충복인 우리아를 살인교사 합니다. 그 후 밧세바를 데려와 아내로 취하고 아이를 낳았습니다. 그 일이 하나님 보시기에 악하여 선지자 나단을 보내 책망하시며 죄를 깨우쳐 주십니다. 그 때 다윗은 변명하지 않았습니다. 숨기지도 않았습니다. 즉시로 죄를 시인하며 회개하였습니다. 즉각적이고도 진실한 회개였습니다. 기회를 놓치지 않았습니다. 그것이 다시 한 번 다윗이 하나님께 은혜를 입는 기회였습니다.

그러나 사울왕은 회개할 기회를 주어도 선용하지 못했습니다. 변명을 늘어놓았고 정당화하려고 했습니다. 그 무슨 말로도 그것은 정당화 될 수 없는 것이었습니다. 그런데도 계속해서 타인에게 책임을 전가하려고 했습니다. 그러다가 결국은 멸망하게 되었습니다.

우리가 기억할 것은 하나님께서는 항상 우리에게 기회를 주신다는 것입니다. 깨달음으로 그 기회를 선용하는 사람이 복 있는 사람입니다.

복음을 전할 기회, 회개의 기회, 봉사의 기회, 헌신의 기회, 일어설 수 있는 기회, 용서할 기회 등 끝없는 기회가 우리에게 주어집니다. 하나님이 주신 기회를 선용하는 자가 별 볼일 없는 자에서 위대한 역사의 주인공이 됩니다.

3. 별 볼일 없는 자일지라도 사욕(私慾)을 잊으면 큰일을 행합니다.

정말 별 볼일 없는 다윗이 위대한 인물이 될 수 있었던 이유가 28절 이하에 기록되어 있습니다. 다윗은 26절에서 백성들에게 단호하게 소리쳤습니다.

"이 할례 받지 않은 블레셋 사람이 누구이기에 살아 계시는 하나님의 군대를 모욕하겠느냐"

이 말을 들은 다윗의 형들이 다윗에게 하는 말이 28절입니다.

"큰형 엘리압이 다윗이 사람들에게 하는 말을 들은지라. 그가 다윗에게 노를 발하여 이르되 네가 어찌하여 이리로 내려왔느냐 들에 있는 양들을 누구에게 맡겼느냐 나는 네 교만과 네 마음의 완악함을 아노니 네가 전쟁을 구경하러 왔도다."

형들은 화를 내며 다윗을 책망했습니다. 교만하고 완악하다고 몰아부쳤습니다. 그러나 다윗은 그 모든 비난에도 개의치 않았습니다. 이스라엘이 욕먹고 하나님의 이름이 모독되는 것을 참을 수가 없었습니다. 감히 하나님의 이름을 모독하는 오만한 장수 골리앗을 가만둘 수가 없었습니다. 그 마음이 어린 소년 다윗으로 하여금 골리앗과 싸우게 하는 이유였습니다.

그것은 개인의 부귀영화와 영달을 위한 것이 아니었습니다. 오직 다윗의 중심은 하나님이었습니다. 그리고 민족 이스라엘이었습니다. 즉 사욕(私慾)을 품지 않은 순전한 마음이었습니다. 하나님의 이름을 위한 충절이었습니다.

그래서 이 시대를 살아가는 하나님의 이름을 위한 사람들에게 베드로전서 4장 14절 말씀은 힘이 됩니다.

"너희가 그리스도의 이름으로 치욕을 당하면 복 있는 자로다 영광의 영 곧 하나님의 영이 너희 위에 계심이라."

사람은 세상에 세 번 태어납니다.
첫 번째는 신체적 자아의 탄생입니다.
두 번째는 정신적 자아의 탄생입니다.
세 번째는 사명적 자아의 탄생입니다.

그리스도인의 탄생은 사명적 자아의 탄생입니다. 그리스도인의 사명이 무엇입니까? 하님께로부터 받은 심부름입니다. 그리스도인은 하나님의 심부름꾼입니다. 하나님의 심부름꾼은 주를 위해 죽고 주를 위해 사는 것이 의무이며 권리입니다. 하나님의 심부름꾼의 첫째 자세가 사욕(私慾)을 버리는 것입니다.

춘원 이광수가 1931년 8월호 동광지(東光誌)에 "조선의 청년은 자기를 초월하라"는 제하에 이런 글을 썼습니다.

"사람이란 약한 동물이지만 사욕(私慾)을 잊은 때에는 무서운 힘을 발휘하는 것이다. 더구나 생명을 잊은 때에는 천지를 흔들 만한 대력(大力)을 발휘하는 것이다"

왜 하나님의 사람들이 실패를 할까요? 그 이유는 사욕에 빠지기 때문입니다. 그것의 결국이 아무 것도 이루지 못하고 자신의 인생은 졸장부 인생으로 마감되며 다른 사람까지 힘들게 하는 것입니다.

다윗은 무엇을 하든지 하나님 중심이었습니다. 사욕을 버렸습니다. 형 엘리압이 자기를 욕하고 화를 내면서 책망하여도 다윗은 탓하지 않았습니다. 다윗이 사욕(私慾)에 빠진 자였다면 아마도 이렇게 한 마디쯤 할 수 있었을 것입니다.

"형, 내가 싸우는 것을 구경하러 왔다고? 어떻게 그런 말을 해? 명색이 그래도 사무엘 선지자님을 통해 내가 장차 이스라엘의 왕으로 기름부음을 받은 사람이야. 아무리 동생이지만 그래도 예의를 갖추어야 되지 않겠어? 빨리 사과해!"

가정하여 꾸며본 말이지만 오늘 우리들 같으면 얼마든지 그럴 수 있는 내용입니다. 만약 그렇게 되었다면 형제간의 싸움이 먼저 시작되었을 것입니다.

다윗인들 왜 하고 싶은 말이 없었겠습니까. 그러나 다윗의 마음은 오직 하나님이 먼저였습니다. 그리고 나라와 민족이 먼저였습니다. 하나님의 이름이 모욕을 당하는 것 때문에 화가 나는 것이지 형이 뭐라고 하는 것 때문에 화가 나는 것이 아니었습니다. 이것이 다윗입니다. 사욕을 잊으면 대력을 발휘하는 것입니다.

오늘날 교회 대부분의 지도자들의 면면을 보면 하나 같이 사욕에 빠져 있음을 봅니다. 정말 교회를 걱정하고 교인들을 위한 마음을 가진 지도자들을 보기 힘듭니다. 개인적인 관계를 앞세워 하나님의 거룩한 일을 그르칩니다. 사욕을 위하여 공의를 무너뜨립니다. 정사(正邪)가 분별이 안 되는 모습이 여기저기서 드러납니다. 조심하고 또 조심해야 할 것입니다.

그럼에도 불구하고 분명한 것은, 별 볼일 없는 자 같아도 역사에는 하나님의 거룩한 도구로 쓰임 받는 사람들이 있다는 것입니다. 오늘 우리가 그 주인공이 되었으면 좋겠습니다. 그 주인공의 자격 요건은 세 가지입니다. **믿음이 있어야 합니다. 기회를 선용해야 합니다. 사욕을 잊어야 합니다.**

그리하면 하나님께서 위대한 역사의 주인공으로 저와 여러분을 선택하시고 사용하실 것을 믿습니다. 저와 여러분이 그 주인공이 되기를 예수님의 이름으로 축복합니다. 아멘.

믿음으로 가는 길(1)

"다윗이 이르되 여호와께서 나를
사자의 발톱과 곰의 발톱에서 건져내셨은즉
이 블레셋 사람의 손에서도 건져 내시리이다
〈사무엘상 17:31~40 중〉."

'이상한 나라의 엘리스' 라는 어린이 동화에는 체서 캣이라는 말재
주가 좋고 꾀가 많은 고양이가 등장합니다. 엘리스는 이상한 나라에
서 빠져나가는 길을 찾다가 갈림길에서 체서 캣을 만납니다.

"어느 길로 가야하니?"

그러자 오히려 체서 캣이 엘리스에게 물었습니다.

"어디 가는데?"

"몰라." 엘리스가 대답했습니다. 그러자 체서 캣은 웃으면서 엘리
스에게 대답했습니다.

"어디로 가는지 모르면 아무 데도 갈 수 없어."

그렇습니다. 인간은 자신이 어디에서 와서 어디로 가는지를 알아야 합니다. 자신이 어디로 가는지 알지 못하면 갈 수가 없습니다. 인간에게는 온 길이 있고, 또 갈 길이 있습니다. 그 길은 하나님이 정하시는 길입니다. 그래서 욥은 욥기 23장 10절에서 이렇게 고백했습니다.

"그러나 내가 가는 길을 그가 아시나니 그가 나를 단련하신 후에는 내가 순금 같이 되어 나오리라."

잠언 16장 9절에서는 이렇게 말씀하십니다.

"사람이 마음으로 자기의 길을 계획할지라도 그의 걸음을 인도하시는 이는 여호와시니라."

잠언 4장 18절에는 의인의 길과 악인의 길에 대하여 이렇게 설명합니다.

"의인의 길은 돋는 햇살 같아서 크게 빛나 한낮의 광명에 이르거니와, 악인의 길은 어둠 같아서 그가 걸려 넘어져도 그것이 무엇인지 깨닫지 못하느니라."

유다서 11절에는 악인이 저주받은 길이 대표적으로 기록되어 있습니다.

"화 있을진저 이 사람들이여, 가인의 길에 행하였으며 삯을 위하여 발람의 어그러진 길로 몰려갔으며 고라의 패역을 따라 멸망을 받았도다."

신명기 28장에는 축복과 저주의 길을 설명하면서 축복의 길은 순종이고 저주의 길은 불순종이라고 교훈합니다.

예레미야 21장 8절에는 생명과 사망의 길을 우리 앞에 두었다고 했습니다. 생명의 길은 충만한 기쁨이 있고 영원한 즐거움이 있습니다.

잠언 6장 23절은 일상의 우리걸음을 복되게 하는 말씀입니다.

"대저 명령은 등불이요 법은 빛이요 훈계의 책망은 곧 생명의 길이라."

마태복음 7장에서는 좁은 길과 넓은 길을 이야기 합니다. 좁은 길은 생명의 길, 축복의 길로 소개하지만, 넓은 길은 사망의 길, 저주의 길로 소개합니다.

시편 125편 5절에서는 평강의 길과 굽은 길을 소개합니다. 굽은 길로 가는 자는 하나님께 범죄 하는 자들이고, 순종하며 나아가는 자는 평강의 길을 걷게 된다고 했습니다.

인생의 삶에서 말하는 길에는 보통 세 가지 의미의 길이 있습니다.

첫째는 사람, 배, 자동차 비행기 등이 다니는 길로 문자 그대로 길(道)입니다.

둘째는 사람이 마땅히 행하여야 할 이치를 의미하는 길, 도리(道理)가 있습니다.

셋째는 사람이지만 동물과 다를 바 없는 삶을 살아가는 형이하학적 삶을 뜻하는 길, 동물적 삶을 일컫는 길이 있습니다. 이는 수단과 방법을 가리지 않고 동물적 본능의 욕구 충족을 이루는 타락한 삶을 뜻합니다. 이런 길로 행하는 인간의 삶을 통해서 원하는바 세상에서의 모든 것을 이룰 수 있을지는 몰라도 이 길이 영원에 이르는 길은 아닙니다.

영원에 이르는 길이 있습니다. 그 길은 저주가 축복이 되는 길입니다. 지옥이 천국이 되는 길입니다. 사망이 생명이 되는 길입니다. 그 길이 예수 그리스도입니다. 요한복음 14장 6절에서 예수님은 이렇게 말씀 하셨습니다.

"예수께서 이르시되 내가 곧 길이요 진리요 생명이니 나로 말미암지 않고는 아버지께로 올 자가 없느니라."

이 구원에 이르는 예수 그리스도께로 나아가는 길이 믿음의 길입니다.

러시아의 대문호 '레브 톨스토이'의 저서에는 『길』이라는 것이 있습니다. 이 글에서 톨스토이는 길을 네 가지로 나누어 글을 엮었습니다. 인생의 길, 정신의 길, 영혼의 길, 진리의 길이 그것입니다.

톨스토이의 수많은 저작 중에서 각 주제에 해당하는 글들을 엄선하여 하나의 책으로 엮었는데, 여기서 나타나는 것은 톨스토이가 어떤 길을 걸어가고자 했는지, 또 그 길 위에서 얼마나 많은 자기모순을 드러내었는지, 그리고 그 모순을 극복하기 위해 얼마나 고뇌에 찬 시간들을 보냈는지를 엿볼 수 있습니다. 톨스토이의 이 작품 속에 그려진 내용을 한 마디로 함축하여 표현하면 〈믿음의 길〉이라고 할 수 있습니다. 그 길을 위의 네 가지로 세분하여 저술한 책이 『길』입니다.

이 장 본문은 그 믿음으로 가는 길이 어떤 것인가를 설명하고 있습니다.

1. 두려움이 없습니다.

31-33절까지의 내용에는 믿음이 없는 사울의 말과 믿음이 있는 다윗의 말이 기록되어 있습니다.

여기에는 아주 중요한 두 가지 의미가 있습니다. 하나는 사울 왕과 다윗이 똑같이 상대방을 향해 권고(眷顧)하고 있는 것입니다. 다윗도 사울 왕에게 염려하지 말 것을 권고하고, 사울왕도 다윗에게 너는 아직 어린 소년이니 싸울 수 없다고 일깨워주는 말을 하고 있습니다.

다른 하나는 두 사람의 동일한 상황을 보는 관점이 판이하게 다른 것입니다. 다윗은 골리앗을 볼 때 허수아비로 보았습니다. 그러나 사울 왕은 골리앗을 두려운 용사로 보았습니다.

이 두 사람의 차이를 요약하면 아주 간단합니다. 믿음이 있는 다윗은 두려움 같은 것은 안중에도 없지만 믿음이 없는 사울은 두려움에 사로잡혀 있습니다.

하나님을 믿는 사람은 하나님을 사랑하는 마음으로 충만합니다. 하나님을 사랑하는 사람은 두려움이 없습니다. 요한1서 4:18절입니다.

"사랑 안에 두려움이 없고 온전한 사랑이 두려움을 내쫓나니 두려움에는 형벌이 있음이라. 두려워하는 자는 사랑 안에서 온전히 이루지 못하였느니라."

믿음으로 가는 길에는 두려움이 없습니다. 믿음으로 나아가는 다윗에게 골리앗 정도는 허수아비였습니다. 왜냐고요? 하나님이 함께 하시지 않는 것은 그 어떤 것도 반드시 멸망임을 다윗은 알고 있기 때문입니다. 아는 것으로 그치지 않고 믿었습니다. 그것을 알고 믿었기에 실천했습니다. 비록 어린 소년 다윗이지만 그는 믿음의 경험이 있었습니다. 그래서 두려움이 없었습니다.

그러나 믿음 없는 사울에게 골리앗은 넘어뜨릴 수 없는 위대한 용사로만 보였습니다. 그래서 그는 아무것도 할 수가 없었습니다.

여호수아 14장에서도 믿음 있는 여호수아와 갈렙은 하나님이 주시는 가나안땅을 정복할 수 있다고 외칩니다. 그러나 믿음 없는 다수의 사람들은 그 땅의 거민이 네피림 같은 장수들이기 때문에 절대로 그 땅을 정복할 수 없다고 했습니다. 이것이 믿음 있는 자와 믿음 없는 자의 차이이며 실상입니다.

지금이라고 그것이 다르지는 않습니다. 교회에서 일을 하는 것을 보면 확실하게 알 수 있습니다. 믿음이 있는 자는 언제, 어디서, 무엇을 하든지 밝고 자신이 있습니다. 확신에 찬 활동을 합니다.

그러나 믿음이 없는 자는 언제, 어디서, 무엇을 해도 늘 불안합니다. 확신이 없기 때문입니다. 누군가 두 사람이 앉아서 이야기 하는 것만 보아도 자기 흉을 보는 것처럼 생각됩니다. 자기를 위해 한없이 수고하고 애써주는 사람조차도 의심하고 불신합니다. 그러니 되는 것이 뭐가 있겠습니까? 아무 것도 되는 일이 없습니다. 참으로 가련한 사람입니다. 그 근간이 두려움입니다. 불신입니다. 믿음 있는 성도가 가는 길에는 두려움이 없습니다.

영적인 일은 그것이 하나님께 영광이 되고 백성들에게 복이 된다면 일을 저질러 버리는 용기가 있어야 합니다. 이것이 믿음입니다.

이때 믿음 있는 자와 믿음 없는 자가 구별되는 것입니다. 하나님의 일은 하나님이 하십니다. 인간은 하나님의 하시는 일의 선택받은 거룩한 도구일 뿐입니다. 하나님은 지금도 믿음 있는 자와 함께 일하십니다.

2. 믿음의 증거가 있습니다.

34~37절에서 다윗은 자기가 믿음으로 살아오는 길에서 경험한 놀라운 증거를 설명합니다. 확신에 찬 증언입니다. 그는 목동의 일을 하면서 곰의 공격도 받았고 사자의 공격도 받았습니다. 그때마다 그것들로부터 양을 지켰고 또 그것들을 쳐 죽였다고 합니다. 하물며 할례 받지 않은 이방족속, 허수아비 같은 골리앗이 감히 살아계신 하나님의 군대를 모독하는데 무엇이 두렵겠느냐는 것입니다.

이것은 현재진행형의 신앙입니다. 지난날 나와 함께 하셨던 하나님은 지금도 함께 하신다는 믿음입니다. 그래서 믿음 있는 사람은 어떤 상황에서도 변하지 않습니다. 왜냐하면 하나님께서는 언제나 변함이 없으시기 때문입니다. 그것을 증명하는 말씀이 히브리서 13:8절입니다.

"예수 그리스도는 어제나 오늘이나 영원토록 동일하시니라."

여러분에게는 믿음의 증거가 있습니까? 하나님을 감동시킨 사건이 있었습니까? 교회 앞에서 간증할 수 있는 살아계신 하나님과의 동역의 내용이 있습니까?

언젠가 TV에서 본 것입니다. 두 사람이 연예를 하는데 청혼을 받은 여자가 결정을 못하고 있었습니다. 그 때 남자가 추운 겨울인데도 야구장에 가자고 했습니다. 거절할 수가 없어 여자는 함께 야구장엘 갑니다. 야구장엘 들어서는데 갑자기 전광판에 불이 들어왔습니다. 그곳에는 "미정아 사랑해. 결혼해 줘"라는 청혼의 글씨가 쓰여 있었습니다. 순간 여자는 감동을 받습니다. 물론 청혼을 수락 했지요.

요한복음 12장에서는 마리아가 향유를 예수님 발에 쏟아 붓는 사건이 나옵니다. 그 향유는 마리아의 모든 재산이었습니다. 예수님께서 감동하셨습니다. 이 믿음의 증거로 마리아의 행한 일은 복음이 전파되는 곳마다 증거되리라고 주님께서 말씀하셨습니다.

어떤 분은 말하기를 믿음의 증거는 온전한 헌물이라고도 했습니다. 전도라고도 했습니다. 봉사라고도 했습니다. 순교라고도 했습니다. 그 어떤 것이든 다 좋습니다. 믿음으로 가는 길에는 반드시 믿음의 증거가 있습니다.

히브리서 11장에는 핏자국들이 믿음의 증거로 기록되어 있습니다. 자신의 유익과 기쁨을 위해 행해졌던 증거가 아니라 하나님의 영광을 위한 믿음의 증거입니다.

승용차 뒤편에 물고기 한 마리가 붙어있는 차를 많이 봅니다. '나는 그리스도인입니다.' 라는 증표입니다. 그런데 그런 표시를 한 차를 운전하면서 끼어들기를 하고 신호 위반과 과속을 한다면 이를 어찌 믿음의 증거를 가진 사람의 차라고 할 수가 있겠습니까. 또, 식당에서 음식을 앞에 두고 감사 기도는커녕 "전과 동" 하면서 주위를 두리번거리는 사람이라면, 어찌 그를 믿음이 있는 자라고 하겠습니까.

믿음에는 반드시 증거가 있습니다.

3. 현재에 최선을 다합니다.

38~40절까지의 내용을 보면 싸우러 나가는 다윗에게 사울 왕이 전투를 위한 채비를 갖추게 합니다. 자신의 갑옷을 입히고, 투구를 씌우며, 칼을 차게 합니다. 그런데 이것이 다윗에게는 오히려 거추장스럽기만 했습니다. 그래서 정중하게 이를 거절하고 모든 전투 장비를 탈복합니다. 그리고는 평상시처럼 자기의 막대기 하나와 물매, 그리고 시내에서 주운 매끄러운 돌 다섯 개를 제구 주머니에 넣고 그것만 들고 골리앗에게로 나아갔습니다.

기가 막혀 웃음이 터지는 장면이 벌어졌습니다. 한 쪽은 3미터 가까이 되는 거구의 장신에 온 몸을 철갑으로 무장한 군대장관이 섰는데, 한 쪽은 막대기 하나를 들고 선 아담한 작은 소년입니다. 세상에 코미디라도 이런 코미디는 없을 것입니다. 그런데 이 코미디 같은 상황이 세상을 뒤집는 사건이 될 줄은 그 누구도 몰랐습니다.

이쯤에서 다윗이 골리앗을 대하여 이길 수 있는 분명한 이유가 한 가지 있었다는 것을 짚고 가겠습니다. 그것은 37절을 묵상하면 발견할 수 있는 것입니다. 즉 다윗은 골리앗이 무장한 전신갑주보다 더 강력한 전신갑주를 이미 생각하고 있었다는 것인데 그것이 바로 하나님이었습니다.

자기가 양치기 생활을 하는 동안 곰과 사자와 싸워 그것들을 이길 수 있었던 것은 전능하신 여호와 하나님 때문이었음을 그는 확신하고 있었습니다. 뿐만 아니라 골리앗과의 싸움 또한 그 때와 동일하다는 믿음이 있었습니다. 이 믿음이 다윗에게 있기에 적장 거인 골리앗에게로 나아가는 것입니다. 그래서 두려움이 없었습니다. 지금 자신에게 주어진 상황에서 오직 하나님을 믿는 믿음으로 최선을 다할 뿐입니다. 그런 다윗은 골리앗과의 1:1의 전투에서 완승을 거둡니다. 결과는? 물론 대승리였습니다.

시편 146편 3~5절입니다.

"귀인들을 의지하지 말며 도울 힘이 없는 인생도 의지하지 말지니, 그의 호흡이 끊어지면 흙으로 돌아가서 그 날에 그의 생각이 소멸하리로다. 야곱의 하나님을 자기의 도움으로 삼으며 여호와 자기 하나님에게 자기의 소망을 두는 자는 복이 있도다."

그렇습니다. 이것이 다윗의 신앙이며 삶입니다. 오직 하나님입니다. 다윗은 언제나 이 믿음으로 가는 길에서 현재에 최선을 다했습니다. 위선이 없었습니다. 거짓도 없었습니다. 있는 그대로, 주신 그대로, 생긴 그대로였습니다.

성형이 나쁘다고는 말하지 않겠습니다. 그러나 하나님이 주신 대로 살아가는 것이 더 좋습니다. 구제하고 섬기고 베푸는 것이 좋습니다. 그러나 빚을 내어서 그렇게 하는 것은 좋지 않습니다. 하나님은 사람에게 각양의 은사를 주셨습니다. 주신 은사대로 봉사하는 것만큼 하나님을 기쁘시게 하는 것이 있겠습니까?

실패자의 공통점은 위선입니다. 없으면 없는 대로 살아야 하는데 있는 척합니다. 요즈음 가짜학위 문제로 각계각층이 소란스럽습니다. 우리 사회가 얼마나 학벌중시와 학벌위주의 사회인가를 단적으로 드러내는 부분이기도 합니다. 그래서 교계나 사회 지도자들 가운데는 몇 주일 연수한 세계의 명문대학교를 수료했다고 이력서에 쓰는 촌극도 벌어지는 것입니다.

개인적으로 참 안타까운 일이지만 우리 사회는 그렇게 멍들대로 멍들어가고 있습니다. 오죽하면 라면 먹고 이빨 쑤신다는 속언이 나왔겠습니까. 우리 사회의 단면입니다.

믿음 없는 사람은 항상 그렇게 헛된 생각에서 헤어나지 못합니다. 지난날이 좋았든 나빴든 과거에 함몰됩니다. 무엇을 할 수 있든 없든 현재에 불성실합니다. 이룰 수 없는 헛된 꿈을 미래에 고착시킵니다. 그러다가 짐승처럼 일생을 살며 마칩니다. 그러나 믿음 있는 사람은 항상 오늘에 최선을 다합니다. 주어진 현실에 최선을 다해 삽니다.

다윗이 의지한 것은 물매와 매끄러운 돌 다섯 개가 아니었습니다. 막대기는 더더욱 아니었습니다. 그는 오직 하나님을 의지했습니다. 바로 그것입니다. 이 믿음으로 길을 가는 사람은 성공자가 됩니다.

데살로니가전서 5:16~18절에는 믿음으로 길을 가는 사람들이 수행해야 할 적극적인 실천덕목이 있습니다.

"항상 기뻐하십시오. 쉬지 말고 기도하십시오. 범사에 감사하십시오."

그리고 19~22절까지는 성도의 믿음의 증거를 나타내는 결정적인 4대 권고사항이 주어집니다.

"성령을 소멸하지 말며, 예언을 멸시하지 말고, 범사에 헤아려 좋은 것을 취하고, 악은 어떤 모양이라도 버리라."

믿음으로 가는 길! 거기에는 두려움이 없습니다. 믿음의 증거가 있습니다. 항상 오늘에 최선을 다합니다. 거기에 하나님의 능력이 함께 하십니다. 하나님의 능력이 함께 하시는 그곳에서는 승리의 깃발을 올리게 됩니다.

이 믿음이 여러분과 저의 믿음이 되기를 예수님의 이름으로 축복합니다. 아멘.

53. 믿음으로 가는 길(2)

"너는 칼과 창과 단창으로 내게 나아오거니와
나는 만군의 여호와의 이름
곧 네가 모욕하는 이스라엘 군대의 하나님의 이름으로
네게 나아가노라.〈사무엘상 17:41~54 중〉."

엘림동산 영성훈련 8기생들의 재회모임(reunion)이 있었습니다. 간증하신 분들의 감동스러운 눈물의 고백을 들으면서 참석자들은 다시 한 번 은혜를 나누었습니다. 그 가운데 출생부터 집사가 되기까지 온전히 포항중앙교회 태생인 김집사님의 간증을 들으면서 참 많은 생각을 했습니다.

김집사님은 우리교회에서 약방의 감초 같은 분입니다. 집사님은 전국 남선교회 연합회에서 주최한 '전국 중고등부 찬양대회' 에서 금상을 수상한 실력의 사람입니다. 중고등부 지휘를 하면서 소위 전국에 '내 노라' 하는 교회 팀들과의 경연에서 금상을 수상하게 된 배경이 간증의 주제였습니다.

집사님은 엘림동산 영성 훈련을 받으면서 많은 것을 깨닫고 회개하며 결단한 가운데 그 경연에 임하게 되었답니다. 그랬더니 뜻밖에도 금상 수상이라는 영예를 안게 되었는데 이것은 오직 하나님께서 주신 놀라운 은혜라는 것입니다.

집사님은 어릴 때부터 교회에서 반주자로, 교사로, 지휘자로 봉사하면서 늘 가르치는 입장에서 지적하고 깨우쳐주는 역할을 담당해 왔습니다. 그러면서 정작 자기 자신은 하나님께 찬양다운 찬양을 드리지 못했음을 영성훈련을 통해 깨닫게 되었습니다. 그리고 깊이 회개하며 그 영혼이 거듭남으로 준비한 첫 작품이 전국대회 출전이었습니다. 대회에서 학생들을 지휘하는데, 마치 천상의 노래를 부르는 것 같은 착각에 빠질 정도로 성령님의 함께 하심이 느껴졌음을 간증했습니다. 그 간증의 내용이 바로 '바른 믿음의 길' 이었습니다.

모태 신앙으로, 장로의 딸로 구김살 없이 자랐고, 자타가 인정하는 대단한 믿음의 삶을 살아왔다고 생각했습니다. 그런데 영성 훈련을 받으면서 자기를 돌아보니 그야말로 자기 자신의 모든 생활이 잘못되어도 보통 잘못된 걸음이 아니더라는 것입니다. 그런 모습을 깨닫고 회개하며 돌아서서 바른 믿음의 길을 행보하게 되었는데, 그 시간으로 인하여 하나님께 새롭게 받는 은혜와 축복의 첫 부어주심이 이 대회였음을 고백하는 간증이었습니다.

그렇습니다. 믿음은 우리의 생각을 바꾸고 우리의 행동을 바꿉니다. 믿음의 눈을 가지면 이 세상을 보는 안목이 달라집니다.

그것은 가나안 땅을 정탐하러 갔던 12명의 정탐꾼들 가운데 여호수아와 갈렙, 그리고 다른 10명의 정탐꾼의 보고가 각기 달랐던 것과 같은 맥락으로 이해될 수 있는 것입니다.

믿음이 있는 여호수아와 갈렙은 그 땅의 거민을 자신들의 밥으로 보고 느꼈습니다. 그러나 믿음 없는 다른 10명의 정탐꾼들의 눈에는 그 땅의 거민에 비하여 자기들은 메뚜기 같이 느껴졌습니다. 그것이 같은 상황을 보고도 전혀 다른 말을 할 수밖에 없는 바탕입니다.

힘든 상황에서도 믿음이 있는 사람은 하나님의 가능성을 생각하고 보고 느끼고 확신합니다. 그러나 믿음이 없는 사람은 전혀 가능성이 없는 절망 속에 빠지게 됩니다.

이것이 바로 오늘 본문의 내용을 이루는 핵심입니다. 무엇이 다윗으로 하여금 골리앗에 대한 두려움을 없게 했을까요? 그것은 다름 아닌 믿음이었습니다.

믿음으로 가는 길! 거기에는 상상 못할 놀라운 일이 기다리고 있습니다.

1. 일보다 사람이 중요합니다.

사람들은 살아가면서 대부분 일을 중요시 합니다. 그러나 믿음으로 가는 사람들은 일보다는 사람을 중요시 합니다.

41~47절까지의 내용은 다윗과 골리앗의 설전(舌戰)입니다. 그리고 이어지는 48~51절 내용은 다윗과 골리앗의 실전(實戰)입니다.

성경을 기록한 저자는 하나님의 뜻을 따라 기록했습니다. 그런데 어떻게 전쟁사(戰爭史)를 기록하는데 실전보다 설전을 기록하는데 지면을 더 많이 할애했을까요?

그렇습니다. 실질적인 싸움에 대한 이야기 보다는 다윗과 골리앗의 중심에서 나오는 말이 더 중요했기 때문입니다. 그것은 본문의 주제가 되는 '다윗'이라는 인물이 어떤 중심을 가진 인물인가에 관점을 두고 있기 때문입니다.

이스라엘과 블레셋의 전쟁을 기록하면서 저자는 그 전쟁 자체에 관점을 두지 않고 다윗과 골리앗이라는 인물에 포커스를 맞추었습니다. 요약하면 믿음 있는 자와 믿음 없는 자의 대결에 관한 이야기입니다. 저자는 그것을 전쟁의 승패를 결정하는 요인으로 귀결시켰습니다.

일이란 어떤 사람이 하느냐에 따라 그 정도가 결정됩니다. 사람이 신통치 못하면 아무리 좋은 상황일지라도 악화됩니다. 그러나 사람이 훌륭하면 아무리 나쁜 상황일지라도 형통케 합니다. 그러므로 중요한 것은 일이 아니라 사람입니다. 그것이 믿음으로 가는 길의 중요한 교훈입니다.

오늘날도 우리는 교회 일을 하면서 '일'을 앞세우느라 '사람'의 중요성을 잊어버려 낭패를 당하는 일들이 종종 있습니다. 일 때문에 사람이 싸웁니다. 일 때문에 관계가 악화 됩니다. 일 때문에 목적 자체가 뒤틀려집니다. 이것은 모두가 잘못된 것입니다.

교회생활에 있어서 중요한 것은 "어떤 일을 하느냐?"가 아니라 "어떤 사람이냐?"가 중요합니다. 이 사실이 간과될 때 잘못된 실적위주의 사역이 됩니다. 욕심에 의하여 건축이 진행되어 낭패를 당하기도 합니다. 부흥이라는 목표를 앞세워 다른 교회 교인까지 데려와서 등록 시키는 잘못도 저지릅니다. 교회들은 보여주기 위한 실적위주의 선교를 합니다. 어디 이 뿐이겠습니까? 너무 많습니다. 겉치레에 요란한 일들이 너무 많습니다.

일을 앞세우다가 무너지는 경우들을 우리는 흔히 볼 수 있습니다. 삶에서 중요한 것은 일이 아니라 사람입니다.

2. 보이는 것보다 보이지 않는 것이 중요합니다.

본문의 사건은 아주 생생하게 그 상황이 전개되고 있습니다. 골리앗을 본 사울과 군장들은 완전히 얼어버렸습니다. 전의(戰意)를 상실해 버렸습니다. 왜 그랬습니까?

키는 여섯 규빗(45.6Cm/1규빗) 한 뼘(22.8Cm)으로 2m 96Cm 정도의 거장이요, 게다가 놋 오천 세겔(11.45Kg/1세겔)의 갑옷, 약 57Kg에 달하는 갑옷을 입었으며, 창날 무게만 하더라도 철 6백 세겔이니 7Kg 정도의 창칼을 지닌 장수 골리앗을 본 사울과 이스라엘군장들이 이 객관적인 상황을 보고 전의를 상실한다는 것이 그리 놀라운 것만은 아닙니다.

좀 더 상상을 확대해서 우리가 그 전쟁의 결과를 보기 위해 구경꾼으로 그 곳에 있다고 가정을 해 봅시다. 무슨 이야기들이 오갈까요?

"야~, 이거 뭐 싸움이 되겠어? 완전 조족지혈이잖아(새 발의 피잖아)?"

"그래, 이건 완전 달걀로 바위치기지!"

"아야야야! 아서라 말아라. 누울 자릴 보고 다리를 뻗어야지, 이거야 원~!"

"그래, 사자 앞에 날 잡아 잡수! 하고 머릴 갖다 대는 꼴이지 어떻게 감히 골리앗에게..."

"그러니까 한 번 싸워볼만 하잖아?"

"그래서? 그럼 어디 당신이 시범삼아 나가보시지 그래? 한 주먹감도 안 되면서......."

"ㅎㅎ ㅎ ㅎㅎ (일동)"

대략 이런 이야기가 오가지 않을까요?

그런데 놀라운 사실이 기록되고 있습니다. 그런 거인 골리앗과 싸우겠다고 나선 사람이 하나 있었는데 어린 소년 다윗입니다. 완전히 한 마디로 코미디 같은 상황이었습니다. 용기는 좋습니다만 그 몰골은 또 어떻습니까? 한 번 읊어볼까요?

양을 치던 옷 그대로의 남루한 소년입니다. 손에 있는 것이라곤 양을 치던 막대기와 물매요, 주머니에 넣은 것은 시내에서 주운 돌 다섯 개입니다. 그걸 전투용 도구라고 들고 골리앗을 향해 나왔습니다.

그곳에서 구경을 하던 우리라면 어떻게 했을까요? 더러는 이 기상천외한 모습에 기가 막혀 입만 벌리고 유구무언인 사람도 있을 테고, 더러는 포복절도 하는 사람도 있지 않겠습니까? 상황적으로 정말 웃기는 장면 아닌가요? 한마디로 완전히 생코미디에요. 생코미디! 보이는 것으로는 이미 이 싸움은 끝난 것입니다.

여기서 일단 우리는 퇴장을 하고 성경기자가 기록한 실제 상황을 보도록 하겠습니다.

중요한 내용이 전개되고 있습니다. 그것이 주안점입니다. 즉 다윗은 보이는 것에 관점을 두지 않고 보이지 않는 것에 관점을 두었습니다. 그 내용이 45~47절입니다.

"다윗이 블레셋 사람에게 이르되 너는 칼과 창과 단창으로 내게 나아오거니와 나는 만군의 여호와의 이름 곧 네가 모욕하는 이스라엘 군대의 하나님의 이름으로 네게 나아가노라. 오늘 여호와께서 너를 내 손에 넘기시리니 내가 너를 쳐서 네 목을 베고 블레셋 군대의 시체를 오늘 공중의 새와 땅의 들짐승에게 주어 온 땅으로 이스라엘에 하나님이 계신 줄 알게 하겠고 또 여호와의 구원하심이 칼과 창에 있지 아니함을 이 무리에게 알게 하리라 전쟁은 여호와께 속한 것인즉 그가 너희를 우리 손에 넘기시리라."

다윗은 보았습니다. 골리앗에게는 하나님이 함께 하시지 않는 것을. 그것은 육신의 눈으로는 보이지 않습니다. 영안이 열려야 보이는 것입니다. 사울이 본 것은 보이는 골리앗이었습니다. 그러나 소년 다윗이 본 것은 보이지 않는 하나님이었습니다.

이 사건의 교훈은 보이는 것이 중요한 것이 아니라 보이지 않는 것이 중요하다는 것입니다.

그것은 지금도 마찬가지입니다. 목회를 하면서 정말 두려운 사람은 믿음이 있는 사람입니다. 세상적인 힘을 가지고 교회에서 큰소리 치는 사람은 전혀 두렵지 않습니다.

다윗은 살아계신 하나님이 모욕당하는 것이 견딜 수 없었습니다. 그런 모욕을 당하면서도 아무 감각이 없는 죽은 믿음의 사울 왕과 군장들과 백성들을 보며 화가 났습니다.

"이 할례 받지 않은 블레셋 사람이 누구이기에 살아 계시는 하나님의 군대를 모욕하겠느냐(26절)."

보이는 골리앗으로 인해 두려움에 떨며 전의(戰意)를 상실한 초라

한 사울과 백성들 앞에서 다윗이 외친 말입니다. 이것이 오늘 본문 기록의 주요 목적입니다. 이 전쟁 이야기는 살아계신 하나님의 권능을 나타내고자 한 것입니다.

칼이 문제가 아닙니다. 갑옷도 문제가 아닙니다. 창도 문제가 아니며 방패도 문제가 아닙니다. 하나님께서 함께 하시느냐 그렇지 않느냐가 이 상황의 핵심입니다.

오늘 여러분의 눈앞에 보이는 골리앗은 무엇입니까? 부도(不渡)입니까? 실직(失職)입니까? 가난입니까? 질병입니까? 오늘 여러분의 믿음을 좌절하게 하는 골리앗은 무엇입니까?

그것이 여러분의 눈에 보일지라도 그 뒤에 계시는 보이지 않는 하나님을 볼 수 있는 믿음의 눈을 여시기 바랍니다. 그것이 믿음으로 가는 길입니다. 믿음으로 가는 길에는 반드시 하나님이 함께 하십니다. 고린도후서 12:10절에서는 다음과 같이 말씀하십니다.

"그러므로 내가 그리스도를 위하여 약한 것들과 능욕과 궁핍과 박해와 곤고를 기뻐하노니 이는 내가 약한 그 때에 강함이라."

3. 행동하는 신앙은 하나님의 능력이 나타납니다.

믿음으로 가는 길에는 무엇보다 언행일치(言行一致)가 요구됩니다. 동시에 이것은 신행일치(信行一致)로 이어져야 합니다.

48절 이하는 다윗의 실전(實戰)과 함께 백성들이 힘을 얻어 블레셋을 대패 시키는 내용입니다. 다윗은 말만하지 않았습니다. 곧 바로 행동으로 옮겼습니다. 행동하는 신앙이 다윗의 신앙입니다. 그리고 그것은 곧 바로 하나님의 능력으로 나타났습니다.

다윗은 막대기를 들고, 물매와 돌 다섯 개를 들고, 양을 치던 옷차림 그대로 나아갔습니다. 갑옷을 입고, 투구를 쓰고, 창과 칼을 들고 나아오는 적장 골리앗을 향해 나아갔습니다.

"저 할례 받지 않은 족속이 누구인데 감히 살아계신 하나님을 모독하는가?"

말만 그렇게 한 것이 아닙니다. 다윗은 골리앗을 정말 허수아비로 보았습니다. 그래서 두려움이 없었습니다. 말한 대로 행동으로 옮겼습니다. 언행일치입니다. 믿는 대로 행동으로 옮겼습니다. 신행일치입니다.

상황으로 볼 때는 100% 골리앗의 승리였습니다. 그러나 결과는 100% 다윗의 승리로 끝났습니다. 이 승리는 다윗의 승리가 아니라 하나님의 능력, 하나님의 승리였습니다. 행동하는 신앙이 하나님의 능력이 되었습니다. 아멘!

요한복음 15장에는 예수님의 중요한 교훈이 있습니다. 포도나무와 가지의 비유 입니다.

저는 이 내용을 '장갑의 원리' 라고 합니다. 때로는 우리가 하나님이 장갑이 되어 하나님이 하시는 일의 거룩한 도구가 됩니다. 때로는 하나님께서 우리의 장갑이 되어 우리가 할 수 없는 모든 것을 할 수 있게 해 주십니다.

아무리 좋은 장갑이라도 사용하지 않으면 장갑으로서의 아무 유익이 없습니다. 모든 물건이 마찬가지입니다. 우리의 재능이나 건강, 물질도 마찬가지입니다. 제대로 사용 되어질 때 가치가 있고 아름다운 것입니다. 우리의 믿음도 행해질 때 아름다운 것입니다. 곧 '행동하는 신앙'이 아름답다는 것입니다.

야고보서 2장은 행동하는 신앙을 말씀합니다. 믿음과 행함의 상관관계를 극명하게 설명하고 있습니다. 14절입니다.

"내 형제들아 만일 사람이 믿음이 있노라 하고 행함이 없으면 무슨 유익이 있으리요. 그 믿음이 능히 자기를 구원하겠느냐?"

22절입니다.

"네가 보거니와 믿음이 그의 행함과 함께 일하고 행함으로 믿음이 온전하게 되었느니라."

언제부터인가 기독교인들을 두고 입만 살았다고들 말합니다. 말을 잘한다고들 합니다. 그것은 말과 행동이 다르다는 비판적인 용어입니다.

사랑을 말하면서 미워합니다. 겸손을 말하면서 교만합니다. 공의를 말하면서 사욕에 빠집니다. 섬김을 말하면서 섬김 받기를 좋아합니다. 봉사를 말하면서 높은 자리에서 지배하는 것을 좋아합니다. 그래서 오늘날 기독교인의 삶에서 하나님의 능력이 나타나지를 않습니다.

믿음으로 나아가는 길에는 행동하는 신앙을 통하여 반드시 하나님의 능력이 나타납니다.

믿음도 없으면서 믿음 있는 척 해서는 안 됩니다. 변화되지 않은 옛 사람의 행동을 그대로 하면서 변화된 척 해서도 안 됩니다. 믿음으로 가는 길에서 이탈해서는 더더욱 안 됩니다.

<다윗의 믿음으로 가는 길> 그 길에서 깨우치는 교훈이 있습니다.
*일이 중요한 것이 아니라 사람이 중요합니다.
*보이는 것이 중요한 것이 아니라 보이지 않는 것이 더 중요합니다.
*행동하는 신앙으로 행보할 때 하나님의 능력이 나타납니다.

예수님은 천하보다 한 생명을 귀하게 보셨습니다. 보지 않고 믿는 자가 복되다 하셨습니다. 믿음이 겨자씨 한 알만큼만 있으면 산을 명하여 여기서 저기로 옮기라 하여도 옮길 것이요 또 너희가 못할 것이 없으리라고 하셨습니다.

저와 여러분이 겨자씨만한 믿음으로 이 세상을 정복하는, 행동하는 하나님의 거룩한 군사가 되기를 예수님의 이름으로 축복합니다. 아멘.

54.
누구의 아들인가?

"사울이 그에게 묻되 소년이여 누구의 아들이냐 하니
다윗이 대답하되 나는 주의 종 베들레헴 사람
이새의 아들이니이다 하니라
〈사무엘상 17:55~58 중〉."

'천상의 소리'로 알려진 '레나 마리아' 씨를 초청하여 찬양 콘서트를 가졌습니다. 참으로 신선한 충격이었습니다. 영혼의 울림을 느끼는 아름다운 감동을 경험했습니다. 지금 나눌 본문과 관련하여 한 마디 덧붙이고 싶은 것이 있다면 우리 속담의 "자식을 보면 그 부모를 안다"는 말입니다.

레나 마리아를 보면서 그 부모님의 신앙과 인격, 그리고 삶을 볼 수 있었습니다. 그 내용을 함축하여 표현하면 하나님의 은혜 안에 이루어진 신앙인의 삶이었습니다.

레나 마리아는, 1968년 스웨덴에서 경찰관인 아버지와 물리치료사인 어머니 사이에서 태어났습니다. 그녀는 나면서부터 두 팔이 없고,

한쪽 다리가 짧은 중증 장애인이었습니다. 그러나 독실한 기독교인인 그녀의 부모님은 마리아를 하나님이 주신 아이로 확신하고 정상아와 똑 같이 신앙으로 양육했습니다. 그래서 기막힌 출생의 레나 마리아는 부모님의 헌신적인 노력과 사랑으로 밝고 건강한 아이로 자랐습니다. 수영, 십자수, 요리, 피아노, 운전, 성가대 지휘에 이르기까지 하나밖에 없는 그녀의 오른발로 못하는 것이 없습니다.

3살 때부터 수영을 시작한 그녀는 '세계 장애자 수영선수권 대회'에 스웨덴 대표로 참가해 4개의 금메달을 따기도 했습니다.

어렸을 때부터 교회 성가대에서 활동 했고, 고등학교에서 음악을 전공하여 스톡홀름 음대 현대음악과를 졸업했습니다. 대학 졸업 후에는 본격적인 가스펠 싱어로서의 음악 활동을 시작했습니다.

『발로 쓴 내 인생의 악보』라는 그녀의 수기는 전 세계의 베스트셀러가 되었습니다. 그녀의 모든 삶에서 베어 나오는 아름다운 말 한마디 한마디는 오늘을 살아가는 사람들에게 생명처럼 소중한 희망이 되는 아름다운 노래였습니다.

레나 마리아를 하나님의 선물로, 하나님으로부터 받은 기업으로 훌륭하게 경영한 그 부모님과 이토록 훌륭하게 잘 자란 레나, 이들 모두는 하나님의 영광을 드러내는 아름다운 하나님의 사람들입니다.

아름다운 부모자식의 관계와는 다른 이상한 부자(父子) 이야기 하나를 더 하고 본문의 가르침을 살펴보겠습니다.

어느 정신 병원에 한 환자가 복도를 걸어 다니면서 중얼거렸습니다.

"나는 하나님의 아들 예수이니라."

그 때 이층에서 이 말을 들은 한 환자가 쏜살같이 달려 내려오면서 이렇게 소리쳤습니다.

"이노~옴, 나는 너 같은 아들을 둔 일이 없느니라."

그랬더니 예수라고 말한 환자가 응수합니다.

"그럼 나는 누구의 아들인가?"

코믹한 이야기입니다. 이 대화 속에서 생각할 것이 하나있습니다. "나는 누구의 아들인가?"라는 것입니다. 다시 말하면 '나의 존재의 의미'를 생각해 보자는 것입니다.

중국 광무제 때 대사공을 지낸 왕량(王良)이라는 사람이 이런 말을 했습니다. "한 나라의 임금이 어떤 사람인가를 알려면 먼저 그 나라의 신하를 보면 되고, 그 사람이 어떤 사람인가를 알려면 먼저 그가 사귀는 친구를 보면 되며, 또한 아들을 보면 그 아버지의 인품을 알 수가 있다. 임금이 훌륭하면 그 신하가 충성스럽고, 아버지가 인자하면 그 자식이 효성스럽다."

성경에도 아버지와 아들의 관계가 많이 기록되어 있습니다. 아브라함과 이삭, 이삭과 야곱, 야곱과 그의 아들들, 다윗과 그의 아들들…….이들이 우리에게 주는 많은 교훈이 있습니다. 불량한 아버지에게서 성자 같은 자식이 나오는 경우도 있습니다. 성자 같은 아버지에게서 불량한 자식이 나와서 평생 그 아버지를 괴롭히는 경우도 있습니다.

『위대한 남자들도 자식 때문에 울었다』라는 책을 오래전에 읽었습니다. '모리시타 겐지' 씨가 지은 책입니다. 이 책의 내용은 아버지의 이름을 사칭한 유령회사를 차렸다가 사기죄로 고발당한 에디슨의 아들 토마스 주니어, 주색에 빠져 아버지의 다비식(불교식의 화장(火葬))에도 참석하지 못한 간디의 아들 할리랄, 경박함과 무절제로 세계인의 조롱거리가 된 처칠의 아들 랜돌프 등의 일화가 소개되고 있습니다. 이 책은 '막돼먹은' 자식들로 인해 가슴앓이를 했던 역사 속의 위대한 인물들을 소개하면서 부모의 교육과 삶이 자식들에게 미치는 영향을 심도 있게 분석했습니다.

오늘날도 자식 때문에 고통하면서 살아가는 부모님들이 계십니다. 자식 때문에 지옥 같은 생활을 하는 부모님도 있습니다.

그런가 하면 자식 때문에 이혼 직전에서 재결합하는 경우의 부모님도 있습니다. 자식 때문에 호강하고 행복한 노후를 보내는 부모님도 있습니다.

또 어떤 남편은 인자하고 자비로운데 악덕한 아내를 만나서 평생 시달리는 남편도 있습니다. 어떤 아내는 불량배 같은 남편을 만났지만 그 남편을 지극정성으로 섬기는 성녀 같은 사람도 있습니다.

이해 못할 것이 인간관계입니다. 그러나 우리가 알아야 할 일반적인 것은, 많은 면에서 자녀들이 아버지를 닮고 있다는 사실입니다. 그래서 "자식을 보면 부모를 안다."는 옛말이 생겨나게 되었습니다.

성경에 아들이라 할 때 가슴 뭉클한 구절이 한 구절 있습니다. 시편 2:7절입니다.

"여호와께서 내게 이르시되 너는 내 아들이라. 오늘 내가 너를 낳았도다."

물론 이 말씀은 하나님과 예수님과의 관계입니다. 그리고 동시에 오늘 하나님을 믿고 자녀가 된 우리에게 하시는 하나님의 말씀입니다. 그리고 지금도 하나님은 자녀 된 우리에게 말씀하십니다.

"너는 내 사랑하는 아들과 딸이라. 내가 너를 기뻐하노라."

하나님의 아들과 딸인 우리는 하나님의 자녀로서 사람들에게 하나님의 모습을 보여주는 삶을 살아가고 있습니까?

자식을 통하여 아버지를 생각하게 하는 이야기가 오늘 본문입니다.

다윗이 골리앗을 죽이고 승리를 하게 된 놀라운 상황을 접한 사울 왕이 묻는 질문이 본문에 3번 나옵니다. "누구의 아들이냐?"

다윗의 용맹함, 다윗의 믿음, 다윗의 승리를 본 사울왕의 첫 질문입니다. 싸움은 다윗이 했습니다. 승리는 다윗이 했는데 왜 사울은 다윗의 아버지를 묻고 있는 것일까요? 다윗은 58절에서 정중하게 대답을 했습니다.

"나는 주의 종 베들레헴 사람 이새의 아들이니이다."

좋은 일도 하고 아버지의 이름도 높이는 상황입니다. 이스라엘의 왕이 알 리가 만무한 시골 촌부의 이름이 아들 다윗 덕분에 왕에게 인지(認知)되는 순간입니다.

여기서 우리 모두 우리 가정으로 이 이야기를 옮겨 생각해 봅시다. 여러분 덕분에 부모님의 이름이 높여집니까? 아니면 여러분 때문에 폄하됩니까? 여러분으로 인하여 부모님이 주위 사람들로부터 존경을 받습니까? 아니면 업신여김을 받습니까?

이제 이 이야기를 교회 생활로 옮겨서 이야기 해 봅시다. 여러분 때문에 하나님 아버지의 이름이 높여지고 있습니까? 아니면 여러분 때문에 세상 사람들에게 하나님의 이름이 폄하되고 있습니까?

다윗이 골리앗의 목을 베어 승전가를 부르면서 돌아오게 된 근간이 어디 있는지를 알면 오늘 본문이 교훈하고자 하는 것을 금방 이해하게 됩니다.

아버지를 욕하면 자식은 정말 못 참습니다. 아무리 불효자라도 자기 아버지가 다른 사람에게 욕을 먹으면 견디지 못합니다.

목회를 하면서 경험하는 아이러니한 일들이 있습니다. 다른 교회 사람이 자기 교회 담임목사에 대하여 좋지 않게 이야기를 하면, 평소에는 담임목사를 별로로 여겼던 사람이 오히려 열을 올리면서 담임목사를 변호합니다. 그런가하면, 평소에는 담임목사의 오른팔이라고 자처했던 사람이 오히려 험담에 함께 동조하는 일들도 있습니다.

가정에서나, 교회에서나, 또 하나님과의 관계에 있어서나 그 원리는 그리 다르지 않습니다.

골리앗은 하나님을 욕했습니다. 믿음이 있는 다윗이 골리앗의 하나님을 대하여 욕하는 것을 참을 수 있겠습니까?

사울왕도, 군장들도, 백성들도, 지금 하나님의 이름이 모욕을 당하고 있는데도 어느 누구 한 사람 나서서 골리앗을 대항하는 이가 없었습니다. 죽음을 각오하고, 단칼에 죽을지언정 대장부답게 하나님을 위하여 한번 헌신하여 나가는 장수가 없었습니다. 하나님의 이름을 높이려고 하는 사람이 단 한 사람이 없었다는 말입니다.

그러나 다윗은 도저히 참을 수가 없었습니다. 그래서 소년은 골리앗을 향하여 노도 같은 소리로 외쳤습니다. **"이 할례 받지 않은 족속이 누구관데 감히 살아계신 하나님의 이름을 모독하는가?"** 그리고는 물매와 돌 다섯 개, 양칠 때 쓰는 익숙한 막대기를 들고 골리앗을 향해 싸우러 달려 나갔습니다. 그야말로 쏜살같이 달려가며 골리앗을 공격합니다. 그 달음박질에 죽음 같은 것이 안중에 있기나 했을까요? 천만의 말씀입니다. 다윗의 마음에는 오직 하나님의 이름을 모욕하는 저 골리앗의 목을 베고야 말겠다는 생각뿐이었습니다.

바로 이런 다윗의 중심이 하나님의 마음을 사로잡았습니다. 하나님의 마음을 시원케 해드리는 것이었습니다. 하나님의 마음에 쏘~~옥 들었습니다. 그래서 하나님께서 다윗을 일컬어 '내 마음에 합한 자' 라고 칭찬을 하셨던 것입니다. 부모님들의 용어로 "아이고 내 새끼~~!" 바로 그거예요. 감이 단번에 콱 잡히잖아요?!

하나님이 함께 하시는 곳이 평안입니다. 성공입니다. 형통입니다. 기쁨입니다. 승리입니다. 당연히 다윗이 당당하게 승리하고 골리앗의 목을 베어 칼에 꽂고 돌아왔습니다.

허벌나게, 간담 서늘하게, 억수로, 너무 놀란 사울이 물었습니다.

"소년이여! 누구의 아들이냐?"

훌륭한 믿음의 아들의 승리와 성공은 가문의 영광이 되어 그의 아버지의 품으로 돌아왔습니다. 다윗의 승리의 영광을 아버지가 다 받게 되었습니다. 그야말로 가문의 영광이요. 이스라엘의 영광이며, 하나님의 영광입니다. 결국 다윗이 승리하고 받은 선물은 영광입니다.

여러분들도 다윗처럼 승리하시고 영광을 받으시기 바랍니다. 우리가 세상에서 다른 것 모두를 성공한다 해도 믿음에 실패하면 그 사람은 실패한 것입니다. 그러나 다윗처럼 하나님을 믿고 하나님의 이름으로 나가면 그 인생이 승리한 인생입니다. 그 믿음이 성공한 믿음입니다.

오늘도 주님은 물으십니다. "너는 누구의 아들이냐?", "누구의 딸이냐?"

다윗처럼 겸손하게 가계를 소개할 수 있는 대답을 먼저 했으면 좋겠습니다.

"주의 종 (베들레헴) 사람 (이새)의 아들, 딸입니다.

교회적으로 당당하게 대답을 했으면 좋겠습니다.

"예수 그리스도의 몸 된 (포항중앙)교회의 (집사, 장로, 목사, 권사, 교사, 성가대, 성도)입니다."

그리고 신앙적으로 자긍심을 갖고 대답했으면 좋겠습니다.

"예수 그리스도로 말미암아 영원한 하나님의 나라의 백성이 된 하나님의 자녀입니다."

그렇게 나로 말미암아 부모님이, 교회가, 하나님의 이름이 마땅히 높임을 받아야 하고 영광을 받으셔야 합니다. 이 축복이 여러분과 저의 평생의 답변으로 함께 하기를 예수님의 이름으로 축복합니다. 아멘.

55.
좋은 친구가 있습니까?

"다윗이 사울에게 말하기를 마치매
요나단의 마음이 다윗의 마음과 하나가 되어
요나단이 그를 자기 생명 같이 사랑 하니라
〈사무엘상 18:1~5 중〉."

영국에 있는 한 출판사에서 상금을 내걸고 '친구' 라는 말의 의미를 공모한 적이 있었습니다. 수천이나 되는 응모엽서 중에 이런 내용들이 선발되었습니다.

"기쁨은 곱해주고 고통은 나눠 갖는 사람.", "우리의 침묵을 이해하는 사람.", "언제나 정확한 시간을 가리켜주고 멈추지 않는 시계.", "많은 온정을 베풀어서 그 온정의 옷을 입고 있는 사람.".......

그런데 1등으로 당선된 글은 이러했습니다. "친구란, 온 세상 사람이 다 내 곁을 떠났을 때, 나를 찾아오는 그 사람이다."

여러분에게 이런 친구가 있습니까? 그리고 여러분은 다른 사람에게 이런 친구가 되어주고 있습니까?

영어의 '가장 좋은 친구 BEST FRIEND' 의 앞 글자를 중심으로 해석한 '가장 좋은 친구' 의 내용입니다.

Believe - 항상 서로 믿어주고
Enjoy   - 상대의 기쁨을 같이 즐거워하며
Smile   - 바라만 봐도 웃음이 나오고
Thank   - 작은 배려에도 감사할 줄 알며
Feel   - 눈빛만으로도 서로를 느낄 수 있고
Respect - 가깝되 서로를 존중해 주며
Idea   - 떨어져 있어도 생각나는 사람,
Excuse - 잘못은 용서하고 용서받고
Need   - 서로를 간절히 필요로 하며
Develop - 서로의 장점을 개발해 줄 수 있는 사람.

여러분에게 이런 친구가 있습니까?

사도 바울이 로마 감옥에서 사형집행을 기다리고 있을 때 디모데에게 쓴 서신이 있었습니다. 그것이 디모데전후서입니다. 디모데후서 1장에는 참으로 감동스러운 내용이 있습니다.

15절을 보면 아시아에 있는 모든 사람이 다 바울을 버렸다고 했습니다. 그 중에 특히 부겔로와 허모게네는 바울을 힘들게 한 사람들의 대표처럼 기록하고 있습니다. 그런 중에도 바울에게는 잊을 수 없는 친구가 한 사람 있었습니다. 모두들 그의 곁을 떠났지만 감옥도 마다 않고 함께 했던 친구입니다. 그의 이름이 '오네시보로' 입니다.

오네시보로는 바울 사도를 돕기 위해 에베소에서 로마까지 왔습니다. 부지런히 바울 사도가 수감되어 있는 곳까지 찾아온 그는 바울을 위로하고 격려하였습니다. 바울은 이것을 잊을 수 없었습니다. 그래서 디모데에게 편지를 쓰면서 오네시보로를 특별히 당부하는 말을 하면서 축복했습니다.

'군중 속의 고독' 이라는 말이 있습니다. 미국의 사회학자 '데이빗 리스만' 이 『고독한 군중(The Lonely Crowd)』에서 한 말입니다.
살아가노라면 말처럼 그런 진실한 친구를 갖기가 쉽지 않습니다. 친구라는 이름을 가진 사람은 많지만 진실한 우정을 나눌 수 있는 친구는 드문 것이 현실입니다. 그래서 많은 사람들이 여전히 군중 속에서 고독을 느끼며 나날을 살아가는지도 모릅니다.
저도 가끔 그런 생각을 할 때가 있습니다. 수천 명의 교인들이 있어 많이 사랑 받고 또 사랑하고 있지만 어느 순간에 홀로라는 생각이 들 때가 있습니다. 그러면 '데이빗 리스만' 의 말은 '정말 옳다!' 라는 생각을 합니다.
그렇지만 그런 가운데서도 또 생각에서 지워지지 않는 사람들도 있습니다. 힘들 때, 외로울 때 생각나는 사람들입니다. 누구에게나 그런 사람 한 사람쯤은 있기 마련입니다.

우리의 삶의 자리에는 '죽마고우' (竹馬故友)라는 소중한 말이 있습니다. 어렸을 때 대나무로 된 말을 타고 함께 논 오랜 동네 친구를 일컫는 말입니다.
'관포지교' (管鮑之交)라는 말도 있습니다. 중국 제(齊)나라의 관중(管中)과 포숙(鮑叔)사이의 아름다운 우정에서부터 유래된 고사성어(故事成語)입니다.
관중과 포숙은 어렸을 때부터 한 동네에서 함께 자란 죽마고우였습니다. 젊었을 때 관중은 포숙과 같이 생선 장사를 했습니다. 이익금을 두 사람이 공평하게 나누어 가져야 했지만 언제나 관중이 더 많이 가져갔습니다. 이것을 보고 세상 사람들이 관중을 욕했습니다. 그러나 포숙은 "관중이 이익금을 더 많이 가져가는 것은 욕심이 많아서가 아니라 나보다 집안이 더 가난하고 딸린 식구들이 더 많기 때문이다."라고 변호했습니다.

또한 두 사람이 함께 전쟁터에 나갔을 때 포숙은 맨 앞에 서서 열심히 싸웠습니다. 그러나 관중은 언제나 뒷전에서 얼쩡거리다가 싸움이 끝나면 가장 먼저 걸어 나왔습니다. 사람들이 관중을 비겁자로 몰아붙였습니다. 그때에도 포숙은 관중을 감싸주었습니다.

"관중이 비겁해서가 아니라 그에게는 늙은 어머니가 계시기 때문이야. 몸을 아껴 살아남아서 어머니께 길이 효도를 다하려는 효심에서 그랬던 거야."

후일 관중은 제나라의 유명한 재상이 되어 나라에 큰 공헌을 할 수 있었습니다. 친구 포숙의 눈물겨운 오랜 세월의 우정에 감동이 된 관중은 나중에 이런 말을 했습니다.

"나를 낳아 준 것은 부모이지만 나를 알아 준 것은 포숙이었다(生我者, 父母. 知我者, 鮑叔.)."

이와 같이 아름다운 친구 관중과 포숙 사이에서 피어난 우정에서 나온 말이 '관포지교' 라는 것입니다.

여러분에게 이런 친구 한 사람이 있습니까?

오늘 본문은 인간사에 있어서 어떤 면에서는 가장 좋은 친구에 대한 이야기가 될 것입니다. 친구 다윗과 요나단의 이야기입니다.

그들의 만남은 인간적으로 볼 때는 그야말로 우연이었습니다. 그러나 거기에는 하나님의 놀라운 섭리가 있었습니다. 바꾸어 오늘 우리에게 적용하면, 좋은 친구가 있다는 것이 복이요 그것 또한 하나님의 은혜라는 말입니다.

다윗은 양을 치는 목동이었고, 요나단은 왕궁에서 살고 있는 왕자였습니다. 요즘 용어로 표현하자면 신분상 전혀 코드가 맞지 않는 두 사람이었습니다. 그러나 그들은 너무도 아름다운 관계를 맺게 되었습니다.

이 아름다운 사람들 다윗과 요나단을 통해 하나님 앞에서 좋은 친구의 근간(根幹)을 살펴보며 은혜를 나누려고 합니다.

1. 마음과 마음이 하나 되는 친구

1절입니다.

"다윗이 사울에게 말하기를 마치매 요나단의 마음이 다윗의 마음과 하나가 되어 요나단이 그를 자기 생명 같이 사랑 하니라."

'마음' 은 히브리어 '네페쉬(נֶפֶשׁ)' 로, 순수하고 전인격적인 사랑과 충성의 정신을 뜻하는 단어입니다. 다윗과 요나단의 마음의 공통점을 잘 대변해 주는 단어입니다. 이와 같은 공통점 때문에 그들의 마음은 쉽게 의기투합하여 하나가 될 수 있었습니다.

'하나가 되어' 라는 말이 한글 개역 성경에서는 '연락되어' 로 번역되었는데, 이 말은 '카솨르' 로써 '매다' , '묶다' , '짜다' 라는 뜻입니다. 그러므로 변치 않도록 단단히 동여맨, 끊어질 수 없도록 정신적으로 온전히 합일된 것을 뜻하고 있습니다.

본문의 내용을 살펴보면 이 용어가 수동형으로 사용되어 아주 자연스럽게 마음과 마음이 하나가 된 것을 강조하고 있습니다.

자기의 유익을 위해, 자신의 소욕을 충족시키기 위해 거짓된 마음으로 사랑하는 것은 좋은 친구가 될 수 없습니다. 언젠가는 소위 들통이 나는 법이고 그런 관계는 반드시 파괴되게 되어있습니다. 진실이 결여되어 있기 때문입니다.

마음과 마음이 하나 된다는 것은 축복입니다. 그것은 하나님의 은혜입니다.

2. 자기 생명처럼 사랑하는 친구

1절과 3절에 우리가 주목할 말씀이 있습니다.
"요나단이 그를 자기 생명 같이 사랑 하니라."

요나단은 다윗에게 있어서 좋은 친구였습니다. 다윗 또한 요나단에게는 둘도 없는 좋은 친구였습니다. 오늘 본문 이후로도 두 사람은 서로를 자기 생명처럼 사랑합니다.

서로의 좋은 마음과 마음을 주고받는 것을 사랑이라고 합니다. 그 사랑을 마음과 마음이 하나 되는 것이라고 합니다. 마음과 마음이 하나 되는 사랑에는 진실이 있습니다. 진실을 말하고 진실을 듣고 진실을 느낄 수 있는 것, 그것을 사랑이라고 합니다. 그 사랑에는 거짓이 없습니다. 서로를 굳게 신뢰합니다. 그리할 때 상호간의 진정한 대화가 이루어집니다.

아름다운 대화에는 3가지 요건이 있습니다. 첫째는 진실한 말입니다. 둘째는 수용하는 자세입니다. 셋째는 이해입니다.

이런 대화가 이루어지는 곳에는 허영이 자리 잡지 못합니다. 교만이 춤을 출 수가 없습니다. 모든 것을 받아들이고, 모든 것을 믿고, 모든 것을 주고, 모든 것을 참아냅니다. 이것이 마음과 마음이 하나 될 때의 사랑입니다.

이 사랑은 예수님께서 우리에게 주신 사랑입니다. 이 사랑은 생명을 건 사랑입니다.

자기 생명처럼 사랑한다는 것은 자기 전부를 내어주는 희생이 있다는 것입니다. 실제로 요나단은 다윗을 사랑하여 자신의 모든 것을 내어 놓았습니다. 왕자의 지위도, 특권도 다 포기했습니다. 심지어 다윗을 사랑하는 마음이 깊어 아버지에게 불효자가 되지만, 옳지 못한 아버지와의 결별도 하게 됩니다. 자기가 사울의 아들로 왕위에 오를 사람이지만, 그것을 포기하고 다윗이 왕이 되게 하는데 자기의 생명을 아끼지 않았습니다.

제게는 우성이라는 친구가 있습니다. 안동 경안성서신학원에 입학하려고 김원진 목사님의 손을 잡고 고향을 떠날 때 그 친구가 준 선물이 있었습니다. 그것은 손목 시계였습니다. 그 당시 손목시계는 굉장히 귀한 물건이었습니다. 그래서 아무나 가질 수 있는 것이 아니었습니다. 그런데 그 친구는 그 시계를 제 손목에 채워주며 좋은 목사가 되라고 했습니다. 이 일은 지금도 제 가슴에서 떠나지를 않습니다. 언젠가 만나면 좋은 시계하나를 그에게 선물하려고 마음먹고 있습니다. 동분서주하면서 사역을 하다 보니 아직까지도 이 일은 가슴에만 묻고 있어 늘 감사의 빛으로, 안타까움으로 남아있습니다.

좋은 친구에게는 아까울 것이 없습니다. 무엇을 주어도 또 주고 싶은 것이 진실한 우정입니다. 그런 친구에게는 모든 것을 다 줄 수 있습니다. 자기 생명까지도 줄 수 있는 것, 그것이 진실로 사랑하는 것입니다.

그래서 예수님은 "사람이 친구를 위해 자기 목숨을 버리면 이에서 더 큰사랑이 없나니"라고 하셨습니다.

마음과 마음이 하나 되는 친구가 있습니까? 내 마음의 진실을 받아주고, 나의 아픔도 고뇌도 기쁨도 함께 나눌 수 있는 친구가 있습니까? 내 생명을 주고서라도 바꿀 수 있는 친구가 있습니까? 이 글을 읽고 계신 당신께서는 누구에겐가 그런 친구가 되어있습니까?

3. 약속을 믿고 행동하는 친구

3절입니다.
"요나단은 다윗을 자기 생명같이 사랑하여 더불어 언약을 맺었으며"

4절을 보면 요나단은 자기의 겉옷과 군복, 칼과 활, 그리고 띠까지 벗어 다윗에게 줍니다. 왕자가 시골 목동에게 취하는 모습입니다. 마음과 마음이 하나가 되어 자기의 생명처럼 친구를 사랑하게 되어 취하는 이 아름다운 모습은, 이들의 관계는, 우리의 마음에 큰 부러움의 감동을 줍니다. 그리고 이어지는 것은 언약이었습니다. 변치 말자는 것입니다. 요나단은 행동으로 그것을 보여주었습니다.

사랑은 말이 아닙니다. 삶이며 실천입니다. 그것은 상호 신뢰라는 근간에서 뻗어 나오는 자연스러운 생활의 아름다운 가지와 열매입니다. 그래서 사랑은 모든 것을 믿는다고 했습니다.

저를 아는 대부분의 사람들은 제 아내의 내조의 힘을 빼놓지 않고 이야기 합니다. 그것은 부인할 수 없는 사실입니다.

'나는 아무것도 할 수 없다' 고 생각 될 때, 실패와 좌절과 절망의 늪에서 헤어나지 못할 때, 병들어 일어설 기력조차 없을 때, 허물과 실수로 삶이 끝났다고 생각될 때, 제 아내는 모든 아픔도, 슬픔도 속으로 삼키면서 저를 사랑했습니다. 그 '사랑' 은 단순한 단어가 아닙니다. 나무의 가지가 속에서부터 밀어내는 힘을 거부할 수 없어 삐져 나와 자라는 것처럼, 제 아내의 믿음이 근간이 되어 여기까지 왔습니다. 모든 사람들이 나를 포기할 때, 제 아내는 저를 선택했습니다. 모든 사람들이 나를 신뢰하지 않을 때, 제 아내만은 저를 믿어 주었습니다. 그 신뢰와 사랑이 오늘의 저를 있게 했습니다.

〈Lesson from the Top〉이라는 책이 『CEO가 되는 길』이라는 우리말 제목으로 오래 전에 출간 되었습니다. 내용은 TOP 비지니스 리더 50인이 주는 교훈입니다. 50명의 리더들이 속해 있는 세계의 유명 회사들을 통해 그들이 조직을 성공적으로 이끄는 데 도움이 되었던 리더십 유형, 장기적인 전략, 주요 성과, 경영신념, 경력상의 주요 사건들에 대해 논하고 있습니다.

50명 가운데 세계적으로 손꼽히는 CEO 한사람, 제너럴 일렉트릭의 '잭 웰치' 라는 분이 계십니다. 그의 성공에 대한 고백을 읽으며 많은 감동이 있었습니다.

"모든 사람이 나를 믿지 않을 때에도 어머니는 나를 믿었고, 내가 나를 믿을 수 없을 때도 어머니는 나를 믿었습니다. '너는 할 수 있다. 너는 할 수 있다.' 이 믿음 때문에 오늘의 내가 되었습니다."

그렇습니다. 사랑은 믿음입니다. 요나단은 다윗을 그렇게 사랑했습니다. 그리고 다윗 또한 일생을 사는 동안 요나단을 그렇게 사랑했습니다.

'에리히 프롬' 이 『사랑의 기술』에서 갈파한 한 마디는 우리의 마음에 새겨둘 말입니다. "당신이 필요해서 당신을 소중하게 여깁니다."라고 하는 말은 사랑의 말이 아닙니다. "당신이 소중하기 때문에 당신이 나에게 필요합니다."라는 말이 사랑의 표현입니다.

그렇습니다. 좋은 친구는 네가 나에게 필요해서 소중한 것이 아니라 네가 너무도 소중하기 때문에 나에게 필요한 것입니다. 그런 관계가 진실한 사랑의 관계입니다.

오늘 말씀의 주제이며 결론입니다. 여러분은 이런 좋은 친구가 있습니까?

저는 마지막으로 여러분에게 이 좋은 친구를 소개하고 이 장을 마치겠습니다. 요한복음 15:15절입니다.

"이제부터는 너희를 종이라 하지 아니하리니 종은 주인이 하는 것을 알지 못함이라 너희를 친구라 하였노니 내가 내 아버지께 들은 것을 다 너희에게 알게 하였음이라."

그리고 13~14절입니다.

"사람이 친구를 위하여 자기 목숨을 버리면 이보다 더 큰 사랑이 없나니, 너희는 내가 명하는 대로 행하면 곧 나의 친구라."

예수님이 우리의 가장 좋은 친구입니다. 예수님이 나를 위하여 생명을 버리시면서까지 나를, 여러분을 사랑하셨습니다.

여러분에게는 좋은 친구가 있습니까?

"아멘! 아멘! 저에게는 참 좋은 친구가 있습니다. 생명을 주어도 아깝지 않은 좋은 친구입니다. 예수 그리스도, 이 분이 나의 가장 좋은 친구입니다." 아멘! 저도 이제 예수님의 좋은 친구가 되겠습니다. 아멘!

여러분도 이 예수님의 진실한, 가장 좋은 친구가 되시겠습니까?

56.
질 투

Pride는 좋게 말하면 자존심이지만, 나쁘게 표현하면 교만입니다. 이 pride가 자기 자신에게만 국한될 때는 크게 문제가 되지 않습니다. 자존심은 잘 사용하면 아주 좋은 것이고 또 중요한 것이기 때문입니다. 그래서 더러는 이런 말들을 종종 합니다. "인간이 되어서 어떻게 자존심마저도 없어?" 정말 그렇다면 그야말로 별 볼일 없는 존재가 될지도 모릅니다.

그러나 상호간의 관계에 있어서는 그 pride를 조심해야 합니다. 인간관계란, 누구를 무론하고 비교 관계에 있게 마련입니다. 상대방이 자신보다 훌륭할 때는 이 pride가 질투로 변형됩니다. 그런데 이 질투가 잘못되면, 원망과 불평이 생겨납니다. 또 때로는 거짓과 모함이 시작되어 관계를 파괴시키는 악이 되기도 합니다. 반면에 이 pride가 자신보다 못한 사람을 만나면 교만의 형태로 바뀌어 나타나게 됩니다. 거기서 안하무인과 오만불손이 연출 되는 것이지요.

민수기 11장의 내용을 함축하여 '이스라엘 백성들의 원망' 이라고 한다면, 12장은 '형제들의 원망' 이라고 할 수 있겠습니다. 미리암과 아론이 동생 모세를 원망하고 불평하는 내용이기 때문입니다.

왜 아론과 미리암이 모세를 원망했을까요? 그 답은 딱 하나입니다. 자신들의 pride 때문이었습니다. 미리암과 아론은 모세와의 객관적인 관계를 따져볼 땐 친 누나이며 형입니다. 그런데 동생이 모든 면에서 자신들 보다 앞선 위치, 높은 위치에 있습니다. 그러자 그들의 pride가 질투로 바뀌어 급기야는 원망과 불평을 하게 되는 요인이 되고 말았습니다.

아이러니한 것은, 원망과 불평과 비방이 멀리 있는 사람에게서 나오는 것이 아니라 가까운 사람을 상대로 터진다는 것입니다. 하긴 멀리 있다면 보지 못하기 때문에 어떤 대상에 대하여 이러쿵저러쿵 말할 소지가 아예 없는 것이 사실입니다.

어쨌거나 이 원망과 불평과 비방이라는 것은 아주 활발한 바이러스처럼 신기할 정도로 급속하게 퍼져나가며 주변을 오염시키는 전염성을 가지고 있습니다. 이 전염병에 걸리는 사람들의 치사율은 거의 99%입니다. 그렇기 때문에 거의 대다수의 사람들이 그 어떤 대상의 장점을 일시에 잊어버립니다. 그리고는 별 생각도 없이 함께 덩달아 맞장구를 칠 비방거리만 찾게 됩니다. 뿐만 아니라 지나간 시간에 좀 석연찮았던 것까지 다 떠올려 '그래서 그랬던 것' 이라고 확신하며 그 대상을 도마 위에 올려놓고 난도질을 하기 시작합니다.

예, 물론 '아니 땐 굴뚝에 연기 나랴' 라는 속담처럼 더러는 그 일이 사실인 경우도 있습니다. 그러나 또 많은 경우가 사실과는 무관한 경우로, 엉뚱한 사람을 모함하는 죄가 되기도 합니다.

본문의 사울이 그 후자의 대표적인 인물로 나타나고 있는 경우입니다. 그 이유는 다윗이 자기보다 낫다는 백성들의 소리에 자존심이 상했던 것입니다. 그 정도가 얼마나 깊고 심했는지 다윗을 자신의 정적(政敵)으로 보고 죽이기로 결정하는 무서운 마음까지 먹게 되었습니다.

질투의 결과가 얼마나 무서운 것인가는 성경에서도 그 실례(實例)를 얼마든지 찾아볼 수 있습니다.

창세기 4장에서는 가인이 아벨을 죽입니다. 사도행전 17장에서는 대제사장과 사두개파 지도자들이 시기와 질투의 화신이 되어 죄 없는 사도들을 옥에 가두는 일이 기록되어 있습니다. 더욱 극명한 질투는 마침내 예수님을 십자가에 못 박아 죽이는 데까지 갔습니다.

본문의 사울의 경우도 생명의 은인이요 민족의 영웅인 다윗을 원수로 여기고 죽이려는 결정까지 하게 되었습니다.

질투는 자기를 죽이거나 상대방을 죽이는 것으로 귀결되는 속성이 있습니다. 애증이 빚어내는 질투 또한 다르지 않습니다. 그래서 아가서 8장 6절에서는 이렇게 기록하고 있습니다.

".......사랑은 죽음 같이 강하고 투기는 음부같이 잔혹하며 불같이 일어나니 그 기세가 여호와의 불과 같으니라."

잠언 14장 30절에서는 이와 같은 질투는 뼈를 썩게 한다고 경고했습니다. 갈라디아 5장 19절에서 21절까지 에서는 이런 사람은 하늘나라를 유업으로 얻지 못한다고 경고합니다. 로마서 1:31에서 32절까지 에서는 이런 사람은 사형에 해당하는 사람들이라고 경계했습니다.

다윗이 골리앗을 이기고 승전가를 부르면서 돌아옵니다. 그 때 백성들이 길거리까지 나와서 노래하고 춤을 추며 소고와 경쇠를 가지고 사울 왕을 환영합니다.

그런데 7절을 보니 사울이 화를 낼 일이 벌어졌습니다. 환영하는 백성들이 부르는 노래의 가사가 그것입니다. "사울이 죽인 자는 천천이요 다윗은 만만이로다." 이렇게 되자 사울의 질투가 불같이 일어난 것입니다. 그야말로 그 기세가 여호와 하나님의 맹렬한 불같이 일어났습니다. 사울은 그날부터 다윗에게 적대감을 품고 그의 일거수일투족을 세심하게 관찰하게 됩니다.

질투심은 우리의 삶을 파괴시키는 근원이 됩니다. 사울은 이스라엘의 초대 왕이며 블레셋을 물리친 화려한 전력을 갖고 있는 사람입니다. 그 누구도 감히 넘볼 수 없는 굳건한 지위와 권력을 갖고 있는 사람입니다. 그럼에도 불구하고 몹쓸 질투의 바이러스가 마음에 들어가면서 사울의 생활은 자신의 속에서부터 서서히 파괴되어 가게 됩니다.

그 질투심의 시발(始發)은 객관적으로 보면 정말 별 것도 아닌 것입니다. 왜냐하면 백성들의 부른 노랫말이 사실이기 때문입니다. 그러나 비록 그것이 사실일지라도 사울은 그것을 견딜만한 마음의 여유와 포용력을 이미 잃어버리고 있었습니다. 백성들이 다윗을 자기

보다 높여 노래하고 있는 것, 그것은 사울로 하여금 질투의 노예가 되게 하고 말았습니다. 질투는 분노가 되어 불길처럼 거세게 타오르기 시작했습니다.

다윗으로 말미암아 블레셋을 물리치고 국운이 안정되었습니다. 이제 백성들이 평안을 기뻐하며 전장에서 돌아오는 자신들을 소고치고 노래하며 춤추어 환영하고 있습니다. 그렇다면 그것으로 기뻐하고 감사하며 오히려 다윗을 더욱 높여 주어도 괜찮을 왕이었습니다. 전쟁에 혁혁한 공을 세운 자신의 신하가 아니었습니까. 게다가 어린 소년이었으니 더욱 귀감으로 삼아 백성들에게 공포를 해 줄 만도 하지요. 군자라면 분명히 그랬겠지요.

그러나 사울은 하찮은 소년의 공적을 노래하는 여인들의 소리에 질투심이 발화했습니다. 그것이 자신의 장래를 자신 스스로의 속부터 망친 것입니다.

이 사건을 통해 오늘을 살아가는 우리들은 많은 것을 깨닫게 됩니다.

별로 아름다운 이야기가 아니어서 다소 민망스럽지만 종종 부목사님들이 설교를 잘하고 교인들에게 인기가 있으면 그것을 봐 주지 못한 담임 목사들이 부목사를 해임하는 웃지 못 할 이야기를 듣습니다.

청출어람 청어람(青出於藍青於藍)이란 말이 있습니다. 청색은 남색에서 나왔지만 남색보다 푸르다는 말입니다.

빙수위지 이한어수(水水爲之 而寒於水)란 말도 있습니다. 얼음은 물이 이루었지만 물보다 더 차다는 뜻입니다. 성악설을 창시한 순자(荀子)의 글에 나오는 말인데 스승을 능가하는 학문의 깊이를 가진 제자가 나올 수 있다는 교훈적인 말입니다.

그런데도 자기보다 더 나은 후배나 제자를 질투하는 선배나 선생님이 되어, 자신의 삶은 물론 더 나은 후배나 제자들의 삶까지 황폐하게 하는 경우들이 있습니다.

본문은 이러한 사실을 사울과 다윗과의 관계를 통해 오늘을 살아가는 우리에게 중요한 메시지를 줍니다.

1. 질투는 영혼과 인격을 파괴합니다.

8절입니다.

"사울이 그 말에 불쾌하여 심히 노하여 이르되 다윗에게는 만만을 돌리고 내게는 천천만 돌리니 그가 더 얻을 것이 나라 말고 무엇이냐?"

'불쾌하여' 라는 히브리어는 '와이예라으(וַיֵּרַע)' 인데 이 말의 원형 '라아(רָעַע)' 의 또 다른 뜻이 '부수다' 입니다. 이는 공포나 괴로움 속에서 마음이 깨어져 상하는 것을 뜻합니다. 사울의 마음이 이렇게 질투로 인하여 깨어져 괴롭게 되었다는 것입니다.

질투는 이성을 흐리게 하여 하나님의 뜻을 분별하지 못하게 합니다. 또한 상황의 인지력을 잃어버리고 영혼도 마음도 파괴되게 합니다.

'다윗만 없었다면 내가 백성들로부터 저 노래를 들을 텐데…….' 이것이 사울의 마음이었습니다. 이렇게 된 사울의 이후 생활은 사사건건 건설적이지 못하고 파괴적이 되었습니다.

사울이 질투심으로 인하여 영혼이 파괴되었다는 근거가 무엇일까요?

백성들이 아무리 다윗이 만만이라 노래해도 이스라엘을 승리로 이끈 이는 다윗도 아니고 사울도 아닙니다. 오직 하나님이십니다. 그런데 사울은 질투의 바이러스에 오염되면서 자기가 영광의 자리에 있어야 한다는 착각에 빠지게 된 것입니다. 하나님의 도우심의 손길을 전혀 잊고 있는 모습을 극명하게 드러내고 있는 사울의 모습입니다.

반면에 다윗의 마음은 어떠했을까요? 이미 앞에서도 공부했지만 사무엘상 17장 46절과 47절에서 다윗의 마음이 어떠했는지 다시 한 번 복습하며 가겠습니다.

"오늘 여호와께서 너를 내 손에 넘기시리니 내가 너를 쳐서 네 목을 베고 블레셋 군대의 시체를 오늘 공중의 새와 땅의 들짐승에게 주어 온 땅으로 이스라엘에 하나님이 계신 줄 알게 하겠고, 또 여호와의 구원하심이 칼과 창에 있지 아니함을 이 무리에게 알게 하리라 전쟁은 여호와께 속한 것인즉 그가 너희를 우리 손에 넘기시리라."

그렇습니다. 이것이 다윗의 신앙이며 마음입니다. 무엇을 하든지 오직 주님이었습니다. 이것이 하나님 앞에서의 바른 신앙관을 가진 자의 '코람데오(하나님 앞에서)'입니다. 그러나 사울은 질투심 때문에 그 스스로 영혼과 인격을 파괴시키는 어리석음의 길로 더욱 깊이 들어가고 있었습니다.

2. 질투는 악한 영, 곧 마귀의 활동 무대입니다.

10절입니다.

"그 이튿날 하나님께서 부리시는 악령이 사울에게 힘 있게 내리매 그가 집 안에서 정신없이 떠들어대므로 다윗이 평일과 같이 손으로 수금을 타는데 그 때에 사울의 손에 창이 있는지라."

기막힌 일이 벌어졌습니다. 다윗을 질투하게 되면서 사울에게는 악령이 임했습니다. 그와 함께 사울은 마귀의 도구로 전락하게 됩니다. 정상인에서 비정상인으로 변한 것입니다. 선한 인격이 파괴되어 악한 마음이 되었습니다. 거룩한 행동에서 타락한 행동이 연출되었습니다.

그 증세를 성경은 이렇게 묘사하고 있습니다.

* 정신없이 떠들어 댄다.
* 자기를 행복하게 하려는 다윗을 향해 창을 던지는 살인적인 행동을 한다.
* 두려움이 마음을 지배한다.
* 다윗을 자기 곁에서 쫓아낸다.
* 하나님이 떠나시는 비참함에 이른다.
* 두통에 시달리면서 발작 증세를 나타낸다.

사울은 이때로부터 죽는 순간까지 어느 하루도 평안한 날이 없었습니다. 그 시발이 질투로 인한 것임을 안다면 오늘을 살아가는 우리들이 어떻게 살아야 하는가를 깨닫게 됩니다.

질투에 얽힌 이야기 하나가 있습니다. 여자 송편과 남자 김밥은 애인 사이였습니다. 어느 날 송편과 김밥이 손을 잡고 길을 걷는데 남자 김밥 곁으로 미스월드 뺨치는 뽀얀 여자 인절미가 미소를 띠고 지나갔습니다. 남자의 속성이 김밥이라고 없었겠습니까? 김밥은 인절미를 위아래로 훑어보며 혼자 중얼거렸습니다.

"와~ 진짜 이쁘네……."

이에 질투를 느낀 송편이 쏘아붙였습니다.

"인절미 쟤는 다 화장발이야. 속지 마, 자기야."

어쩌면 뽀얀 여자 인절미가 정말 뽀샤시한 화장을 예쁘게 했을지도 모릅니다. 그러나 또 그렇지 않을 수도 있습니다. 그러나 송편은 자신의 김밥 남자친구가 다른 여자를 칭찬하는 말이 귀에 거슬리지 않을 수 없었습니다. 그것이 인간의 본능인 질투이기 때문입니다.

질투는 상대방의 그 어떤 장점도 보려고 하지 않습니다. 아흔 아홉 가지의 장점 가운데서도 1가지 단점을 찾는 것이 질투의 속성입니다.

목회를 하다보면 종종 이런 경우를 만납니다. 전에는 그렇지 않았는데 좀 이상하게 변한 성도들을 봅니다. 가만히 살펴보면 질투로 인하여 영혼과 마음이 파괴된 경우입니다. 질투는 그렇게 우리를 파멸로 이끌어 갑니다. 그래서 마귀의 활동무대를 제공하게 되고 스스로 마귀의 도구가 되어 그 결국이 파멸을 맞게 됩니다.

가인처럼 하나님을 향해 발악을 합니다. 자기보다 더 나은 사람을 그냥 두고 보지를 못합니다. 그 대상이 누구인가에 대해서는 개념도 없습니다. 모든 사람, 지위고하를 막론하고 적대감을 갖게 됩니다.

영화 '아마데우스'를 보신 분이 많을 것입니다. 비엔나의 궁중 악사 '안토니오 살리에리' 는 정말 훌륭한 음악가였습니다. 어느 날 자신을 능가하는 '모차르트' 를 발견하고 엄청난 질투에 빠집니다. 그 질투로 자신의 음악적 재능은 더 이상 발전하지 못하게 됩니다.

무서운 것은 시작은 '모차르트' 를 질투한 것이었는데 종국에는 하나님을 저주하게 된 것입니다. '저 망나니 같은 모차르트에게는 저토록 훌륭한 음악적 재능을 주시면서 왜 나에게는 주지 않았느냐?' 는 것입니다. 안토니오 살리에리는 결국 미치광이가 되어버립니다.

질투는 사람을 이처럼 파멸로 이끕니다. 그 질투의 배후에는 악한 영이 역사한다는 것을 분명히 알아야 합니다.

3. 질투는 하나님이 떠난 카오스입니다.

12절입니다.
"여호와께서 사울을 떠나 다윗과 함께 계시므로 사울이 그를 두려워한지라."

아주 중요한 구절입니다. 첫째는 여호와께서 사울을 떠나셨습니다. 둘째는 그러므로 사울은 하나님이 함께 하시는 다윗을 두려워하게 되었습니다. 한 마디로 요약하면 카오스 곧 혼돈, 무질서, 어두움 속에 빠지게 되었다는 것입니다. 실제로 이때부터 사울은 불안, 초조, 두려움의 나날을 보냈습니다. 슬픈 일입니다. 가슴 아린 일입니다. 안타까운 일입니다. 질투로 시작된 사울의 일생이 이렇게 참담하게 변하게 되었습니다.

아벨을 질투한 가인이 저주를 받았습니다. 사라를 질투한 하갈이 버림을 받았습니다. 다윗을 질투한 사울이 멸망을 받았습니다.

탈무드에는 이런 교훈이 있습니다. "질투는 천 개의 눈을 가지고 있다. 그러나 한 가지도 올바로 보지 못한다."

질투는 카오스의 시간으로 가는 길입니다. 사리판단의 분별력을 잃어버립니다. 영적으로 무지해집니다. 불안, 초조, 강박관념에 사로잡힙니다. 무엇 하나도 제대로 되는 것이 없습니다. 그 배후에는 반드시 악한 영이 조종을 하고 있기 때문입니다. 질투에 빠진 사람은 더더욱 두려움과 불안 속에서 생활하게 됩니다.

그러나 그 질투의 대상은 모든 일을 지혜롭게 행합니다. 그것은 하나님께서 함께 하시기 때문입니다. 그와 함께 하는 사람들은 더욱 그를 사랑합니다. 그것이 14절에서 16절의 내용입니다.

"다윗이 그의 모든 일을 지혜롭게 행하니라 여호와께서 그와 함께 계시니라 사울은 다윗이 크게 지혜롭게 행함을 보고 그를 두려워하였으나 온 이스라엘과 유다는 다윗을 사랑하였으니 그가 자기들 앞에 출입하게 되었기 때문이라."

질투는 인간을 이기적으로 만듭니다. 그것은 서서히 공격형 인간으로 변질되어 갑니다. 공격형 인간으로서의 생활은 스스로의 길이 파멸을 자초하는 길인 줄 모르고 언제나 승자의 길인 줄 압니다. 그리고 결국은 스스로 파멸에 이르러서야 그 질투는 끝이 납니다. 이것이 질투의 무서운 속성입니다.

우화 한 가지를 소개 합니다.

한 농부가 염소와 나귀를 기르고 있었습니다. 주인은 무거운 짐을 묵묵히 잘 나르는 나귀를 매우 사랑했습니다. 염소는 주인의 이런 태도가 못마땅했습니다. 염소는 시기와 질투를 느껴 나귀를 해칠 계략을 꾸몄습니다.

"나귀야, 너처럼 불쌍한 동물도 없을 거야. 주인은 네게 힘든 일만 시키니 이런 억울한 일이 어디 있겠니. 내가 한 가지 꾀를 가르쳐주지."

염소는 나귀의 귀에 입을 대고 속삭였습니다.

"짐을 싣고 개울을 건널 때 자꾸 넘어지렴. 그러면 주인은 네 몸이 쇠약한 줄 알고 다시는 힘든 일을 시키지 않을 거야!"

나귀는 개울을 건널 때 일부러 계속 넘어졌습니다. 주인은 평소 건강하던 나귀가 넘어지는 것을 보고 깜짝 놀라서 수의사를 데려왔습니다. 나귀의 진찰을 마친 수의사가 말합니다.

"나귀의 기력이 약해졌으니 염소의 간을 먹이시오. 그러면 금방 회복 될 거요."

주인은 염소를 잡아 나귀를 치료하는 데 썼습니다.

질투는 결국 자기 자신을 파멸시키는 것일 뿐이라는 교훈적 우화입니다.

민수기 12장의 미리암과 아론이 모세를 질투한 내용을 다시 살펴보면 놀라운 것을 하나 발견합니다. 미리암과 아론이 모세를 질투한 것의 외형적인 이유는 모세가 구스 여인을 취했기 때문으로 나타납니다. 그런데 2절을 보면 진짜 질투의 원인이 기록되어 있습니다.

"그들이 이르되 여호와께서 모세와만 말씀하셨느냐 우리와도 말씀하지 아니하셨느냐 하매 여호와께서 이 말을 들으셨더라.”

이와 같이 그들의 모세에 대한 불만의 진짜 이유는 모세의 지위를 질투한 것이었습니다. 따져보면 모세 때문에 미리암도 아론도 선지자의 위치에 서는 상당한 지위를 갖게 되었고 백성들에게 존경을 받게 되었습니다. 그런데 그들은 그것을 감사하지 못했습니다. 오히려 자기들의 축복의 근원이 된 모세를 비방하고 시기하였습니다.

이것이 어디서부터 비롯되는 것일까요? 교만입니다. 자기 자신을 너무 과대평가한 것입니다. 그것은 인간관계에서 치명적인 실패를 하게 되는 첩경입니다.

물론 인간이란 스스로를 심하게 과소평가하면 열등감에 시달릴 수 있습니다. 그렇다고 스스로를 과대평가하게 되면 자기 우월주의적인 망상에 빠집니다. 그렇게 되면 별 까닭 없이 자기보다 뛰어난 사람을 보고 비방하며 원망하는 죄에 빠지게 됩니다. 그러다 죄를 틈타고 온 사탄의 조종 속에 스스로를 파멸로 끌고 가게 됩니다. 이것이 이 본문이 주는 교훈입니다.

오늘을 살아가면서 질투로 파멸하지 않으려면 하나님의 은혜를 깨달아야 합니다. 나의 나 된 것은 하나님의 은혜임을 감사해야 합니다. 그러면 겸손해집니다. 겸손은 감사를 향한 문입니다. 감사는 하나님께서 우리를 향하시게 하는 축복의 문입니다.

예수님은 겸손의 왕이셨습니다. 불평이 없으신 분이셨습니다. 모든 것을 감사하셨습니다. 모든 것을 순종하셨습니다. 저와 여러분 모두가 우리 안에 이 예수 그리스도의 마음을 품고 행하기를 예수님의 이름으로 축복합니다. 아멘.

57.
비겁한 행동

"이는 사울의 생각에
다윗을 블레셋 사람들의 손에
죽게 하리라 함이라
〈사무엘상 18:17~30 중〉."

한 때 뉴스의 중앙에 '비겁한 행동'에 대한 질타가 주 메뉴로 자리 매김 하던 것을 보았습니다. 이회창씨의 대선 출마와 관련한 대부분의 신문 사설의 표현이 그것이었습니다. 그 내용을 요약하면 '노욕(老慾)과 비겁한 기회주의에서 비롯된 것이며, 그의 대통령이 되고픈 병(病) 때문에 민주주의 원칙과 정당정치의 근간이 무너지고, 선거판이 패거리 만들기의 구태(舊態)에 휩싸이게 된 대단히 비겁한 짓'이라는 것이었습니다.

결국 2007년의 대선정국은 이래저래 뒤엉킨 실타래처럼 엉켰었습니다. 그리고 그 중심에 '비겁한 행동'이 가장 비중을 더하고 있었습니다. 대선 후보들은 모두가 하나같이 상대 후보에 대하여 비판을 하는 가장 중심의 단어로 '비겁한 행동'을 들어 비판을 했습니다.

비겁한 행동.......

대선 후보들만 비겁한 행동에 대한 이야기를 들었을까요? 그들만 비겁한 행동을 했을까요?

그 해 경찰의 날 노대통령의 축사 가운데 "경찰의 염원인 수사권 독립 문제와 관련해 공약했던 수준보다 더 나아간 안을 마련해서까지 중재하려고 했으나 여러분의 조직이 받아들이지 않았다."는 말을 두고 일선 경찰관들은 '무책임하고 비겁한 발언'이라며 불만을 쏟아냈습니다.

새문안교회 이수영 목사님은 "탈북난민 외면하는 한국정부는 비겁하다."고 일침을 가했습니다.

삼성 비자금에 대해 폭로한 김용철 변호사를 두고 비겁하다고 하는 사람들이 있는가 하면, 삼성을 수사하지 못하는 검찰도 비겁하다고 했습니다.

신정아씨 누드 사진을 보도한 신문사도 비겁하다고 했습니다.

한나라당에서 온갖 대우를 받고 경선에 자신 없어 탈당하고 범여권으로 간 손학규씨를 두고도 비겁하다고 했고, 참여 정부에서 누릴 것은 다 누리고 참여정부 말기에 당을 해체하고 새로운 당을 만든 정치인들도 비겁하다고 했습니다.

경선승복을 깨끗하게 선언하고도 정치적 계산을 하면서 MB 손을 잡아주지 못하는 박근혜씨도 비겁하다고 했습니다. 또 박근혜씨를 독재자의 딸이라고 맹공을 퍼붓고도 후에 박근혜씨에게 도와달라고 한 이재오 의원을 두고도 비겁하다고 했습니다.

정부 각 부처 기자실을 폐쇄한 국정홍보처를 중심으로 한 현 정부의 처사도 비겁하다고 했습니다.

　그렇게 2007년 우리나라 정치 사회의 뉴스 보도 내용은 온통 우리 사회는 비겁한 행동이 일상화 된 사회라는 느낌을 지울 수 없게 만드는 한 시기를 지나왔습니다.

　도대체 ‘비겁(卑怯)’ 이란 무엇인가?
　국어사전에서 정의하는 비겁이란 ‘비열(卑劣)하고 겁이 많음, 또는 사람됨이 옹졸하고 겁이 많음, 혹은 정정당당(正正堂堂)하지 못하고 야비함’ 을 이르는 말입니다.
　이와 비슷한 말로 졸렬(拙劣), 용렬(庸劣), 야비(野卑), 치사(恥事), 비굴(卑屈), 비루(鄙陋)라는 것이 있습니다. 비겁의 반대말로는 용감(勇敢), 의연(毅然), 정정당당(正正堂堂)이 쓰입니다.

　미국의 사상가이며 시인인 ‘에머슨’ 은 이렇게 말했습니다. “비겁은 천국에서도, 지상에서도 용서받을 수 없는 것이다.”

　서부영화를 보신 분들은 기억이 날 것입니다. 무법자처럼 날뛰는 총잡이들에게도 나름대로의 불문율 같은 규칙이 몇 가지 있습니다.
　첫째, 무장하지 않은 사람에겐 총을 쏘지 않는다.
　둘째, 여자와 어린이들에게 총을 쏘지 않는다.
　셋째, 등 뒤에서 총을 쏘지 않는다.

　서부영화가 무대가 된 시대는 총이 법을 대신하였습니다. 숨어서 상대방을 공격하거나 등 뒤에서 총을 쏘는 것은 가장 비겁한 행동으로서 용서받을 수 없는 것이었습니다. 그래서 그런 자들은 곧바로 응징의 대상이 되었습니다.

자신의 얼굴을 감춘 투서, 뒷전에 숨어서 남을 밀고하는 것, 등 뒤에서 총을 쏘거나 숨어서 남을 공격하는 것처럼 비겁한 일은 없습니다.

언제부터인가 우리 사회는 '사회 정의를 위하여' 라는 말을 빙자하여 옳지 못한 음해성 투서와 밀고, 인신공격성 괴문서 등을 통해 비겁한 짓을 하는 일들이 보편화 되었습니다. 정도(正道)를 걸어야 할 정치 현장에서의 정치 지도자들이 당리당략과 개인의 욕구 충족을 위하여 한 치의 양심의 가책도 없이 더욱 비겁한 행동을 합니다. 온 생각들이 전체를 보지 못한 편협함과 일신의 유익을 위한 것임이 훤한데도 당을 위한 것이니, 국민을 위한 것이니 하는 되먹지도 않은 소리를 하며 온당치 못한 정보들을 악용하는 사례가 한 둘이 아닙니다.
그뿐만이 아니라 국민을 속이고 천인공노할 짓을 하고도 국가를 사랑하노라 외치는 정치인들은 또 어떻습니까? 그야말로 온통 속물근성을 여실히 드러내는 그 대표적인 것이 김대업씨 사건이었습니다.

1. 비겁한 자의 꾀

본문에도 비겁한 행동의 주인공이 등장하고 있습니다. 읽기조차 민망스러운 내용으로 적나라하게 기록되어진 사람, 사울이라는 사람의 생각과 언어 그리고 그의 계략입니다. 이 본문을 한 마디로 요약하면 바로 '비겁한 행동' 입니다.
본문은 간단명료하게 '사울이 다윗을 죽이려는 계획' 입니다. 그

계획이라는 것이 얼마나 비열하고 또 비겁한지 참으로 이를 데가 없습니다. 아무리 생각해도 군자의 생각이 아닙니다. 죽이려면 그냥 죽이면 되는 것이지 비열하게 뒤에서 죽이려는 음모를 하다니 그것이 어찌 왕으로서의 온전한 생각이겠습니까.

17절입니다.

"사울이 다윗에게 이르되 내 맏딸 메랍을 네게 아내로 주리니 오직 너는 나를 위하여 용기를 내어 여호와의 싸움을 싸우라 하니 이는 그가 생각하기를 내 손을 그에게 대지 않고 블레셋 사람들의 손을 그에게 대게 하리라 함이라."

21절입니다.

"스스로 이르되 내가 딸을 그에게 주어서 그에게 올무가 되게 하고 블레셋 사람들의 손으로 그를 치게 하리라 하고 이에 사울이 다윗에게 이르되 네가 오늘 다시 내 사위가 되리라 하니라."

25절 하반절입니다.

"이는 사울의 생각에 다윗을 블레셋 사람들의 손에 죽게 하리라 함이라."

이 얼마나 비열한 생각이며 비겁한 행동입니까. 그러나 악인의 비열한 생각과 비겁한 행동은 의인을 넘어뜨릴 수 없습니다. 왜냐하면 하나님은 항상 의인의 범사를 보호하고 인도하시기 때문입니다. 이와 비슷한 경우가 민수기 22장에 나오는 내용입니다. 이스라엘 백성들이 전쟁을 위해 모압 평지에 이르렀을 때 모압왕 발락이 두려워 점술가 발람을 부릅니다. 그리고 발람으로 하여금 이스라엘을 저주하라고 합니다. 그러나 하나님은 발람을 통해서 오히려 이스라엘을 축복하게 하십니다.

본문의 사울왕도 악한 생각과 비겁한 행동으로 다윗을 죽이려고 수없이 계획을 세웁니다. 그러나 그 때마다 하나님이 개입하셔서 사울의 생각과 행동을 무너뜨리시고 다윗을 복되게 하셨습니다.

사울이 아무리 악한 생각과 비겁한 행동을 해도 다윗은 언제나 성실하고 정직했습니다. 자기를 모함하고 억울하게 해도 다윗은 사울을 미워하지 않았습니다. 그래서 하나님은 항상 다윗을 사랑하셨습니다. 그를 평생에 보호하시고 인도하셨던 것입니다.

이것을 통해 우리에게 말씀하시는 하나님의 메시지는 분명합니다. 하나님의 뜻에 역행하는 인간의 악한 생각과 행동은 반드시 하나님이 개입하셔서 무너뜨리신다는 것입니다.

이것은 다윗의 때나 오늘 우리의 시대가 동일합니다. 목회를 하면서 종종 인간적인 생각으로 비겁한 행동을 하며 목회를 힘들게 하는 교인들이 있어 위기를 맞을 때가 있습니다. 그렇지만 그 때마다 하나님이 개입하셔서 그들의 비열한 생각과 비겁한 행동을 거꾸러뜨리시고 목회 현장을 평안하게 하시는 일을 수도 없이 경험합니다. 그러므로 성도는 항상 선으로 악을 이기는 법을 다윗을 통해서 배워야 합니다. 로마서 12장 17절, 21절 말씀에서는 다음과 같이 교훈합니다.

"아무에게도 악을 악으로 갚지 말고 모든 사람 앞에서 선한 일을 도모하라."

"악에게 지지 말고 선으로 악을 이기라."

신앙생활을 하면서 마음에 담아 둘 삶의 승리를 보증하는 메시지입니다.

2. 반복되는 악한 꾀

사울의 비겁함은 한 번으로 끝나지 않았습니다. 원래 온전치 못한 생각은 비겁한 행동이 연속으로 이어지는 법입니다. 한 번 잘못이야 인간 누구에게나 없을 수 없는 것이겠지만 그것을 반복하는 것은 양심이 마비된 것입니다. 신앙인에게서 이런 것이 반복된다면 그것은 자신의 불신앙에 대한 확증입니다.

사울은 맏딸 '메랍' 을 앞세워 다윗을 죽이려는 비겁한 행동을 하게 됩니다. 그것이 17절 내용입니다. 세상에 어떻게 사랑하는 딸을 미끼로 다윗을 죽일 생각을 할 수 있다는 말입니까? 그 딸에게 다윗을 남편으로 주려고 하면서 말입니다. 그럼 딸 '메랍' 은 어떻게 되는 것입니까? 아무리 생각을 해 봐도 이것은 비열하고 악한 생각이 아닐 수 없습니다. 목적을 위해서는 가족도 혈족도 상관하지 않겠다는 것입니다. 오직 자기 생각만 하겠다는 것입니다. 참으로 비열하고 또 비겁한 처사입니다.

그런데 19절을 보면 '메랍' 을 약속대로 다윗에게 아내로 주는 것이 아니라 므홀랏 사람 '아드리엘' 에게 시집을 보냅니다. 물론 겸손한 다윗이 자기는 왕의 사위가 될 인재가 못된다고 거절을 했기 때문입니다.

그런데 20절을 보면 둘째 딸 '미갈' 이 다윗을 사랑하게 됩니다. 그러자 이 소식을 들은 사울은 기회를 놓치지 않고 또 다시 이용합니다.
25절을 보면 둘째딸 '미갈'을 이용하여 정적 다윗을 죽이려는 계략
을 다시금 세웁니다. 그것이 블레셋 사람 포피(남성의 성기 끝을 싸
고 있는 피부) 100개를 장가오는 빙폐로 요구하는 것입니다. 그것은
블레셋 사람 100명을 죽여야만 취할 수 있는 것입니다. 그것을 얻으
려면 다윗은 필연코 블레셋군을 100명은 죽여야겠지요. 100대 1의
싸움을 싸우다 보면 힘에 부대낀 다윗이 자연스럽게 블레셋군에게
죽임을 당할 것이라는 것이 사울의 계산이었습니다.

다윗은 순수했습니다. 겸손했습니다. 정직했습니다. 성실했습니
다. 그래서 다시 한 번 겸양의 거절을 하지만 결국은 받아들입니다.
그리고 장가들 날이 아직 채 이르기도 전에 부하들과 함께 가서 블레
셋군 200명을 죽이고 포피 200개를 가지고 돌아와 사울에게 바칩니
다. 100을 요구했더니 배를 들고 돌아온 다윗을 사울인들 어쩌겠습니
까. 그가 발견한 것은 하나님께서 다윗과 함께 하신다는 것이었습니
다. 당연히 그의 딸 미갈도 다윗을 사랑했지요. 결국 사울은 딸 미갈
을 다윗의 아내로 주었습니다. 그리고 사울은 더욱 더 다윗을 두려워
하게 되었고 평생에 다윗의 대적이 되는 것으로 본문은 끝나고 있습
니다.

사울의 비겁한 행동은 당연히 거기서 끝나지 않습니다. 19장 이후
에도 사울은 다윗을 죽이려는 기회를 노리며 일생을 보냅니다. 그러
나 오히려 다윗은 사울을 죽일 기회가 주어졌음에도 불구하고 그를
하나님의 기름부음을 받은 자라하여 절대로 손을 대지 않습니다. 신
복들의 죽여 버리자는 말도 거절하며 꾸짖습니다. 그렇게 자신의 생

명을 쫓는 원수를 오히려 살려주는 드라마에서조차도 보기 힘든 정설의 역사가 기록됩니다.

나이 40세에 이스라엘의 초대 왕이 되어 40년간 이스라엘을 통치한 사람, 왕이 되기 전에는 하나님의 사람이요 참 괜찮은 신앙의 사람이었던 사울, 그 사울이 왕이 되어 성공의 정점에 서자 교만하여 사단의 사람이요, 자만과 불순종의 사람이 되어 버렸습니다. 그리고 그의 결국은 31장에서 블레셋과의 전쟁에서 패하고 사랑하는 아들들마저 모두 전사한 그 골짜기에서 스스로 자기 칼에 엎드려 자살을 선택하며 일생을 마감합니다. 아무리 남의 일이지만 참으로 비통하고 또 슬픕니다.

사울의 왕으로서의 삶을 요약하면 '불신앙이 빚어낸 악한 생각과 비겁한 행동으로 일생을 헛되이 분요하게 살다가 비참하게 생을 마친 사람' 이라고 할 수 있을 것입니다.

우리는 사울을 통해 깨달아야 합니다. 죄를 마음에 품고 하나님의 은혜 안에 거할 수는 없습니다. 죄는 악한 생각을 하게 합니다. 악한 생각은 비겁한 행동을 하게 합니다. 잠언 14장 9절 말씀은 우리를 교훈합니다.

"미련한 자는 죄를 심상히 여겨도 정직한 자 중에는 은혜가 있느니라."

하나님 앞에서 죄를 심상히 여기는 사람은 말씀이 귀에 들어오지 않습니다.

사무엘상 15장에서 하나님 앞에 잘못하고 있는 사울 때문에 밤을 새워 하나님께 기도한 사무엘이 사울을 찾아와 죄를 꾸짖고 권고했습니다. 그렇지만 15장 20절, 21절에서 사울은 그런 말씀을 전혀 대수롭지 않게 여겼습니다. 신앙인의 모습을 갖고 있지만 철저하게 불신앙 하는 사람의 전형적인 모습이었습니다.

이러한 사울의 죄에 대한 자세와는 전혀 다른 양상을 보인 다윗은 어떠했습니까? 남의 여인인 '밧세바'를 취하여 임신을 시켰습니다. 그리고 죄를 은폐하기 위해 자신의 충복 우리아를 격렬한 전장에 홀로 두어 죽게 하라는 살인교사를 합니다. 충복이 죽자 여인을 데려와 아내를 삼습니다. 이 악랄한 죄악을 하나님께서 절대 간과하실 리가 없다는 것을 우리는 이미 잘 압니다. 나단 선지자를 통하여 신랄하게 책망을 하십니다. 다윗은 말씀 앞에 엎드립니다. 그의 회개는 온 심령의 절박함으로 토설한 회개였습니다. 그것이 시편 6편 6절입니다.

"내가 탄식함으로 피곤하여 밤마다 눈물로 내 침상을 띄우며 내 요를 적시나이다."

믿음이 있는 사람은 하나님 앞에서 비겁한 행동을 할 수 없습니다. 왜냐하면 하나님은 그 때나 지금이나 우리의 모든 것을 알고 계시며 우리의 심장 폐부까지 살피시는 전능하신 하나님이심을 알고 믿기 때문입니다.

그러나 신앙이 없는 사람은 겉으로는 믿는 것 같아도 실제는 믿음 없는 사람이라는 증거를 삶을 통해 스스로 나타내고 있습니다. 그것이 악한 생각과 비겁한 행동입니다. 일상생활에서 용감하지 못합니다. 의연하고 정정당당하지 못합니다. 비열하고 겁이 많아 의를 위해 일어서지 못합니다. 그래서 야비한 행동을 일삼는 것입니다. 그러니 거짓말을 하면서도 양심의 가책을 받지 않습니다. 남을 아프게 하면서 쾌감을 느낍니다. 사기치고 속이면서 자기 욕구를 충족하는 것을 즐거워합니다. 그러나 그 결과는 예나 지금이나 다가올 미래나 오직 멸망일 뿐입니다. 계시록 21장 8절의 새 번역은 이렇게 교훈합니다.

"그러나 비겁한 자들과 신실하지 못한 자들과 가증한 자들과 살인자들과 음행하는 자들과 마술쟁이들과 우상 숭배자들과 모든 거짓말쟁이들이 차지할 몫은, 불과 유황이 타오르는 바다뿐이다. 이것이 둘째 사망이다."

우리 믿음의 선배들은 의를 위해 자신을 버렸습니다. 정직과 진실을 생명처럼 여겼습니다. 그래서 바른 삶을 위해 순교하는 것조차도 기쁘게 여겼습니다.

잘못된 것을 보고도 이해관계를 들어 방관하는 것은 비겁한 것입니다. 약한 자를 무시하는 것도 비겁한 것입니다. 가난한 자, 소외된 자들을 돌아보지 않고 자기만의 기쁨을 누리는 것도 비겁한 것입니다. 상대적으로 더 나은 삶의 자리에서 교만한 것도 비겁한 것입니다.

이와 같은 삶의 대표적인 사람들이 바리새인들이었습니다. 그들의 생활은 비겁한 행동이었습니다. 무거운 짐을 묶어 다른 사람의 어깨에 지우고 자기는 손가락 하나도 움직이려 하지 않았습니다. 속은 더러우면서 겉으로는 거룩한 척 했습니다. 지도자라고 하면서 천국 문을 가로막고 자기들도 들어가지 않고 들어가려는 사람도 못 들어가게 했습니다. 전도하여 한 사람을 교회로 인도하고는 그들로 하여

금 배나 지옥 자식이 되게 했습니다. 박하와 회향과 근채의 십일조는
드리면서 더 중한 의(義)와 인(仁)과 신(信)은 버렸습니다. 그릇은 깨
끗하게 씻으면서 마음속은 탐욕과 방탕으로 가득 채웠습니다. 모양
은 경건한 것처럼 했으나 그 속은 외식과 불법으로 가득했습니다. 말
은 그럴 듯하게 잘하지만 행함이 전혀 나타나지 않았습니다.

우리는 그래서는 안 됩니다. 오늘 본문의 사울의 비겁한 행동이 우
리의 거울이 되어 우리의 오늘은 의롭고 경건하기를 바랍니다. 정직
하고 순수한 삶이 되어야 합니다.
주의 성령께서 여러분의 범사를 선히 인도하시기를 예수님의 이름
으로 축복합니다. 아멘.

하나님의 선택

2011년 01월 20일 초판 발행

지 은 이 • 서 임 중
발 행 인 • 김 수 곤
발 행 처 • 선교횃불
등 록 일 • 1999년 9월 21일 제54호
등록주소 • 서울시 송파구 삼전동 103번지
전　　화 • 02-2203-2739
팩　　스 • 02-2203-2738
E-mail • ccm2you@gmail.com
Homepage • www.ccm2u.com

ISBN 978-89-5546-153-4(03230)